高职高专"工学结合"特色教材

主　编　史瑞君

# 经济法实务

## 从案例到理论

江苏大学出版社

JIANGSU UNIVERSITY PRESS

镇江

**图书在版编目(CIP)数据**

经济法实务：从案例到理论 / 史瑞君主编. — 镇江：江苏大学出版社，2015.2
ISBN 978-7-81130-915-7

Ⅰ. ①经… Ⅱ. ①史… Ⅲ. ①经济法－中国－高等职业教育－教材 Ⅳ. ①D922.29

中国版本图书馆 CIP 数据核字(2015)第 027909 号

经济法实务：从案例到理论

JingJiFa ShiWu：Cong AnLi Dao LiLun

主　　编/史瑞君
责任编辑/李经晶
出版发行/江苏大学出版社
地　　址/江苏省镇江市梦溪园巷 30 号(邮编：212003)
电　　话/0511-84446464(传真)
网　　址/http://press.ujs.edu.cn
排　　版/镇江新民洲印刷有限公司
印　　刷/虎彩印艺股份有限公司
经　　销/江苏省新华书店
开　　本/718 mm×1 000 mm　1/16
印　　张/17.75
字　　数/291 千字
版　　次/2015 年 2 月第 1 版　2015 年 2 月第 1 次印刷
书　　号/ISBN 978-7-81130-915-7
定　　价/38.00 元

如有印装质量问题请与本社营销部联系(电话：0511-84440882)

# 前　言

　　经济法是调整国家调控社会经济运行、管理社会经济活动的过程中发生的经济关系的法律规范的总称，其作为我国法律体系中的一个重要的、独立的法律部门，在社会主义法律体系中具有非常重要的地位。高职高专院校经济法教学应符合时代要求，体现实用性，与我国高职高专培养目标和课程改革相衔接。

　　本书在编写中遵循教材编写的一般原则，借鉴国内外经济法、民商法、程序法等学科最新的相关研究成果，力求反映经济法学的最新研究成果和我国经济立法的最新动态，保持教材内容的系统性和稳定性。同时，针对高职高专教育的特点、人才培养目标要求及学生的实际情况，引入"学中做、做中学"的理念，着重训练学生运用基本原理和法律法规分析、解决实际问题的能力，做到原理与案例、学理与法理、理论与实践相结合，知识与技能并重。

　　本教材在编写过程中力图体现以下特点：

　　（1）实用、适用、够用。根据高职高专法律类专业要求和学生的就业需要，兼顾与民商法的相互衔接，精选教材内容，在经济法基本理论知识统领下，仅将市场主体法律制度、宏观调控法律制度、市场规制法、经济纷争处理法等市场经济运行过程中最基本且实用性较强的法律制度纳入教材体系。学生掌握这些基本的经济法律制度后，基本上能够满足未来工作岗位的需要。

　　（2）案例新颖、形式灵活。对教材的编写模式进行了创新，首创了"任务目标""知识模块""案例导入""动态实训""知识拓展"和"法条链接"等栏目。

　　（3）理实一体、操作性强。在本教材编写过程中，编写人员始终将经济法理论教学与实务操作的密切结合放在首位，对于实务性较强的知识点采用了"案例导入 + 任务驱动"的方式，让学生带着任务去学习相关知识，再根据所学知识来完成任务。

　　（4）通俗精练、重点突出。本教材在内容阐述上通俗易懂，语言简洁明了，并通过图表形式将复杂内容简单化，对重点、难点知识配有案例，便于学生理解和掌握。

　　本教材由史瑞君任主编，具体编写分工为：模块一经济法律基本理论，史瑞君;模块二市场主体法,张春;模块三市场规制法,史瑞君;模块四金融法,卢植;模块五经济纠纷处理法,杨勇。

在编写本教材过程中参考和借鉴了大量其他专家学者的研究成果,另外还请翁文、封孝权、丁红枫律师对各项目内容提出了指导意见,在此一并表示诚挚的敬意和感谢。

由于时间仓促,编者水平有限,本书不妥之处在所难免,恳请读者批评指正,以利改进。

史瑞君

2015 年 1 月 28 日

# 目　录

# 模块一

## 经济法律基本理论

经济法作为一个独立部门法的形成及经济法学科的出现,是20世纪各国立法和法学领域中发生的最重要的事件之一。它引起了法的体系和法律学科体系的变化,对国家法制、社会经济生活和法学研究产生了深刻的影响,受到社会各界的普遍重视。

经济法是调整现代国家在协调经济运行过程中发生的经济关系的法律规范的总称。从调整对象的领域看,可以划分为宏观调控关系和市场规制关系。

通过本模块的学习,读者应了解法律的基本理论、体系,熟悉经济法的概念和调整对象,熟悉违反经济法的法律责任及其履行方式,了解经济法的渊源和我国现行主要经济法律法规。

### 学习目标

#### 一、知识目标

1. 掌握法律、法律关系、法律部门、法律责任等基本概念。
2. 理解法的本质和特征。
3. 理解法律的效力、法律渊源。
4. 掌握经济法的概念和作用。
5. 了解我国经济法律法规体系。
6. 理解经济法的基本原则。

#### 二、能力目标

1. 能针对具体的经济法案例,判明具体的经济法律关系要素,为解决经济法律纠纷打下基础。
2. 培养学生用法律思维思考问题,从法律的角度分析、认识和解决法律纠纷。

# 项目一　法的基本理论

王明和李刚毅是中学同学,当时关系较好,但如今已多年未见面。一日,在市中心的一家商场里两人偶然相遇,随后互问近况。王明现在是一家从事化妆品销售的有限责任公司的营销部经理,李刚毅则是做服装的个体户。两人互留通信地址后约定以后再长谈。两个星期后,李刚毅找到王明称,现在国家正在促进房地产的销售并出台了多项税收优惠措施,正是购房的好时机,他想趁此机会购买一套心仪已久的商品房,但是,因生意套住了不少资金,付商品房首期的钱还缺2万元,想请王明帮帮忙,借期6个月。王明满口答应,说几天后给回复。

第二天,王明找到自己的舅舅张翼翔——一家私营企业的老板,称自己急需用钱,要借2万元。张翼翔说他手头有现金1.5万元可以借给他,王明收下钱后,又去找女友陈红借,陈红不在家,但其母亲在,王明称自己因炒股急需钱,陈红的母亲立即取出5 000给这个准女婿。第三天,王明将借到的2万元交给李刚毅,李刚毅写了一张借据,表明6个月一到即归还。

转眼6个月过去了,王明见李刚毅还未与自己联系还钱,就找上门去。李刚毅的妻子俞芳告诉他,李刚毅在3个月前的一次进货途中遭歹徒袭击,击伤了头部,因受到刺激,后诱发精神病,已不能辨认和控制自己的行为。王明拿出借据,俞芳表示现在手头紧再宽限几天,王明同意了。张翼翔打电话给王明要求他还钱,王明找到其姐姐王丽,王丽向张翼翔保证说,弟弟若不还钱则由她来还。后不知出于何故,王明与陈红闹翻,陈红母亲要王明立即还钱。王明提出用他与陈红一起购买的一套音响来抵债(音响价值1.1万元,购买时两人各出了一半的钱),其母同意。此后,王明又来到李刚毅家,看到的却是李刚毅的遗像,李刚毅已自杀身亡,且未留有遗嘱,仅留下一套商品房及一批服装等物。

## 任务描述

一、该案中存在哪些法律关系?

二、这笔 2 万元的借款该由谁偿还?

三、掌握分析法律案例的基本步骤、方法。

**任务分析**

解决此类复杂的法律纠纷,应以法律关系为核心,首先应理顺各当事人之间的法律关系,确定要素及变动情况,找出纠纷的争议点;然后再根据具体法律规范的规定,全面地把握案件的性质和当事人的权利义务关系;最后解决纠纷。

法律关系是法学的一个基本范畴。法律关系是为法律规范所调整的那部分社会关系。社会关系包罗万象,复杂多变,其中并非所有的社会生活关系都由法律调整而形成法律关系。法律仅截取有法律干预之必要的那部分社会生活,构建成法律关系,塑造为法律秩序。要想深刻地理解法律关系,正确解决法律纠纷,必须要掌握法的一些基本理论。

## 一、法的概念

### (一) 法的定义

法的概念因为学派的不同而有所不同。马克思主义理论关于法的定义:法是国家制定或认可,并以国家强制力保证实施的,反映统治阶级意志的规范体系。这个意志的内容是由统治阶级的物质生活条件决定的。法通过规定人们在相互关系中的权利和义务,确认、保护和发展对统治阶级有利的社会秩序。

在现代汉语中,"法""法律"两词基本上可以互换,但随着语境的不同,也存在广义和狭义之分。广义的法律是指法律的整体,即由国家制定的规范性法律文件的总和。狭义的法律是指拥有立法权的国家机关根据法定的权限,依照法定程序所制定的规范性法律文件,在我国是指全国人民代表大会及其常务委员会制定的法律。在我国的法学辞书或一些法学著述中,通常把广义的"法律"称为"法",而将狭义的"法律"仍称为"法律"。

### (二) 法的本质

马克思主义理论认为,在阶级对立的社会中,法的本质首先是统治阶级意志的体现;其次,法的内容是由社会的物质生活条件或经济基础决定的。经济以外的各种因素,如政治、思想、文化、历史、民族、宗教、习惯、地理环境等,在法的发展过程中,都对其有不同程度的影响,它们与法的关系极为错综复杂。在马克思的理论体系中,法的社会阶级性与社会物质生活条件的制约性是统一的。

在我国现阶段,社会主义制度已经确立,剥削制度和剥削阶级已经消灭。在分析我国社会主义法的本质时,首先应肯定:它是中国工人阶级领导下的全国人民意志的体现。法的根本任务是保障和促进社会主义现代化建设。

**(三)法的特征**

同其他上层建筑组成部分(包括国家、政党、思想意识和其他社会规范等)相比,法有以下 4 个特征:① 法是调整人的行为的社会规范;② 法是国家制定、认可并具有普遍约束力的社会规范;③ 法是规定权利和义务的社会规范;④ 法是由国家强制力保证实施的社会规范。

## 二、法律渊源

**(一)法律渊源的含义**

法律渊源,一般指法律的形式渊源,在我国是指由不同国家机关制定、认可的,具有不同法的效力或地位的各种法的表现形式。

依据不同的标准,学者对法律渊源有不同的分类,如正式渊源(立法机关或立法主体制定的宪法、法律、法规、规章和条约等)与非正式渊源(正义和公平等观念,政策、道德和习惯等准则等)、成文法渊源与不成文法渊源、制定法渊源与非制定法渊源等。

**(二)我国法律渊源的种类**

1. 宪法

宪法是具有最高法律效力的规范性文件,是根本大法。我国宪法所规定的基本原则是我国立法工作的依据。

2. 法律

法律是全国人民代表大会及其常务委员会依照一定的立法程序制定的规范性文件。它所规定的通常是社会主义社会关系中某些基本的和主要的方面,其法律效力仅次于宪法,是制定法规和规章的依据。

3. 行政法规

行政法规是国务院根据宪法和法律制定的规范性文件。它的法律效力仅次于宪法和法律。行政法规的名称为条例、规定和办法。

4. 行政规章

行政规章是指国务院各部、局、委员会根据法律和国务院的行政法规、决定、命令,在本部门的权限内发布的规范性文件。

5. 地方性法规

地方性法规是指省、自治区、直辖市人民代表大会及其常务委员会制定的规范性文件。

6. 地方政府规章

地方政府规章仅在本地区内有效。

7. 自治条例和单行条例

自治区的自治条例和单行条例报全国人大常委会批准后生效;自治州、自治县的自治条例和单行条例报省或自治区的人大常委会批准后生效,并报全国人大常委会备案。

8. 特别行政区的法

特别行政区的法分为两类:一类是特别行政区的基本法,是指由全国人民代表大会制定的,规定特别行政区内基本制度的法律规范,其效力等同于基本法律;二是特别行政区的自治法,是指由特别行政区的有关机关制定和认可的法律规范的总称,这类法律不得与特别行政区的基本法相抵触,并必须报全国人大常委会备案。

9. 军事法规和军事规章

军事法规、军事规章在武装力量内部实施。

10. 国际条约和国际惯例

国际条约是指国际法主体之间在国际法原则下所缔结的规定相互权利与义务的书面协议。国际惯例是国际法主体之间的默示协议,是指各国长期重复类似的行为并默认其有法律约束力的结果。

习惯和判例只有在国家明确认可的情况下才具有法律渊源的意义。

### 三、法律部门

#### (一)法律部门的概念

法律部门,也称部门法,是指根据一定的标准和原则划分的同类法律规范的总和。在现行的法律规范中,根据调整的社会关系及调整方法不同,分为不同的法律部门。凡调整同一类的社会关系的法律规范的总和,构成一个独立的法律部门。每一个部门法都包含许多法律制度,如民法法律部门包括物权法律制度、债权法律制度、婚姻继承法律制度、人身权法律制度等。法律制度是由若干个法律规范组成的,一般来说,法律制度的范围比法律部门的范围要小。

一个国家全部现行法律规范按照不同的法律部门分类组合而形成的体系化的有机联系的统一整体,就叫法律体系。

(二)我国主要的法律部门

根据我国第十一届全国人民代表大会第四次会议的精神,我国的主要法律部门包括宪法及其相关法、民商法、经济法、社会法、刑事法、诉讼法、诉讼与非诉讼程序法等,上述法律数量一共239件。

**四、法律关系**

(一)法律关系的概念

法律关系是法律规范在调整社会关系的过程中所形成的权利与义务的关系。法律关系是合乎法律规范的社会关系。法律关系具有如下特征:① 从本质上讲,法律关系是一种意志关系,属于上层建筑的范畴;② 法律关系是由法律规定和调整的社会关系,但并非所有的社会关系都是法律关系,例如,友谊关系、爱情关系就不是法律关系;③ 法律关系是由国家强制力保障实施的社会关系。

根据不同的标准和认识的角度,可以对法律关系作不同的分类,如以部门法为标准分为民事法律关系、经济法律关系、刑事法律关系、诉讼法律关系等。

(二)法律关系的要素

1. 法律关系的主体

法律关系的主体是指法律关系的参加者,即在法律关系中一定权利的享有者和一定义务的承担者。在每一个具体的法律关系中,主体的多少各不相同,在大体上都属于相对应的双方:一方是权利的享有者,称为权利人;另一方是义务的承担者,称为义务人。

在我国,根据法律规定,能够参与法律关系的主体包括以下几类:

(1)公民(自然人)。这里的公民指中国公民,也包括居住在中国境内或在境内活动的外国公民和无国籍人。

(2)法人和其他组织。法人包括机关法人、事业法人、企业法人和社团法人。其他组织是指依法成立的、有一定的组织机构和财产,但又不具备法人资格的组织,如私营独资企业、合伙组织、法人的分支机构等。

(3)国家。在特殊的情况下,国家可以作为一个整体成为法律关系主体。

公民和法人若要成为法律关系的主体,享有权利和承担义务,就必须具有权利能力和行为能力,即具有法律关系主体构成的资格。

2. 法律关系的内容

法律关系的内容,是指法律关系主体所享有的权利和承担的义务,即法律权利和法律义务。

法律权利,是指国家通过法律规定,对法律关系主体做出或者不做出某种行为,及要求他人做出或者不做出某种行为的许可和保障。

法律义务,是指由法律所规定的作为法律关系主体即义务主体或承担义务人应当做出或者不做出某种行为的一种限制或约束。

权利和义务作为法律关系的内容要素,是紧密联系、不可分割的。在法律关系中,权利与义务是互相依存的,有权利即有义务,有义务即有权利,两者互为目的、互为手段。

法律关系主体的权利和义务,在不同的法律关系中,往往会有不同的表现形式。

3. 法律关系的客体

法律关系的客体,是指法律关系主体之间权利和义务所指向的对象。它是构成法律关系的要素之一。

法律关系的客体是一定利益的法律形式。任何外在的客体,一旦其承载了某种利益价值,就可能成为法律客体。法律关系建立的目的,总是保护、获取某种利益,或分配、转移某种利益。

法律关系的客体是一个历史性概念,随着社会历史的不断发展,其范围和形式、类型也在不断变化。总体来看,随着权利和义务类型不断丰富,法律关系的客体的范围和种类也有不断扩大和增多的趋势。归纳起来,法律关系的客体包括物、人身利益、智力成果、行为等。

（三）法律关系的产生、变更和消灭

1. 法律关系的产生、变更和消灭的条件

法律关系处在不断产生、变更和消灭的运动过程中。它的产生、变更和消灭,需要具备一定的条件,其中最主要的条件有两方面:一是法律规范;二是法律事实。

所谓的法律事实,就是法律规范所规定的,能够引起法律关系产生、变更和消灭的客观情况或现象。

2. 法律事实的种类

（1）事件。事件是法律规范规定的、不以当事人的意志为转移而引起法律关系产生、变更或消灭的客观事实。事件又分为社会事件（如政变、游行示威）和自然事件（如地震、海啸）两种。

（2）行为。行为是依照当事人意志做出的，能引起法律关系产生、变更或消灭的行为。因为人们的意志有善意与恶意、合法与违法之分，故其行为也可以分为善意行为与恶意行为、合法行为与违法行为。

在法学上，人们常常把两个或两个以上的法律事实所构成的一个相关的整体（两个以上的法律事实引起同一法律关系的产生、变更或消灭），称为"事实构成"。例如房屋买卖，除双方要签订合同外，还需要登记过户。同一法律事实可引起多种法律关系变化，如工伤死亡，可引起婚姻关系的消灭，以及继承、保险关系的产生。

根据以上的论述，本项目开头的案例中存在以下一些法律关系：

（1）王明与李刚毅之间存在借贷关系。这种关系不是发生在李刚毅开口向王明借钱时，因为此时王明表示几天后给其答复，并未承诺，关键在于当时王明缺钱，而没有钱的话，借贷法律关系将会因无客体而无法成立。当王明筹到钱并借给李刚毅时，双方的借贷法律关系成立。写不写借据对法律关系的成立并无影响，它只是双方对这一法律行为采用的形式，即他们采用了书面形式，这样有利于明确各自的权利和义务，万一以后发生纠纷，借据则可以作为证据主张权利。出借人王明的权利是到期收回借款，义务是在约定的借款期内将2万元交与李刚毅使用并不得任意干涉；借款人李刚毅的权利是在借款期内使用这笔钱，义务是到期偿还借款。

（2）王明与舅舅张翼翔和女友陈红的母亲之间存在借贷法律关系。尽管王明借来的钱再借给了李刚毅，但他是以自己的名义借的钱，因此他不是借贷的代理人，因为代理必须以被代理人的名义进行，所以李刚毅并没有与张翼翔和陈红的母亲发生借贷法律关系。如果王明是以李刚毅的名义向他人借钱，则还钱的责任由李刚毅承担，王明不承担后果。

（3）李刚毅与其妻子俞芳之间也存在法律关系。在李刚毅患精神病期间，俞芳是其监护人，存在监护关系；当李刚毅死亡后，俞芳是其财产继承人，发生财产继承关系。

（4）王明与其女友之间对那套音响存在共有法律关系。

（5）王明的姐姐与其舅舅就王明所借的1.5万元存在担保法律关系（属

于保证)。

最后,该笔借款由谁来还? 陈红的母亲可以向王明主张 5 000 元的债权,若其不能归还,则可以对其与陈红的共有财产——音响主张权利。张翼翔可以向王明主张 1.5 万元的债权,也可向王明的姐姐主张权利;若王明的姐姐偿还了债务,则她可以向王明追偿。王明可以向俞芳主张债权,在李刚毅患精神病期间,俞芳作为监护人应承担偿还义务;在李刚毅死亡后,因其留有财产,他与王明之间的债权债务并不因其死亡而消灭,依法应在李刚毅财产被继承之前予以偿还。俞芳若拿不出现金,可以将李刚毅的遗产变卖来偿还。当然,若李刚毅无遗产或遗产不足以偿还债务,则俞芳无偿还义务或对超出遗产部分的债务无偿还义务。

**五、法律运行**

法律的运行是一个从创制、实施到实现的过程。这个过程主要包括法的制定(立法)、法的遵守(守法)、法的执行(执法)、法的适用(司法)等环节。法的制定是国家对权利和义务,即社会利益和负担进行的权威性分配;法的遵守、执行、适用则是把法定的权利和义务转化为现实的权利和义务,把文本上的法律转化为现实中的法律。

**(一) 法的制定**

法的制定简称立法,是指有立法权的国家机关依照法定职权和程序制定规范性法律文件的活动,是法律运行的起始性和关键性环节。根据《中华人民共和国宪法》和《中华人民共和国立法法》(以下简称《宪法》《立法法》)等的规定,全国人民代表大会及其常务委员会行使国家立法权。国务院有权根据宪法和法律制定行政法规。国务院各部门可以根据宪法、法律和行政法规,在本部门的权限范围内,制定部门规章。省、自治区、直辖市的人民代表大会及其常委会根据本行政区域的具体情况和实际需要,在不与宪法、法律和行政法规相抵触的前提下,可以制定地方性法规。较大的市的人民代表大会及其常委会根据本市的具体情况和管理需要,在不与宪法、法律、行政法规和本省、自治区的地方性法规相抵触的前提下,可以制定地方性法规,报省、自治区的人民代表大会常委会批准后施行。省、自治区、直辖市、较大的市的人民政府可以根据法律、行政法规和本省、自治区、直辖市的地方性法规,制定地方政府规章。民族自治地方的人民代表大会可以根据当地民族的具体情况制定自治条例和单行条例。特别行政区立法机关有权根据特别行政区基本法自主制定本行政区的法律。

国家机关的立法活动必须遵循法定程序。就全国人民代表大会的立法程序而言,大体包括4个环节:法律案的提出;法律案的审议;法律案的表决;法律的公布。

### (二) 法的遵守

法的遵守简称守法,是指国家机关、社会组织和公民个人依照法律规定行使权力和权利以及履行职责和义务的活动。法的遵守包括两层含义:一是依法享有并行使权利;二是依法承担并履行义务。在法律运行过程中,守法是法律实施和实现的基本途径。在社会主义国家,一切组织和个人,包括一切国家机关、武装力量、政党和社会团体、企事业单位都是守法的主体。

### (三) 法的执行

在广义上,法的执行简称执法,是指国家机关及其公职人员,在国家和公共事务管理中依照法定职权和程序,贯彻和实施法律的活动。在狭义上,法的执行则是指国家行政机关执行法律的活动,也称为行政执法。行政执法是法律实施和实现的重要环节。在我国,大部分的法律法规都是由行政机关贯彻执行的。在法律运行中,行政执法是最大量、最经常的工作,是实现国家职能和法律价值的重要环节。

### (四) 法的适用

法的适用简称司法,一般是指国家机关依据法定职权和法定程序,具体应用法律处理案件的专门活动。在我国,司法机关是指国家检察机关——人民检察院和审判机关——人民法院。人民检察院代表国家行使法律监督权,人民法院代表国家行使审判权。其他任何国家机关、社会组织和个人,不得行使国家司法权。人民检察院和人民法院依据法律、法规,公正司法,保护公民、法人和其他组织的合法权利,解决法律纠纷,惩治违法犯罪行为,从而维护法律秩序,捍卫法律权威。

## 六、法律责任

### (一) 法律责任的概念

一般来说,法律责任有广义和狭义两种解释。广义的法律责任,是指任何组织和公民都有遵守法律的义务,都应自觉维护法律的尊严。从这个意义上讲,法律责任和法律义务同义。狭义的法律责任,是指为了保护权利人的权利,应当由违反法律义务的行为人所承担的不利后果。本书所讲的法律责任是指狭义的法律责任。

**（二）法律责任的分类**

根据标准的不同，法律责任有不同的分类。

1. 按照违法行为所违反的法律性质分类

根据违法行为所违反的法律性质不同，法律责任可以分为刑事责任、行政责任、民事责任、违宪责任和国家赔偿责任。

刑事责任是指行为人因违反刑事法律而应承担的不利后果。它是所有法律责任中最严厉的一种。

行政责任是指因违反行政法或行政法规定的事由而应当承担的不利后果。

民事责任是指公民或法人因违反合同或法定民事义务而依法应承担的不利后果。

违宪责任是指国家机关及其工作人员、各政党、社会团体、企事业单位和公民的言论或行为违背宪法的原则、精神和具体内容而必须承担相应的法律责任。

国家赔偿责任是指在国家机关行使公权力时，由于国家机关及其工作人员违法行使职权所引起的由国家作为承担主体的赔偿责任。

2. 按照主观过错在法律责任中的地位分类

根据主观过错在法律中的地位不同，法律责任可以分为过错责任、无过错责任和公平责任。

过错责任是指以存在主观过错为必要条件的法律责任，换言之，即承担责任以其行为有主观过错为前提的一种责任。

无过错责任是指不以主观过错的存在为必要条件而认定的责任。

公平责任是指法无明文规定适用无过错责任，但适用过错责任又显失公平，因而不以行为人有过错为前提并由当事人合理分担的一种特殊的责任。

3. 按照责任承担的内容分类

根据责任承担的内容不同，法律责任可以分为财产责任和非财产责任。

财产责任是指以财产为责任承担内容的法律责任。

非财产责任是指不以财产为责任承担内容，而是以人身、行为、人格等为责任承担内容的法律责任。

**（三）法律责任的构成**

法律责任的构成要件是指构成法律责任必须具备的各种条件或必须符

合的标准,它是要求行为人承担法律责任时进行分析和判断的标准。根据违法行为的一般特点,把法律责任的构成要件概括为主体、过错、违法行为、损害事实和因果关系5个方面。

（1）主体。法律责任主体,是指违法主体或者承担法律责任的主体。责任主体不完全等同于违法主体。

（2）过错。过错即承担法律责任的主观故意或者过失。

（3）违法行为。违法行为是指违反法律所规定的义务、超越权利的界限行使权利以及侵权行为的总称,一般认为违法行为包括犯罪行为和一般违法行为。

（4）损害事实。损害事实即受到损失和伤害的事实,包括对人身、财产、精神（或者三方面兼有的）的损失和伤害。

（5）因果关系。因果关系即行为与损害之间的因果关系,它是存在于自然界和人类社会的各种因果关系的特殊形式。

## 七、财产所有权

财产所有权是指所有人在法律规定的范围内,对属于他的财产享有的占有、使用、收益、处分的权利。

### （一）财产所有权的内容

财产所有权的内容,是指财产所有人在法律规定的范围内,对于其所有的财产可以行使的权能。权能是指权利人在实现权利时所能实施的行为。财产所有权的权能包括占有、使用、收益、处分4项内容。

#### 1. 占有

占有是所有权人对于财产实际上的占领、控制。财产可以由所有人自己占有,也可以由非所有人占有。非所有人占有可以分为合法占有和非法占有两种情况。非所有人的合法占有,是指非所有人根据法律规定或所有人的意思而占有他人的财产,如承租人根据承租合同占有出租人的财产、保管人根据保管合同占有寄存人的财产等。非所有人没有法律上的依据而占有他人的财产属于非法占有,如小偷占有赃物、未经许可强占他人的房屋等。

#### 2. 使用

使用是指依照物的性能和用途,不损毁其物或变更其性质而加以利用。使用权能一般由所有人自己行使,也可以由非所有人行使。非所有人根据法律或者约定使用他人财产的,为合法使用。例如,承租人因租赁合同使用租赁物等。非所有人无法律依据而使用他人财产的,为非法使用。例如,未经允许而居住他人房屋等。

3. 收益

收益就是收取所有物的利益,包括孳息和利润。孳息分为法定孳息和天然孳息。法定孳息是指以法律关系取得的利益,如利息、租金;天然孳息是指果实、动物的产物以及其他依物的用法收取的利益,如耕种土地收取粮食、采掘矿藏收取矿石等。收益权能一般由所有权人行使;他人使用所有物时,除法律或合同另有规定外,物的收益归所有人所有。

4. 处分

处分是决定财产命运的一种权能。这是所有权内容的核心,是所有权的最基本的权能。处分可以分为事实上的处分和法律上的处分。事实上的处分是指在生产或生活中使物的物质形态发生变更或消灭。例如,粮食被吃掉、房屋被拆除等。法律上的处分是指依照所有人的意志,通过某种民事行为对财产进行处理。例如,将物转让给他人、将物抛弃等。

处分权通常只能由所有人自己行使,非所有人不得随意处分他人所有的财产。例如,保管人将保管物消耗、承租人将租赁物出卖等,都是侵犯他人所有权的侵权行为。只有在法律特别规定的场合,非所有人才能处分他人所有的财产。例如,旅客在包裹中夹带危险品或禁运物品,承运人有权依法处理等。

完整的所有权包含上述4项权能。但在实际生活中,占有、使用、收益、处分4项权能都能够并且经常地与所有人发生分离,而所有人仍不丧失对财产的所有权。例如,保管人可以占有交付保管的财产,承租人可以占有、使用租赁物,国有企业对国家授权其经营管理的财产享有占有、使用、收益和依法处分权等。

此外,当所有权的行使受到非法干涉时,所有权人可以请求行为人停止侵害、排除妨害、消除危险、返还原物和恢复原状,以恢复其对物的支配的圆满状态。

### (二) 共有

共有指两个或两个以上的人对同一财产享有的所有权。共有财产关系的产生,大致有两种原因:① 基于法律规定直接产生的,如《中华人民共和国婚姻法》(以下简称《婚姻法》)规定若当事人无特别约定,则夫妻关系存续期间所得的财产归夫妻共有;② 以合同约定产生的,如三人共同出资购买一辆汽车,以合同约定个人享有的权利和承担的义务。《民法通则》确认两种共有形式,即按份共有和共同共有。

1. 按份共有

按份共有,是指两个或两个以上的人对同一财产按照份额享有所有权。

(1) 共有物的占有、使用、收益

各共有人依其份额对共有物进行占有、使用、收益,这种权利的行使及于共有物的全部。例如,甲、乙共有一头耕牛,各自拥有的份额比例为6∶4,但两人对耕牛的占有、使用、收益均及于整头牛。

(2) 共有物的处分

按份共有人对共有物的处分包括两种:一是对其享有的份额的处分;二是对整个共有物的处分。共有物的处分形式主要表现为转让。根据法律规定,按份共有人可以转让其享受的份额,但在对外转让的情况下,其他共有人在相同条件下,有优先购买的权利。按份共有人若要处分共有物,应当经占份额2/3以上的按份共有人同意。

(3) 共有物的管理及费用负担

除共有人之间有特别约定外,对共有物的管理,一般应由全体共有人共同进行。共有物的管理费用,应当由全体共有人按其份额比例分担。

（4）共有物的分割

共有人约定不得分割共有的不动产或动产,以维持共有关系的,应当按照约定,但共有人有重大理由要分割的,可以请求分割;没有约定或约定不明确的,按份共有人可以随时请求分割。因分割对其他共有人造成损害的,应当给予赔偿。共有物的分割可以采用实物分割、变价分割、作价补偿等方式。

2. 共同共有

共同共有是指两个或两个以上的人基于共同关系,共同享有一物的所有权。这种共同关系,主要是由法律直接规定的,如夫妻关系、家庭关系;也有合同约定的,如合伙协议。在共同共有关系存续期间,各共有人的财产份额是不确定的,而且权利和义务平等。只有在共同关系消灭而对共有财产进行分割时,才能确定各共有人应得份额。

（1）共有物的占有、使用、收益与处分

共同共有人的权利及于共有物全部。共有人对于共有物的占有、使用、收益与处分权的行使,应当得到全体共有人的同意,但共有人之间另有约定的除外。

（2）共有物的管理及费用负担

对共有物的管理,一般应由全体共有人共同进行。但如果根据法律的规定或合同的约定,某个或某些共有人有权作为代表管理共有财产时,则共有人可以依据法律或依合同对财产进行管理。例如,家庭共有财产的管理可以由家庭成员推举他们中的一人担任,必须由全体家庭成员共同推举。共同共有人在享受权利的同时,对于共有物的管理费用的负担,有约定的,按照约定;没有约定的或者约定不明确的,则由共同所有人共同负担。

（3）共有物的分割

共同共有在共有关系存续中,各共有人不得请求分割共有物。在共有的基础丧失或者有重大理由需要分割时可以请求分割。因分割对其他共有人造成损害的,应当给予赔偿。分割方式与上述按份共有相同。

法条链接

# 中华人民共和国物权法

**第103条** 共有人对共有的不动产或者动产没有约定为按份共有或者共同共有,或者约定不明确的,除共有人具有家庭关系外,视为按份共有。

在我国,住宅小区越来越多,高层建筑大量出现,业主的建筑物区分所有权已经成为私人不动产物权中的重要权利。所谓建筑物区分所有权,是指业主对建筑物内的住宅、经营性用房等特定部分享有所有权,对特定部分之外的其他部分享有共有权和共同管理权。

根据《中华人民共和国物权法》(以下简称《物权法》)规定,业主的建筑物区分所有权由3部分构成:① 对专有部分的所有权;② 对建筑区划内的走廊、楼梯、过道、电梯、外墙面、水箱、水电气管线等共有部分的共有权;③ 对共有部分的共同管理权,即业主有权对共用部位与公共设施的使用、收益、维护等事项通过参加和组织业主大会进行管理。上述3部分权利构成一个不可分割的整体,专有部分的所有权占主导地位,是业主对共有部分享有共有权以及对共有部分享有共同管理权的基础。如果业主转让建筑物内的住宅、经营性用房,则其对共有部分的共有权和共同管理权也一并转让。

(三) 善意取得

善意取得,是指受让人以财产所有权转移为目的,善意、对价受让且占有该财产,即使出让人无转移所有权的权利,受让人仍取得其所有权。所谓善意,是指受让人(第三人)在取得该财产时不知道出让人无权处分该财产。善意取得既可适用于动产,也可适用于不动产。

1. 善意取得的构成要件

根据我国《物权法》规定,善意取得须同时具备下列条件:

① 受让人须是善意的,即不知出让人是无处分权人。

② 受让人支付了合理的价款。

③ 转让的财产应当登记的已经登记,不需要登记的已经交付给受让人。

2. 善意取得的法律后果

善意取得具有两方面法律效果:① 受让人取得财产所有权,该财产上的原所有权消灭;② 原所有人有权向无处分权人请求赔偿损失。但是,法律对于财产所有权的取得有特殊规定者,则不适用于善意取得。例如,赃物、遗失物一般不适用善意取得,所有人有权向受让人请求返还原物。例外的情形是,受让人如果是从出卖同类物品的公共市场上买得的,则适用善意取得,所有人无权向受让人请求返还原物。

**法条链接**

## 最高人民法院关于适用《婚姻法》若干问题的解释（三）

一方未经另一方同意出售夫妻共同共有的房屋，第三人善意购买并支付合理对价并办理产权登记手续，另一方主张追回该房屋的，人民法院不予支持。

夫妻一方擅自处分共同共有的房屋造成另一方损失，离婚时另一方请求赔偿损失的，人民法院应予以支持。

**练 一 练**

李某与王某系夫妻关系，以婚后积蓄购买桑塔纳轿车一辆。一日，双方因家庭矛盾发生争吵，王某一气之下将桑塔纳轿车开走，离家独居。之后，王某以12万元的价格将桑塔纳轿车卖给了刘某，双方当天交付了轿车和全部购车款，一起去当地车辆管理部门办理了轿车所有权转让手续。当工作人员询问王某的丈夫对卖车的意见时，王某谎称其丈夫长期在外工作，不管家事。工作人员遂办理了汽车转让登记手续，将车籍转到刘某名下。不久，李某得知轿车被卖，找到刘某要车，遭拒。李某以王某为被告、刘某为第三人，向人民法院起诉，要求刘某返还财产。

根据上述案情和财产所有制度的相关规定分析：

1. 李某和王某对桑塔纳轿车的所有权属于何种共有形式？
2. 李某的诉讼请求能否得到法院支持？

## 八、债

债是按照合同的约定或者依照法律的规定，在当事人之间产生的特定的权利和义务关系。在债的关系中享有权利的人为债权人，承担义务的人为债务人。债权人所享有的权利称为债权，债务人所承担的义务称为债务。债权和债务所指向的对象为债的标的。债权和债务是债的关系中不可分割的两方面，是相对应而存在的，不能相互脱离而单独存在。债即债权和债务的总和。

依债的发生是否基于当事人的意思,可将债划分为法定之债和意定之债。根据我国《民法通则》的规定,债产生的原因主要有合同、侵权行为、无因管理、不当得利、单方允诺等。

(一) 合同

合同是平等主体的自然人、法人、其他组织之间设立、变更、终止民事权利和义务关系的协议。合同依法成立后,即在当事人之间产生债权和债务关系,因此,合同是债的发生根据。基于合同所产生的债,称为合同之债。合同之债是当事人在平等基础上自愿设立的,是民事主体开展各种经济交往的法律表现,也是债最常见、最主要的表现形式。

(二) 侵权行为

侵权行为是指行为人由于过错侵害他人的财产和人身而依法应当承担民事责任的行为,以及依法律的特别规定应当承担民事责任的其他致害行为。依法律规定,侵权行为发生后,加害人负有赔偿受害人损失等义务,受害人享有请求加害人赔偿损失等权利。这种特定主体之间的权利义务关系,即侵权行为之债。债权行为之债是除合同之债以外的另一类较为常见的债,它由非法行为引起,依法律规定而产生,以损害赔偿为主要内容。

---

知识拓展　　　　侵权行为的归责原则

侵权责任行为的归责原则,是指行为人的行为致人损害时,根据何种标准和原则确定行为人的侵权责任。我国侵权行为的归责原则主要包括过错责任原则、无过错责任原则与公平责任原则。

1. 过错责任原则

所谓的过错责任原则是指当事人的主观过错是构成侵权行为必备要件的归责原则。过错是行为人决定其行动的一种故意或过失的主观心理状态。根据过错责任的要求,在一般侵权行为中,只要行为人尽到了应有的合理、谨慎的注意义务,即使产生了损害后果,也不能要求其承担责任。在过错责任下,对一般侵权责任行为实行"谁主张谁举证"的原则,以保障其主张得到支持。

---

过错推定责任,是过错责任原则的一种特殊形式,是指一旦行为人的行为致人损害就推定其主观上有过错,除非其能证明自己没有过错,否则应承担民事责任。例如我国《民法通则》第126条规定:建筑物或者其他设施以及建筑物上的搁置物、悬挂物发生倒塌、脱落、坠落造成他人损害的,它的所有人或管理人应承担民事责任,但能够证明自己没有过错的除外。

　　在过错推定责任的情况下,对过错问题的认定实行举证责任倒置的原则。受害人只需证明加害人实施了加害行为,造成了损害后果,加害行为与损害后果之间存在因果关系,无须对加害人的主观过错情况进行证明,就可推定加害人主观上有过错,应承担相应的责任。加害人为了免除其责任,应由其自己证明主观上无过错。过错推定责任不能任意运用,只有在法律进行明确规定的情况下才可适用。

　　2. 无过错责任原则

　　无过错责任原则,是指当事人实施了加害行为,虽然其主观上无过错,但根据法律规定仍应承担责任的归责原则。根据我国《民法通则》的规定,实行无过错责任的情形有从事高度危险活动致人损害的行为、污染环境致人损害的行为、饲养动物致人损害的行为、产品不合格致人损害的行为等。

　　无过错责任的适用应注意3个方面:① 无过错责任原则的适用必须有法律的明确规定,不能由法官或当事人随意扩大使用;② 适用无过错责任,受害人无须证明加害人的过错,加害人亦不能通过证明自己无过错而免责,但原告应证明损害事实及其因果关系;③ 我国实行的是有条件的、相对的无过错责任原则,在出现某些法定免责事由时,有关当事人也可全部或部分免除其民事责任。如《中华人民共和国环境保护法》(以下简称《环境保护法》)规定,完全由于不可抗拒的自然灾害,并经及时采取合理措施,仍然不能避免造成环境污染损害的,免于承担责任。

　　3. 公平责任原则

　　公平责任原则,是指损害双方的当事人对损害结果的发生都没有过错,但如果受害人的损失得不到补偿又显失公平的情况下,由人民法院根据具体情况和公平的观念,要求当事人分担损害后果。根据我国《民法通则》的规定,可适用公平责任原则的情形主要有紧急避险致人损害、在为对方利益或共同利益的活动中致人损害等。因紧急避险造成他人损害的，如果险情由自然原因引起，行为人采取的措施又无不当，则行为人不承担责任。受害人要求补偿的，可以责令受益人适当补偿。当事人对造成损害均无过错，但一方是在为对方的利益或者共同的利益进行活动的过程中受到损害的，可以责令对方或者受益人给予一定的经济补偿。

公平责任原则的适用要注意两方面问题：① 适用公平责任的前提，必须是当事人既无过错，又不能推定其过错的存在，同时也不存在法定的承担无过错责任的情况；② 当事人如何分担责任，由法官根据个案的具体情况，包括损害事实与各方当事人的经济能力进行综合衡量，力求公平。

### （三）无因管理

无因管理是指没有法定的或约定的义务，为避免他人利益受损失主动管理他人事务或提供服务的行为。无因管理一经成立，在管理人和本人之间即发生债权债务关系，管理人有权请求本人偿还其因管理事务而支出的必要费用，本人有义务偿还，这就是无因管理之债。无因管理之债与合同之债一样，都是因合法行为而发生的，二者的根本区别在于合同之债为意定之债，无因管理之债为法定之债。

**知识拓展　　管理人的义务和权利**

1. 管理人的义务

（1）善意管理义务。管理人依本人明示或可以推知的意思以有利于本人的方法进行管理。

（2）通知义务。事务管理开始时，在能够通知的情况下，管理人应当通知本人。

（3）报告义务。管理人在管理过程中和管理事务结束后，应向本人报告其管理情况。

（4）移交义务。管理人因管理事务所收取的金钱、物品及其孳息应交付本人，以自己名义取得的权利应移转于本人。

2. 管理人的权利

(1) 请求偿还必要费用。管理人为管理本人事务而支出的必要费用，本人应当予以偿还，并应同时偿还自支出时起的利息。

(2) 请求清偿必要债务。管理人为管理事务而以自己的名义向第三人负担的必要债务，管理人有权要求本人清偿。

(3) 损害赔偿请求权。管理人因管理事务受损害的，可向本人请求损害赔偿。

(四) 不当得利

不当得利是指没有合法根据而获得利益并使他人利益遭受损失的事实。依法律规定，取得不当利益的一方应将所获利益返还于受损失的一方，双方因此形成债权债务关系，即不当得利之债。不当得利既可以基于一方当事人的法律行为而发生，如基于合同而占有另一方当事人的财产，合同被宣告无效或撤销后，依据合同而取得的财产便成为不当得利；也可以基于自然事实发生，如邻家池塘的鱼跳入自家池塘，构成不当得利等。不当得利之债与侵权行为之债、无因管理之债同属法定之债。

**知识拓展　不当得利之债受益人的返还义务**

不当得利成立后，即在受益人与受损人之间产生不当得利之债，受益人应向受损人偿还其无合法根据而获得的利益。受益人的返还范围因其善意或者恶意而有所不同：

善意受益人的返还义务的范围以现存利益为限。所谓善意受益人，是指其于受益时不知其受益无法律上的原因的受益人。

恶意受益人的返还义务的范围是受益人取得利益时的数额以及基于该利益所产生的利益，即使该利益在返还时已经减少甚至不复存在也不能免除其返还义务。所谓恶意受益人，是指明知无法律的原因而取得利益的受益人。受益人于受领时不知其受益无法律上的原因，其后知晓的，于知晓之日起，成为恶意受益人。

恶意受益人依上述方法返还受损者利益，仍不足以弥补受损者损失时，恶意受益人应承担赔偿义务。

### （五）其他原因

除上述发生原因外,债的关系还可因其他法律事实而产生。例如,因缔约过失,可在缔约当事人之间产生债权债务关系;因单方允诺人和受益人之间产生债权债务关系;因拾得遗失物,可在拾得人与遗失物的所有人之间产生债权债务关系;因防止、制止他人合法权益受侵害而实施救助行为,可在因此而受损的救助人与受益人之间产生侵权债务关系。

**练 一 练**

张某在一风景区旅游,爬到山顶后,见一女子孤身站在山顶悬崖边,目光异样,即心生疑惑。该女子见有人来,便向悬崖下跳去,张某情急之中拉住女子衣服,将女子救上来。张某在救人过程中,随身携带的价值 2 000 元的照相机被碰坏,手臂被擦伤。随后,张某将女子送到山下医院,为其支付各种费用 500 元,并为包扎自己的伤口用去 20 元。次日,轻生女子的家人赶到医院,向张某表示感谢。

根据案情和债的相关制度分析:

（1）张某与轻生女子之间形成何种法律关系?

（2）张某与轻生女子在该法律关系中的权利和义务是什么?

### 九、代理

#### （一）代理的概念和特征

1. 代理的概念

代理是指代理人在代理权限内,以被代理人（本人）的名义与第三人（相对人）实施民事法律行为,其所产生的法律后果由被代理人承担的法律制度。代理涉及三方当事人:一是在设定、变更或者终止民事权利义务关系时需要得到别人帮助的人,即被代理人或称本人;二是能够给予被代理人帮助,代理他人实施民事法律行为的人,即代理人;三是相对人,即与代理人实施民事法律行为的第三人。自然人和法人均可充当代理人,但法律有特别规定的商事代理,非经商业登记,不得从事该项代理。例如,证券买卖代理,没有证券业务资格的商事特别法人不得从事该业务。

2. 代理的特征

（1）代理是以被代理人的名义在代理权限范围内进行的民事活动。

（2）代理人进行代理活动时独立地进行意思表示。

（3）代理行为的法律效果是被代理人和第三人之间设立、变更或终止的某种民事法律关系。

（4）代理行为所产生的法律效果直接由被代理人承担。

（二）代理的种类

按代理权产生的原因，代理分为委托代理与法定代理。

1. 委托代理

委托代理是代理人根据被代理的授权而进行的代理。我国《民法通则》规定，民事法律行为的委托代理，可以用书面形式，也可以用口头形式。书面委托代理的授权委托书应当载明代理人的姓名或单位名称、代理事项、权限和期限，并由委托人签名或者盖章。法人参加代理关系一般均采用书面形式，如果因被代理人授权不明而使第三人遭受损失的，应由被代理人与代理人共同负担对第三人的赔偿责任。

2. 法定代理

法定代理是指以法律的直接规定为根据而产生的代理。法律根据自然人之间的亲属关系，如父母子女、夫妻等而直接规定了的相互之间的代理权。法定代理主要适用于无民事行为能力人和限制行为能力人。有法定监护资格的人之间对担任监护人的人选有争议时，需要指定法定代理人，因此，指定代理在本质上仍属于法定代理。

### 练一练

公民李某委托新东安画廊经理程某购买某著名画家张某的一幅名为《春色》的油画，双方签订委托合同，约定合同价款为50万元。其后，画廊经理程某以李某名义与画家张某达成一份书面协议，约定以50万元购买其正在画廊展出的《春色》油画，待画展结束交付该画并付款。10天后，画廊经理程某因涉嫌伤害罪，被司法机关逮捕，有3位债权人同时起诉该画廊。画家张某得知此事后，遂派人去画廊取回油画。李某闻讯，找到张某，要求其交付《春色》油画。

根据案情和代理制度分析李某是否有权要求张某交付油画。

**十、诉讼时效**

诉讼时效,是指权利人在法定期限内不行使权利即丧失请求人民法院保护其民事权利的法律制度。法律规定的权利人请求人民法院保护其民事权利的法定期间就是诉讼时效期间。

（一）诉讼时效的种类

主要诉讼时效期间见表1-1。

表1-1　主要诉讼时效期间一览表

| 诉讼时效期间 | 期间适用情形 | 期间起算点 | 备注 |
|---|---|---|---|
| 2 年 | (1) 向人民法院请求保护民事权利的一般诉讼时效期间;<br>(2) 因产品存在缺陷造成损害要求赔偿的 | 从权利人知道或应当知道权利被侵害时起计算,法律另有规定的除外 | 适用诉讼时效中止、中断和延长的规定 |
| 1 年 | (1) 身体受到伤害要求赔偿的;<br>(2) 出售质量不合格的商品未声明的;<br>(3) 延付或者拒付租金的;<br>(4) 寄存财物被丢失或者损毁的 | | |
| 3 年 | 因环境污染损害赔偿提起诉讼的 | | |
| 20 年 | 适用于当事人"不知道或不应当知道"其权利受到损害的特殊情形 | 从权利被侵害之日起计算 | 不适用诉讼时效中止和中断,有正当理由的,人民法院可以延长诉讼时效 |

（二）诉讼时效的中止、中断和延长

1. 诉讼时效中止

《民法通则》第139条规定,在诉讼时效期间的最后6个月因不可抗力或者其他障碍不能行使请求权的,诉讼时效中止,即暂停计算。从中止时效的原因消除之日起,诉讼时效期间继续计算。发生诉讼时效中止的法定事由有:

（1）不可抗力,指的是不能预见、不能避免并不能克服的客观情况,包括自然灾害和非出于权利人意思的社会事件,如瘟疫、暴乱等。

（2）法定代理人未确定或丧失民事行为能力。例如,在诉讼时效期间的最后 6 个月内,权利被侵害的无民事行为能力人、限制民事行为能力人没有法定代理人,或者法定代理死亡、丧失代理权,或者法定代理人本人丧失行为能力的,适用诉讼时效中止。

（3）其他事由。例如,继承开始后,继承人或遗产管理人尚未确定时,其诉讼时效可中止等。

2. 诉讼时效中断

诉讼时效中断是指在诉讼时效期间,因发生一定的法定事由,致使已经经过的时效期间统归无效,待令时效中断的事由消除后,诉讼时效期间重新计算。诉讼时效中断的法定事由包括提起诉讼（起诉）、当事人一方提出要求（请求）或者同意履行义务（承诺）。

3. 诉讼时效延长

诉讼时效延长是指人民法院查明权利人在诉讼时效期间确有法律规定之外的正当理由而未行使请求权的,应适当延长已完成的诉讼时效时间。诉讼时效延长具有不同于诉讼时效中止和中断的特点。具体表现在,它是发生在诉讼时效届满之后,而不是在诉讼时效过程中,而且能够引起诉讼时效延长的事由是由人民法院认定的,延长的时间也是由人民法院依客观情况予以掌握的。

（三）诉讼时效的法律效果

1. 胜诉权消灭

法律规定,将诉讼时效期间届满所消灭的权利限定为"向人民法院请求保护"的民事权利,即诉讼时效期间届满时,权利人在程序上仍然可以向人民法院起诉,但其权利得不到法律保护。

2. 实体权利不消灭

我国《民法通则》第 138 条规定,超过诉讼时效期间,当事人自愿履行的,不受诉讼时效限制,即诉讼时效届满,实体权利不消灭,债权人对于债务人自愿履行的债务,仍享有受领保持力,债务人履行义务后,不得请求返还。

**练 一 练**

甲公司与乙公司于 2007 年 7 月 10 日签订一份合同,约定由甲向乙供应一套设备并负责送货、安装,货款总额为 300 万元。同年 10 月 10 日,甲公司将设备运抵乙公司,设备安装后,调试运转正常。乙公司即付货款 280

万元,双方同意待设备运转 3 个月如果没有质量问题时再支付剩余的 20 万元。2008 年 1 月 10 日,3 个月期限届满,乙公司未提出质量问题,也未依约付款。甲公司去函要求乙公司最迟在 2008 年 2 月 10 日前结清全部货款及迟延利息,乙公司未答复。此后 3 年内,双方未再就此事交涉。2011 年 5 月,甲公司清理合同时发现乙公司尚欠其 20 万元设备款,遂派人到乙公司追讨,遭到乙公司拒绝。甲公司遂起诉至法院。

根据案情和诉讼时效制度分析甲公司的诉讼请求得到法院支持的可能性。

# 项目二　经济法基础知识

项目情境

1998 年,香港特别行政区政府直接入市操作,推出特别措施强化金融监管以应对亚洲金融危机。香港特别行政区政府为了应对国际投机"大鳄"的市场炒作,于 1998 年 8 月动用近千亿港元入市操作;1998 年 9 月 5 日,为了进一步巩固香港的货币发行局制度,减少投机者操纵市场使银行同业市场和利率出现动荡的机会,香港金融管理局推出 7 项技术性措施,这 7 项措施集中在港元兑换美元的兑换保证和有关银行港元流动资金贴现方面的新措施两个方面。1998 年 9 月 7 日,为了严格市场纪律,强化金融监管,香港特别行政区财政司公布了严格香港证券及期货市场纪律的 30 条措施。这 30 条新措施的实施涉及联合交易所、期货交易所、香港中央结算有限公司、证券及期货事务监察委员会和财经事务局 5 个机构。时任香港特别行政区财政司司长曾荫权表示,特区政府将继续坚守自由经济的政策并且不会在香港实施外汇管制。曾荫权还表示,财政司的 30 条措施将与金融管理局的 7 项措施相互配合,以增强货币及金融系统抵御国际投机者跨市场操控的能力。

## 任务描述

一、了解经济法的调整对象有哪些。

二、了解经济法的价值。

三、理解经济法的基本原则。

## 任务分析

### 一、经济法的概念

"经济法"的概念,是法国空想主义者摩莱里在 1755 年出版的《自然法典》一书中首先提出的,尔后被除英、美等少数国家以外的绝大多数国家所采用。但是,各国学者对经济法的理解并不一致,即使在同一国家,对经济法概念的理解也是众说纷纭,各不相同。中国法学界意见分歧的焦点在于对经济法调整对象的认识不一致,这也是经济学界争论不休的诸多基础理论问题之一。

本书认为经济法的调整对象同经济法的概念是紧密联系的,因为前者构成了描述经济法的最基本的要件。经济法是国家为维护市场经济秩序和进行经济宏观调控而对一定经济关系进行调整所形成的法律规范的总称,这里所说的一定经济关系是指除由民商法、行政法等法律调整以外的必须由经济法调整的经济法律关系。这些经济法律关系所包含的具体内容也不是固定不变的,而是可以随着国家经济形势的变化而有所变化,当然,变化的前提是不能违背经济法的根本属性。

## 二、经济法的调整对象

关于经济法的调整对象,法学界学派林立,学说纷呈。主要的观点有以下 8 种。

### 1. 经济行政法说

该学说认为经济法就是经济行政法。经济行政法的调整对象是经济管理关系,经济管理关系兼有行政性和经济性,经济法隶属于行政法,是行政法的一个分支,不构成独立的法的部门。

### 2. 企业经济法说

该学说认为经济法是调整企业在经营管理活动中产生的经济关系的法律规范的总称。

### 3. 国民经济运行法说

该学说认为经济法是调整国民经济总体运行关系的法,包括国民经济组织法、经济活动法和经济秩序法。

### 4. 宏观调控法说

该学说认为经济法的调整对象是国家作为经济管理主体与市场主体之间的间接宏观调控性经济关系,其他平等主体之间的经济关系和商品货币流转关系、国家作为行政主体与市场主体之间的直接管理性经济关系等,则分别由民法、商法和行政法等部门法调整。

### 5. 经济干预法说

该学说认为经济法是国家为了克服市场调节的盲目性和局限性而制定的出于调整全局性、社会公共性的需要由国家干预的经济关系的法律规范的总称。

### 6. 经济管理法说

该学说认为经济法是调整国家经济管理关系和企业内部经济管理关系等纵向经济法律关系的法律规范的总称,因而该学说也被称为"纵向经济关系说"。

### 7. 纵横统一说

该学说认为经济法是有关确立国家机关、社会组织及其他经济实体的经济法律地位,以及调整它们在经济管理过程和经营协调活动中所发生的经济关系的法律规范的统一体(总称)。

### 8. 限定的纵横统一说

该学说认为经济法调整的对象是经济和国家意志二者的统一体。作为经济法调整对象的经济关系,"纵"不包括不具有经济要素的管理关系、国家意志不直接参与的企业内部管理关系;"横"不包括公有制组织之间自由的商品货币流转关系和彼此之间的协作关系,以及实体权利义务不受国家直接干预的任何经济关系。该学说认为经济法的调整对象包括"经济管理关系、维护公平竞争关系、组织管理性的流转关系和协作关系3类。这些关系之所以成为经济法调整的对象,在于它们直接体现国家意志,'纵''横'统一于经济和国家意志相结合,可谓意志经济关系"。

在上述关于经济法调整对象的学说中,本书认为"纵横统一说"与"限定的纵横统一说"在本质上是一致的,两者都能反映经济法的本质,因而是相对科学的学说。"限定的纵横统一说"将经济法的调整对象在纵、横两方面都做了进一步的"限定",以此将经济法的调整对象与民法、行政法的调整对象做出明确的界定与划分,既找到了经济法的恰当位置,又防止经济法与相关法律部门的不恰当、不必要的交叉与重叠。

在案例中,香港特别行政区政府一方面动用近千亿港元直接参与市场操作,另一方面通过推出金融管理措施对香港经济实行宏观管理和调控,表明现代经济生活中,政府对经济关系的直接干预、管理和参与是市场经济体制的普遍行为,也证明了关于经济法调整对象的"纵横统一"学说的科学性。

香港特别行政区政府在1998年9月连续两次出台具体的管理措施干预金融市场,是经济法或经济政策调整经济管理关系的体现。国家经济管理关系不是平等主体之间的民事关系,不能成为民法的调整对象,这已无争议。对于国家经济管理关系,经济行政法学者认为其应当成为行政法的调整对象,从而使经济法与行政法之间产生调整对象的争议。但正如有些学者所说:"经济法调整的经济管理关系就是现代国家的经济行政关系。然而行政法的根本目的和作用,在于对行政组织及其权限进行监控,经济行政或管理中的有关实体权益,诸如税率和税务、利率和信用、利润和财会、贸易和服务之间业务要求等,并非也无须由行政法来过问。"经济法产生之后,行政法所调整的范围应当限定于一些单纯的行政管理关系,对于那些具有经济要素的纯粹的经济行政关系,如产品质量监督管理、物价管理、广告管理、公司企业登记管理、对各种交易场所的管理等,则不再由行政法调整,而应纳入经济法调整对象之中。香港特别行政区政府为了加强金融监管,出台了管理措施,对经济关系进行宏观调控,表明这种经济管理关系是政府意志与经济二者的统一,具有明显的纵横统一特征,因而其只能成为经济法的调整对象,不可能成为行政法或民法的调整对象。

香港特别行政区政府为了应对国际投机"大鳄"的炒作,投入上亿港元入市操作,直接参与市场关系,是经济法或经济政策法调整管理性流转关系的体现。平等主体之间的完全体现当事人意思自治的流转关系由民法调整,经济法调整超出"平等主体"之间的财产关系。在市场经济条件下,除大量的平等主体之间的财产流转关系外,还存在着国家对经济的参与关系,这种参与从传统的直接行政命令和行政指挥、计划调度,转向公开的市场操作和间接干预。这种体现国家意志的具有管理性的流转关系,应当成为经济法调整对象。香港特别行政区政府直接入市操作,参与市场流转关系,这种流转关系是体现香港特别行政区政府对经济进行调控、扭转香港非正常金融市场意志的不平等主体之间的流转关系,也具有明显的纵横统一性,因此只能是经济法的调整对象,不能成为民法或行政法的调整对象。

### 三、经济法的价值

经济法的价值即经济法通过其规范和调整所追求的目标。经济法的价值表现为实质正义、社会效益、经济自由与经济秩序的和谐。

1. 实质正义

实质正义"是一种追求最大多数社会成员之福祉的、社会主义的正义观"。经济法的实质正义要求根据特定时期的特定条件来确定经济法的任务,以保证最大多数人的幸福、利益和社会整体效益。

自从亚洲金融危机爆发以来,香港经济受到严重冲击,市场萎靡不振,人民生活水平明显降低。香港特别行政区政府直接入市操作市场,对香港外汇和货币市场推出的 7 项措施、对证券和期货推出的 30 条措施,都是为了维护货币市场、证券与期货市场的稳定,实现香港社会经济的繁荣、发展和稳定,为社会最大多数人谋求幸福,体现经济法所追求的实质正义。

2. 社会效益

社会效益是相对于经济效益而言的,经济法所追求的社会效益,不仅是一般而言的经济成果最大化,更是宏观经济成果、长远经济利益以及人文和自然环境、人的价值等诸多因素的优化和发展,微观经济成果只是社会效益的组成部分之一。经济法是以社会效益或社会责任为本位的法,与传统法律部门所追求的目标不同。传统民法是以"个人权利"为本位,强调个体的意志和利益,忽视国家和社会的整体利益。传统行政法是以"行政权力"为本位,以国家行政机关的意志为主导,维护国家利益。当然国家利益与社会长远利益是一致的,但也有不一致的时候,如国家为了实现短期经济效益而不惜牺牲社会长期利益的事例并不少见。经济法是以"社会责任"为本位的法,强调无论国家还是企业都必须对社会负责,必须对发展社会生产力、提高社会经济效益负责。

香港特别行政区政府出台的一系列措施都是出于通过政府参与、监管,加强香港防御投机者对外汇和货币市场操控的能力,增强各国对香港货币发行局的信心,恢复香港金融市场秩序,确保香港的长期稳定、繁荣,以利于香港的长远社会效益考虑的。

3. 经济自由与经济秩序的和谐

市场经济奉行自由的经济政策和经济制度,然而自由是一个相对的概念,世界上从来不存在绝对的自由,自由是有一定限度的,如果自由超出一定范围,对社会秩序构成威胁,那么政府必须代表社会整体对自由进行约束,以维护正常的秩序。

在香港,自由的资本主义经济发展到面临危机的时候,为了维护香港健康的经济秩序,香港特别行政区政府必须对自由的经济进行干预。当然香港特别行政区政府的干预是手段而不是目的,干预的目的是恢复真正的自由,因而干预应当是为了自由而干预,而不能通过干预限制乃至扼杀自由。正如时任香港特别行政区财政司司长曾荫权所说:"特区政府将继续坚守自由经济的政策,并且不会在香港实施外汇管制。"因此,追求自由与秩序相统一这一经济法的基本理念在本案例中得到充分印证,那种认为经济法是单纯的"国家干预经济的法"的观点是不尽合理的。

### 四、经济法的基本原则

经济法的基本原则是经济法的灵魂和精髓,反映经济法的宗旨和目的,并指导经济立法、执法和司法活动。经济法的基本原则包括平衡协调、维护公平竞争和责权利相统一。

1. 平衡协调原则

当代社会,国家与国家之间、私人与国家之间、私人与私人之间各种矛盾错综复杂,传统法律部门要么维护国家利益,要么维护私人利益,要么强调秩序,要么强调自由,要么过分强调经济集中,要么过分强调经济民主。经济法则不同,它从社会效益的角度来协调各种矛盾。

香港特别行政区政府正是从平衡协调的角度,通过参与和管理,来追求香港社会整体利益与个体利益的矛盾的统一,追求香港自由的资本主义与健康的经济秩序的统一,追求香港每个企业的经济民主与特区经济在宏观上的集中统一。

2. 维护公平竞争原则

有市场经济必然有竞争,竞争是市场经济的基本要素,没有竞争就不会有充满活力的市场,就不会有健康正常的市场经济。然而,竞争必须是公平、公正、公开的。不公平的竞争会产生负面作用,甚至会破坏竞争,因而各国法律都把维护公平的竞争作为法律的一项基本制度。各种法律部门都应为市场经济的公平竞争服务。然而,在具体任务的执行上,不同的法律部门发挥不同的作用。民法作为调整市场经济关系最基本的法律部门,其任务在于保证市场主体自由地、充分地、真实地表达自己的意思,最大限度地促使社会商品的自由流转。经济法的作用则在于确保市场主体有一个健康的良好的竞争环境。当市场主体采用不正当竞争手段或者垄断手段限制竞争,破坏公平竞争,损害市场主体的合法利益时,由经济法进行调整。经济法通过制止不正当竞争、反垄断以及制定各种管理性法规,最大限度地维护市场的公平竞争。

香港经济属于资本主义经济的范畴,自由竞争是其经济的本质,然而,当国际投机商采用不正当手段对其货币市场、外汇市场、证券市场、期货市场进行炒作,严重破坏香港公平、自由的竞争经济秩序时,香港特别行政区政府毅然采取措施,对市场经济进行干预,以打击投机商,力图恢复香港健康的经济秩序。可见,通过管理、干预维护市场公平竞争的秩序是国家的基本职能,也是法律的基本任务。以自由竞争和自由市场经济绝对地排斥国家的管理和干预或者用国家的管理和干预否定自由的市场竞争都是不可取的。

3. 责权利相统一原则

基于经济法社会责任本位的特征,责权利相统一原则是指经济权利主体所承担的责任、所享有的权力、所获得的利益必须是一致的。承担责任以享有权力、能获得利益为基础,享有权力、获得利益的同时必须承担一定的责任。这一原则在公有制占主导地位的中国具有特别重要的意义,因而被认定是中国经济法的核心原则或者根本原则。

然而,在实行资本主义制度的香港,这一原则同样具有重要意义。香港特别行政区政府为了香港的长远社会利益发展,基于香港600万民众赋予的权力和责任,在国际投机商对香港经济进行跨市场操控的时候,伸出干预之手,加强对金融的监管,直接参与对市场的操作,这既是其责任,也是其义务、权力。

香港特别行政区政府参与、管理香港经济的事实,表明经济法的概念已深入人心。然而,香港法律属于英美法系,在香港并没有像大陆法系那样严格的部门法的划分,亦不存在经济法这一概念。按照划分法律部门及确定经济独立地位的主客观相统一标准,在香港虽有经济法产生的客观条件,即社会环境业已造就出具有经济法成立的客观社会关系和相应的法律关系领域,经济法可以成为一个独立的法律部门,然而香港并不存在经济法作为一个独立部门的主观条件,即香港受英美法系传统法律文化的影响,不存在对作为经济法成立的客观条件进行解释和认同的主观需求,因而香港虽然具有非常典型的反映经济法基本理论的案例,却不能认为香港就存在经济法部门。

## 五、经济法律关系

(一)经济法律关系的概念和特征

经济法律关系是指经济法律规范在调整经济关系的过程中形成的经济权利和经济义务的关系。

经济法律关系具有以下特征:① 经济法律关系是以经济法律规范的存在为前提建立的;② 经济法律关系是一种具有经济内容的权利义务关系;③ 经济法律关系是人们有意识、有目的地形成的特定的社会关系;④ 经济法律关系是具有强制性的权利义务关系。

(二)经济法律关系的构成要素

任何法律关系都由主体、客体、内容三要素构成。经济法律关系也是由经济法律关系的主体、客体和内容三要素构成的,三要素相互联系,缺少其中任何一个要素都不能构成经济法律关系。

1. 经济法律关系的主体

经济法律关系的主体即经济法主体,是指参与经济法律关系并依法享有权利和承担义务的当事人。其主要包括国家经济管理机关,企事业单位、社会团体,企业内部组织,个体工商户、农村承包经营户和自然人等。

2. 经济法律关系的客体

经济法律关系的客体是指经济法律关系主体的权利和义务所共同指向的具体对象。经济法律关系的客体有:① 物,主要是有体物;② 行为,主要是指经济法律关系的主体为达到一定的经济目的所进行的行为,包括经济管理行为、完成一定工作的行为和提供一定劳务的行为;③ 智力成果,是指人们创造的能够带来经济价值的脑力劳动成果,如专利权、专有技术等;④ 与人身有关的利益,如肖像权、名称权、名誉权等。

3. 经济法律关系的内容

经济法律关系的内容即经济法律关系主体所享有的经济权利和应承担的经济义务。

经济权利是指经济法律关系主体,在法定或者约定的范围内,自己为或不为和要求他人为或不为一定行为的资格。经济主体的主要经济权利有物权、债权和知识产权。

经济义务是指经济法律关系主体享有经济权利的同时,在法定或者约定的范围内应当履行的经济义务,包括必须做出或者不做出一定行为的义务。履行法定或者约定的经济义务,是实现经济权利的前提和保证。如果不履行或者不适当履行这种经济义务,就要依法承担法律责任。

（三）法律关系的产生、变更和终止

经济法律关系的产生是指由于某种经济法律事实的出现,使特定的经济法律关系主体间产生具体的权利义务关系。

经济法律关系的变更是指由于某种经济法律事实的出现,使已经生效的经济法律关系的要素发生变化。

经济法律关系的终止是指由于一定的法律事实,使经济法律关系主体之间的权利和义务关系归于消灭。

经济法律关系的产生、变更和终止包括3个条件:① 经济法律、法规,即经济法律关系产生、变更和终止的法律依据;② 经济法律关系主体,即经济权利和经济义务的承担者;③ 经济法律事实,即法律、法规所规定的具体行为或事件。

经济法律事实是法律、法规规定的,能够引起法律后果,即经济法律关系的产生、变更和终止的现象,可分为行为和事件两大类。行为是指能够引起经济法律关系产生、变更和终止的有意识的活动,包括国家经济管理机关的管理行为,行政机关的执法行为,司法行为,社会组织和其他经济主体的经济行为,其他可引起经济法律关系产生、变更和终止的行为。事件是经济法律规范规定的、不以当事人的意志为转移而引起经济法律关系产生、变更和终止的客观事实,包括自然事件和社会事件。

## 巩固提升

### 一、单选题

1. 下列关于法的本质与特征的表述中,不正确的是(    )。
   A. 法是由国家制定或认可的规范
   B. 法是全社会成员共同意志的体现
   C. 法由统治阶级的物质生活条件所决定
   D. 法凭借国家强制力的保证获得普遍遵行的效力

2. 下列规范性文件中,属于地方性法规的是(    )。
   A. 山东省人民代表大会制定的《山东省注册会计师条例》
   B. 国务院制定的《城市居民最低生活保障条例》
   C. 全国人民代表大会常务委员会制定的《中华人民共和国证券法》
   D. 财政部发布的《会计从业资格管理办法》

3. 甲于2009年3月20日将小件包裹寄存于乙处保管。3月22日,该包裹被盗。3月27日,甲取包裹时得知包裹被盗。根据《民法通则》的规定,甲要求乙赔偿损失的诉讼时效期间届满日是(    )。
   A. 2010年3月22日          B. 2010年3月27日
   C. 2011年3月22日          D. 2011年3月27日

4. 经济法的调整对象是(    )。
   A. 所有经济法律关系          B. 各种经济关系
   C. 一定范围内的经济关系      D. 经济权利和经济义务关系

5. 经济法律关系的发生、变更和终止,总是由一定的(    )所引发的。
   A. 当事人的要求              B. 事件

C. 行为　　　　　　　　　　　　　　D. 法律事实

6. 自然灾害属于(　　),是法律事实的一种。

A. 事件　　　　　　　　　　　　　　B. 行为

C. 不可抗力　　　　　　　　　　　　D. 非故意行为

7. 经济法律关系的实体内容是(　　)。

A. 主体　　　　　　　　　　　　　　B. 客体

C. 内容　　　　　　　　　　　　　　D. 权利义务

8. 经济法律关系客体中最大量的是(　　)。

A. 行为　　　　　　　　　　　　　　B. 物

C. 无形财产　　　　　　　　　　　　D. 智力成果

## 二、多项选择题

1. 下列关于法的本质与特征的表述中,正确的有(　　)。

A. 法是明确而普遍适用的规范

B. 法是全社会成员共同意志的体现

C. 法凭借国家强制力的保证而获得普遍遵行的效力

D. 法是确定人们在社会关系中的权利和义务的行为规范

2. 法律与社会经济生活的关系是(　　)。

A. 法律受制于社会生活

B. 法律反作用于社会经济生活

C. 法律反映了社会经济关系

D. 法律是治理社会经济生活的一种手段

3. 下列各项中,属于经济法调整对象的有(　　)。

A. 企业组织管理关系　　　　　　　　B. 市场管理关系

C. 宏观经济调控关系　　　　　　　　D. 子女抚养关系

4. 经济法律关系的构成要素包括(　　)。

A. 主体　　　　　　　　　　　　　　B. 客体

C. 内容　　　　　　　　　　　　　　D. 法律事实

5. 经济法律关系主体承担民事责任的主要形式有(　　)。

A. 赔偿损失　　　　　　　　　　　　B. 支付违约金

C. 返还财产　　　　　　　　　　　　D. 停止侵害

## 三、案例分析

1. 某市宏达烟酒食品有限责任公司(以下简称宏达公司)采购了一批假

的茅台、五粮液等白酒进行销售,导致消费者王某某等6人中毒或死亡,该市工商管理机关接到举报后,查获100多瓶假酒。工商管理机关没收了宏达公司违法经营所得,并处以20万元罚款。公司法定代表人张某被公安机关抓获。

请回答下列问题:

(1) 该案中有几种法律关系存在?分别是什么法律关系?

(2) 各种法律关系的主体是谁?

2. 2005年7月,某市远大贸易公司将盖有本公司公章的空白合同交给韩某,委托韩某购买建材。2005年8月10号,韩某用该合同书与该市加佳服装厂签订了购买200套服装的购销合同,货款总额23 000元,合同规定货到后15日内付款。韩某将签好的合同带给远大贸易公司经理王某,王某对此合同未置可否。2005年8月25日,加佳服装厂将200套服装如数运至远大贸易公司,远大贸易公司验收后陆续出售,但远大贸易公司在约定的付款期内以未与加佳服装厂签订合同为由拒付货款。

请回答下列问题:

(1) 本案中有几个法律关系存在?各是什么法律关系?

(2) 远大贸易公司应承担什么性质的法律关系?承担法律责任的方式有哪些?

(3) 加佳服装厂可以通过何种方式保护自己的合法权益。

# 模块二

## 市场主体法

市场经济要实现有效的资源配置，就必须有一个完整的市场主体体系。通过市场主体体系这个载体，把国内市场与国内市场、国内市场与国际市场有机地结合起来，实现中国法律与国际法律的对接。

如何界定市场主体？其依据是什么？市场主体并不等于民事主体。市场主体的界定离不开市场活动，离开市场活动的主体就不是市场主体。市场主体的判断依据应当紧紧围绕商品的4环节即商品的生产、流通、交换和消费来确定，如果某一主体参与了商品4环节的管理或经营，那么它就是市场主体；如果与市场无关，那么就不是市场主体。

我国目前的市场主体一般应当包括拥有市场管理权的国家行政机关、审判机关和检察机关，企业法人、拥有市场主体职能的事业单位法人、社会团体法人，市场活动联合组织，非法人组织，个体户、农村承包户、个人合伙以及公民个人。

根据高职高专法律教学的要求，本模块主要介绍3类市场经济中最常见的企业主体（公司、合伙企业和其他类型企业）的设立、运行、终止的相关法律制度。通过实践训练和理论教学使学生了解公司、合伙企业和其他类型企业的法律界定，区分不同类型企业的责任承担方式，掌握不同企业的设立要求和程序，能够根据需要依法设立企业，熟悉企业退出市场的条件和程序规定，能够在实践中依法处理相关问题。

### 学习目标

#### 一、知识目标

1. 了解经济法主体责任制度。
2. 把握经济活动主体的市场准入条件、市场规制。
3. 掌握有限责任公司的设立、组织机构、议事规则知识。

4. 掌握股份公司的设立、组织机构、议事规则、股份发行与转让的规则。

5. 掌握合伙企业的财产、事务管理、入伙、退伙、解散清算的规则。

6. 掌握个人独资企业的投资人、事务管理、解散清算的规则。

7. 了解3类外商投资企业的责任形式、投资要求、组织机构及收益分配。

8. 了解破产的界限、程序、破产财产的分配。

## 二、能力目标

1. 熟练掌握各类公司、企业的设立、变更、注销登记手续的办理程序;正确分析公司法案例。

2. 能应用合伙企业法的原理设立合伙企业,处理合伙企业经营过程中涉及的法律问题。

3. 具有对破产财产分配的能力,清楚破产申请受理后债务人的义务,掌握破产和解程序。

# 项目一  企业法概述

甲企业(有限责任公司)欠被服有限责任公司货款 100 万元,乙企业(合伙企业)欠被服有限责任公司货款 120 万元,丙企业(个人独资企业)欠被服有限责任公司货款 50 万元。

（1）被服有限责任公司向甲企业的股东张某、李某要求偿还 100 万元,理由是甲企业无力偿还。张某、李某表示,他们设立公司时,出资已经到位,没有偿还 100 万元的义务。

（2）被服有限责任公司要求乙企业的合伙人赵某偿还 120 万元。赵某提出,自己与另一合伙人王某有约定,2 人各自对外承担 50% 的债务,因此只愿意偿还给被服有限责任公司 60 万元。

（3）被服有限责任公司要求丙企业业主黄某偿还 50 万元。黄某提出,自己的注册资金是 10 万元,因此应当在 10 万元内承担责任。

## 任务描述

一、对甲企业的债务适用哪部法律的规定？甲企业股东承担有限责任还是无限责任？张某和李某的主张是否正确？

二、对乙企业的债务适用哪部法律的规定？合伙企业的合伙人承担的是无限连带责任还是有限责任？赵某的主张是否正确？

三、对丙企业的债务适用哪部法律的规定？对个人独资企业的债务,出资人承担无限责任还是有限责任？黄某的主张是否正确？

## 任务分析

要解决此类问题,必须了解我国法律中关于企业法的一些基本规定,了解具体法律规范的适用范围,了解实践中常见的企业类型以及各类企业承担责任的方式。

## 一、企业法的概念

广义的企业法,是"调整国家管理企业,以及企业在生产经营或服务性活动中所发生的经济关系的法律规范的总称"。这一含义的企业法既有纵向关系即国家与企业之间的管理关系,也有横向关系即企业"在生产经营或服务性活动中所发生的经济关系"。

狭义的企业法是关于企业这一法律主体设立、变更、解散、组织机构与管理、成员权利与义务等对内、对外关系的法律规范的总称,因而它是有关企业的组织法。狭义企业法的外延与商事组织法的外延相同。

企业法除了上述广义的企业法和狭义的企业法之外,还有如下 2 种分类:

(1)组织的企业法和规制的企业法。这是按企业法的内容所做的分类。组织的企业法是指规定企业的发起、设立、组织结构、权利义务的法律规范,与第一种分类中的狭义的企业法相同。规制的企业法是指国家以维护社会公共福利及交易秩序为目的对企业的营业自由进行干涉的法律规范,是广义企业法中非有关企业组织的规定,如反垄断法、物价法、消费者权益保护法等。

(2)特别的企业法和普通的企业法。这是按企业法律规范的适用范围而做的分类。特别的企业法是指那些针对某些类型的企业的特殊性所做的特别规定的法律。如对国有企业、公共企业、国防企业等特殊类型的企业以及一切国家认为应执行特殊政策的企业类型所制定的法律。普通企业法是指适用于一切企业的法律。特别企业法既包括企业组织法的因素又包括企业规制法的因素,主要应是企业规制法的因素。普通企业法则分为组织的企业法和规制的企业法两类,前者由个人独资企业法、合伙企业法和公司法组成,后者即上述提及的规制的企业法。

## 二、企业的类型

企业类型的确定一般有两个标准,即学理标准和法定标准。学理标准是研究企业和企业法的学者根据企业的客观情况以及企业的法定标准对企业类型所做的理论上的解释与分类。这种分类没有法律上的约束力和强制性,但学理上的解释对企业法的制定与实施有着指导和参考作用。法定标准是根据企业法规定所确认和划分的企业类型。法定的企业类型具有法律的约束力和强制性。但因企业的类型不同,法律对不同类型企业规定的具体内容与程序上的要求也有很大区别。

（一）企业的学理分类

（1）根据企业所属的经济部门，可划分为农业企业、工业企业、交通运输企业、金融企业等。

（2）根据企业使用的技术装备及生产力要素所占比重，可分为技术密集型企业、劳动密集型企业。

（3）根据企业规模，可分为大型企业、中型企业和小型企业。

（4）根据企业内部结构，可分为单厂企业、多厂企业和联合企业。

（5）根据生产资料所有制的性质和形式，可分为国有企业、公营企业、私营企业、合作企业和混合所有制企业。

（6）根据企业在法律上的主体资格，可分为法人企业和非法人企业。

（7）根据投资人的出资方式和责任形式，可分为个人独资企业、合伙企业、公司制企业。

（8）根据投资者所在地，可分为内资企业、外商投资企业和港、澳、台商投资企业。

（9）根据所有制结构，可分为全民所有制企业、集体所有制企业和私营企业。

（二）企业的法定分类

企业的法定分类是国家通过立法，对该国的企业所进行的分类，亦即国家通过立法来规定的企业种类。国家通过立法对各类企业进行法律上的界定，使企业的类别规范化、标准化，并具有法律约束力。国家通过立法对企业的种类进行界定，使企业的设立人（包括企业的投资者）根据企业的法定种类，确定自己对企业种类的选择，一般情况下设立人应在法律规定的范围内确定对企业种类的选择。同时，企业的设立人在设立企业时，必须按照法律对不同类别企业的具体需求，如设立的条件、设立的程序、内部组织机构等来组建企业。

1. 按照经济类型对企业进行分类

按照经济类型对企业进行分类是我国对企业进行法定分类的基本做法。根据宪法和有关法律规定，我国目前有国有经济，集体经济，私营经济，个体经济，联营经济，股份制经济，外商投资经济，港、澳、台商投资经济，其他经济等经济类型，相应的我国企业立法的模式也是按经济类型来安排的，从而形成按经济类型来确定企业法定种类的特殊情况。企业法定种类主要包括国有企业，集体企业，私营企业，股份制企业，联营企业，外商投资企业，港澳台商投资企业，股份合作企业。

## 2. 企业法定分类的基本形态

企业法定分类的基本形态主要是个人独资企业、合伙企业和公司。法律对这3种企业划分的内涵作了基本概括,即企业的资本构成、企业的责任形式和企业在法律上的地位。目前,我国已颁布《中华人民共和国公司法》《中华人民共和国合伙企业法》和《中华人民共和国个人独资企业法》(以下简称《公司法》《合伙企业法》和《个人独资企业法》)。

根据以上的内容,可以得出本案例的结论:

任务一,甲企业是有限责任公司,对甲企业的债务适用《公司法》的规定。我国《公司法》确立了有限责任原则,因此甲企业的股东对外承担有限责任。张某、李某的主张是正确的。

任务二,乙企业是合伙企业,对乙企业的债务适用《合伙企业法》的规定。《合伙企业法》规定,合伙人对合伙的债务承担连带无限责任。合伙人之间对外按比例承担债务的约定,不能对抗债权人。因而赵某的主张是错误的。

任务三,丙企业是个人独资企业,对丙企业的债务适用《个人独资企业法》的规定。《个人独资企业法》规定,业主对外承担无限责任,并不受注册资金数量的限制。因此黄某的主张是错误的。

**阅读资料**

# 关于划分企业登记注册类型的规定

**第一条** 本规定以在工商行政管理机关登记注册的各类企业为划分对象。其他经济组织参照本规定执行。

**第二条** 本规定以工商行政管理部门对企业登记注册的类型为依据,将企业登记注册类型分为以下几种:

内资企业

国有企业

集体企业

股份合作企业

联营企业

有限责任公司

股份有限公司

私营企业

其他企业

港、澳、台商投资企业

合资经营企业（港或澳、台资）

合作经营企业（港或澳、台资）

港、澳、台商独资经营企业

港、澳、台商投资股份有限公司

其他港、澳、台商投资企业

外商投资企业

中外合资经营企业

中外合作经营企业

外资企业

外商投资股份有限公司

其他外商投资企业

**第三条**　国有企业是指企业全部资产归国家所有，并按《中华人民共和国企业法人登记管理条例》规定登记注册的非公司制的经济组织。不包括有限责任公司中的国有独资公司。

**第四条**　集体企业是指企业资产归集体所有，并按《中华人民共和国企业法人登记管理条例》规定登记注册的经济组织。

**第五条**　股份合作企业是指以合作制为基础，由企业职工共同出资入股，吸收一定比例的社会资产投资组建，实行自主经营，自负盈亏，共同劳动，民主管理，按劳分配与按股分红相结合的一种集体经济组织。

**第六条**　联营企业是指两个及两个以上相同或不同所有制性质的企业法人或事业单位法人，按自愿、平等、互利的原则，共同投资组成的经济组织。

**第七条**　有限责任公司是指根据《中华人民共和国公司登记管理条例》规定登记注册，由2个以上、50个以下的股东共同出资，每个股东以其所认缴的出资额对公司承担有限责任，公司以其全部资产对其债务承担责任的经济组织。

有限责任公司包括国有独资公司以及其他有限责任公司。

国有独资公司是指国家授权的投资机构或者国家授权的部门单独投资设立的有限责任公司。

其他有限责任公司是指国有独资公司以外的其他有限责任公司。

**第八条**　股份有限公司是指根据《中华人民共和国公司登记管理条例》规定登记注册，其全部注册资本由等额股份构成并通过发行股票筹集资本，股东以其认购的股份对公司承担有限责任,公司以其全部资产对其债务承担责任的经济组织。

**第九条** 私营企业是指由自然人投资设立或由自然人控股,以雇佣劳动为基础的营利性经济组织。包括按照《公司法》《合伙企业法》《私营企业暂行条例》规定登记注册的私营有限责任公司、私营股份有限公司、私营合伙企业和私营独资企业。

私营独资企业是指按《私营企业暂行条例》的规定,由一名自然人投资经营,以雇佣劳动为基础,投资者对企业债务承担无限责任的企业。

私营合伙企业是指按《合伙企业法》或《私营企业暂行条例》的规定,由2个以上自然人按照协议共同投资、共同经营、共负盈亏,以雇佣劳动为基础,对债务承担无限责任的企业。

私营有限责任公司是指按《公司法》《私营企业暂行条例》的规定,由2个以上自然人投资或由单个自然人控股的有限责任公司。

私营股份有限公司是指按《公司法》的规定,由5个以上自然人投资,或由单个自然人控股的股份有限公司。

**第十条** 其他企业是指上述第三条至第九条之外的其他内资经济组织。

**第十一条** 合资经营企业(港或澳、台资)是指港澳台地区投资者与内地企业依照《中华人民共和国中外合资经营企业法》及有关法律的规定,按合同规定的比例投资设立、分享利润和分担风险的企业。

**第十二条** 合作经营企业(港或澳、台资)是指港澳台地区投资者与内地企业依照《中华人民共和国中外合作经营企业法》及有关法律的规定,依照合作合同的约定进行投资或提供条件设立、分配利润和分担风险的企业。

**第十三条** 港、澳、台商独资经营企业是指依照《中华人民共和国外资企业法》及有关法律的规定,在内地由港澳台地区投资者全额投资设立的企业。

**第十四条** 港、澳、台商投资股份有限公司是指根据国家有关规定,经外经贸部依法批准设立,其中港、澳、台商的股本占公司注册资本的比例达25%以上的股份有限公司。凡其中港、澳、台商的股本占公司注册资本的比例小于25%的,属于内资企业中的股份有限公司。

**第十五条** 其他港、澳、台商投资企业是指在中国境内参照《外国企业或个人在中国境内设立合伙企业管理办法》和《外商投资合伙企业登记管理规定》,依法设立的港、澳、台商投资合伙企业等。

**第十六条** 中外合资经营企业是指外国企业或外国人与中国内地企业

依照《中华人民共和国中外合资经营企业法》及有关法律的规定,按合同规定的比例投资设立、分享利润和分担风险的企业。

第十七条　中外合作经营企业是指外国企业或外国人与中国内地企业依照《中华人民共和国中外合作经营企业法》及有关法律的规定,依照合作合同的约定进行投资或提供条件设立、分配利润和分担风险的企业。

第十八条　外资企业是指依照《中华人民共和国外资企业法》及有关法律的规定,在中国内地由外国投资者全额投资设立的企业。

第十九条　外商投资股份有限公司是指根据国家有关规定,经外经贸部依法批准设立,其中外资的股本占公司注册资本的比例达25%以上的股份有限公司。凡其中外资股本占公司注册资本的比例小于25%的,属于内资企业中的股份有限公司。

第二十条　其他外商投资企业是指在中国境内依照《外国企业或个人在中国境内设立合伙企业管理办法》和《外商投资合伙企业登记管理规定》,依法设立的外商投资合伙企业等。

第二十一条　本规定由国家统计局会同国家工商行政管理局负责解释。

第二十二条　本规定自发布之日起施行,国家统计局和国家工商行政管理局1992年制定的《关于经济类型划分的暂行规定》同时废止。

附:

### 企业登记注册类型与代码

| 代码 | 企业登记注册类型 | 代码 | 企业登记注册类型 |
|---|---|---|---|
| 100 | 内资企业 | 159 | 其他有限责任公司 |
| 110 | 国有企业 | 160 | 股份有限公司 |
| 120 | 集体企业 | 170 | 私营企业 |
| 130 | 股份合作企业 | 171 | 私营独资企业 |
| 140 | 联营企业 | 172 | 私营合伙企业 |
| 141 | 国有联营企业. | 173 | 私营有限责任公司 |
| 142 | 集体联营企业 | 174 | 私营股份有限公司 |
| 143 | 国有与集体联营企业 | 190 | 其他企业 |
| 149 | 其他联营企业 | 200 | 港、澳、台商投资企业 |
| 150 | 有限责任公司 | 210 | 合资经营企业(港或澳、台资) |
| 151 | 国有独资公司 | 220 | 合作经营企业(港或澳、台资) |

| 代码 | 企业登记注册类型 | 代码 | 企业登记注册类型 |
|---|---|---|---|
| 230 | 港、澳、台商独资经营企业 | 320 | 中外合作经营企业 |
| 240 | 港、澳、台商投资股份有限公司 | 330 | 外资企业 |
| 290 | 其他港、澳、台商投资企业 | 340 | 外商投资股份有限公司 |
| 300 | 外商投资企业 | 390 | 其他外商投资企业 |
| 310 | 中外合资经营企业 | | |

# 项目二　公司法律制度与实训

## 项目情境

　　宏图公司签发金额为 1 000 万元、到期日为 2013 年 5 月 30 日、付款人为太阳公司的汇票一张,向大鹏公司购买 A 楼房。宏图、大鹏双方同时约定:汇票承兑前,A 楼房不过户。其后,宏图公司将 A 楼房作价 1 000 万元,与出资现金 1 000 万元的甲公司共同设立了乙有限公司。某会计师事务所将未过户的 A 楼房作为宏图公司对公司的出资允以验资。乙公司成立后即占有使用了 A 楼房。2012 年 9 月,甲公司欲退出乙公司。宏图公司、甲公司协商达成协议:甲公司从乙公司取得退款 1 000 万元后退出乙公司,但考虑到公司的稳定性,甲公司仍为乙公司名义上的股东,其原有的 50% 的股份,名义上仍由甲公司持有 40% ,其余 10% 由乙公司的总经理张某持有,张某暂付 200 万元给甲公司以获得上述 10% 的股权。甲公司依此协议获款后退出,据此,乙公司变更登记为:宏图公司、甲公司、张某分别持有 50% ,40% 和 10% 的股权;注册资本仍为 2 000 万元。甲公司退出后,宏图公司要求乙公司为其贷款提供担保,在甲公司代表未到会、张某反对的情况下,乙公司股东会通过了该担保议案。

## 任务描述

　　一、乙公司的设立是否有效? 为什么?
　　二、甲退出乙公司的做法是否合法? 为什么?
　　三、乙公司股东会关于为宏图公司提供担保的决议是否有效? 为什么?

## 任务分析

　　公司法立法的目的在于"规范公司的组织和行为,保护公司、股东和债权人的合法利益,维护社会秩序,促进社会主义市场经济的发展"。它对我国的经济发展产生了积极的意义,一方面它鼓励投资创业,另一方面,它极大地促进了资本市场发展。更有意义的是,公司法将促进私营企业的发展,促进再就业。

　　本项目从法律的角度研究公司如何设立、如何组织与管理、如何规范运行。公司是从事商品生产和经营的组织形式,也是资本和人力资源有效利用的组织形式。公司在我国的出现对社会经济生活的每一个方面都产生了巨大的、深刻的影响,改变了社会经济生活方式和人们习以为常的价值观念。然而,公司的操作又是非常严格的。离开法制的轨道,公司也会给社会经济生活的秩序制造混乱。学习公司法,可以使我们掌握公司组织的规律;学会运用法律,指导国有企业实行公司制改建;学会对公司依法进行管理,可以让公司组织最大限度地在国民经济中发挥应有的作用。

### 一、公司的概念和特征

公司的概念有广义和狭义之分。从广义上讲,"公司"是依照法定的条件与程序设立的、以营利为目的的商事组织,包括个人独资企业、合伙企业、有限责任公司、股份有限公司等多种组织形式。在大多数情况下,广义的"公司"和"企业"是同义词。

从狭义上说,"公司"是指依照公司法设立并运行的、以营利为目的的企业法人。根据我国《公司法》的规定,公司仅包括有限责任公司和股份有限公司两种类型。本书所讲"公司"皆取此义。依这个概念,公司的范围小于企业。

一般而言,公司具有 3 个基本的法律特征,如图 2-1 所示。

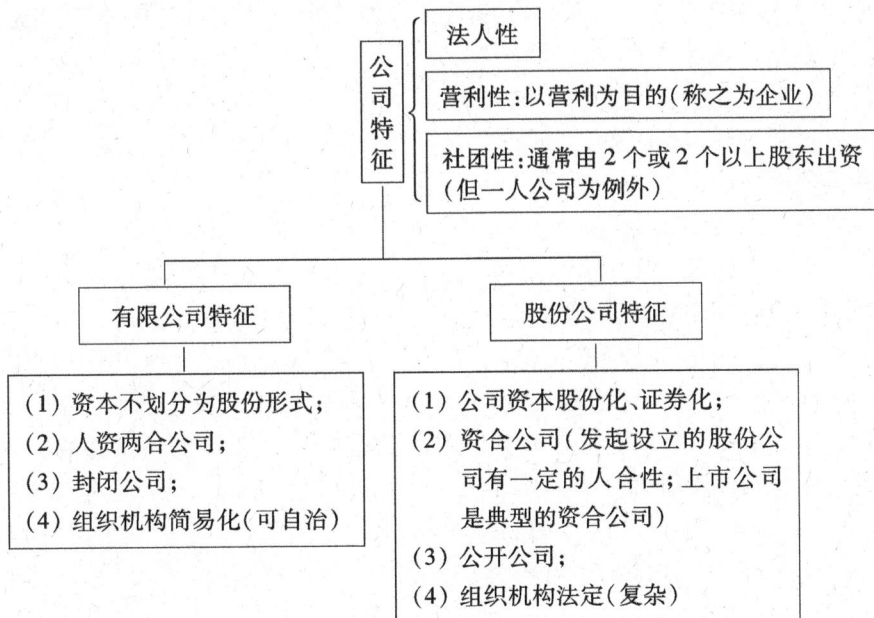

图 2-1　公司的特征

（一）公司作为一种法人，具有独立的人格

法人是与自然人并列的民商事主体。我国的公司都是企业法人。公司法人资格的取得必须满足以下3点。

1. 依法定程序与条件设立

依法设立是指设立公司应当向公司登记机关申请设立登记。法律、行政法规规定设立公司必须报经批准的，应当在公司登记前依法办理批准手续。

2. 具备独立的财产

独立财产是指公司作为一个以营利为目的的法人，必须具备可控性和可支配的财产以从事经营活动。公司的原始财产由股东出资构成，股东一旦履行了出资义务，其出资的财产权即转移至公司，构成公司的财产，公司对其享有法人财产权，包括货币与实物的所有权、知识产权、债权等。股东则对公司享有股权，即享有资产收益权、参与重大决策和选择管理者的权利。公司的财产与股东个人的财产分离。

3. 承担独立的责任

独立的责任是指公司必须在自主经营的基础上自负盈亏，用其全部法人财产对公司债务独立承担责任。公司独立承担责任，意味着股东仅仅以其对公司的出资额为限对公司承担责任，即股东承担有限责任，可见有限责任的主体不是公司而是股东。

公司作为法人违反法律规定的，应当承担民事赔偿责任和缴纳罚款、罚金等行政责任、刑事责任，其财产不足以承担全部法律责任时，应当先承担民事赔偿责任。

（二）公司是社团组织，具有团体性

依法人内部组织的不同，可将法人分为社团法人和财团法人，公司属于社团法人。公司的社团性表现为它通常由两个或者两个以上的股东出资，通过产权的多元化实现股东间的利益制衡。《公司法》中的例外是一人有限公司和国有独资公司，还有根据我国《中华人民共和国外资企业法》（以下简称《外资企业法》）的规定由外商独资设立的有限公司。除上述3种情况外，不允许设立其他类型的一人公司。

（三）公司以营利为目的，具有营利性

公司可以合法地从事各种营利性活动。公司可以将其营利活动所获得的利润分配给其成员即股东，但这种分配要遵守《公司法》规定的程序和条件。

## 二、我国公司立法上的几类公司

### （一）有限公司

有限公司与股份公司是我国仅有的公司类型，其最主要的相同点就是股东均负有限责任。股东的这种责任是对公司的责任，而不是直接对公司债权人的责任。至于公司则必须以其全部资产为限就公司的债务对外承担责任，这种责任实际上是无限责任。

**练 一 练**

（不定项选择题）赵、钱、孙、李4人欲设立一个有限责任公司，向周律师咨询有关事宜，周律师给出的下列建议符合《公司法》规定的有（　　）。

A. 有限责任公司的股东以其出资额为限对公司承担责任，公司以其注册资本对公司的债务承担责任

B. 有限责任公司的股东以其个人资产为限对公司承担责任，公司以其全部财产对公司的债务承担责任

C. 有限责任公司的股东以其出资额为限对公司承担责任，公司以其全部财产对公司的债务承担责任

D. 有限责任公司的股东以其个人资产对公司承担责任，公司以其注册资本对公司的债务承担责任

### （二）一人公司

1. 定义

我国的一人公司属于有限公司的特殊类型，不能设立一人股份公司，其设立人可以是一个自然人，也可以是一个法人（就是法人设立全资子公司）。

2. 组织机构

（1）不设股东会，股东行使相当于普通有限公司的股东会的权利，但应当采用书面形式且置备于公司。否则，将构成"揭破法人面纱"原则适用的一个有力证据。

一人公司属于典型的"人数少、规模小"的有限责任公司,所以除了设有股东会外,也可以不设立董事会而设立 1 名执行董事,不设立监事会而设立 1~2 名监事,一人公司并不是必然的"三会皆无"。但反过来说,如果一个公司"三会皆无",那么它只能是一人有限责任公司。

（2）公司章程也由股东一人制定,而且必须制定。

**练 一 练**

（不定项选择题）2013 年 8 月,屈某依《公司法》设立了以其一人为股东的××粽子食品有限责任公司。在该公司存续期间,屈某实施的下列行为符合《公司法》规定的有(          )。

A. 决定由本人担任公司的执行董事兼公司经理

B. 决定公司不设立监事会,仅由楚某担任公司监事

C. 决定公司不设立股东会,由其个人行使股东会的权利

D. 未召开任何会议,自作主张制订公司经营计划

3. 对一人公司的特别规制措施

以下措施专门适用于一人公司,并不适用于普通有限公司。

（1）出资:2014 年 2 月 18 日国务院印发了《注册资本登记制度改革方案》,取消一人有限责任公司最低注册资本 10 万元的限制。

（2）公示:在公司登记时和营业执照上应当载明自然人或法人独资的信息。

（3）财务监督:应在每一会计年度终了时编制财务会计报告,并经会计师事务所审计。

（4）"揭破法人面纱"原则的具体使用情形与举证责任倒置:股东不能证明公司财产独立于股东自己的财产,即发生财产混同的,使用"揭破法人面纱"原则,对公司债务承担连带责任。

（5）一个自然人只能设立一家一人公司,且该一人公司不得再设立一人公司。但此举不适用于法人及其设立的一人公司。

（不定项选择题）2013 年 6 月，俞某欲设立一个买卖古琴的一人公司，遂向子期律师咨询相关法律规定，子期律师的下列观点正确的是（　　）。

A. 俞某可以设立多个一人公司，只要符合最低注册资本的要求即可。

B. 俞某只能设立一个一人公司，但该一人公司可以再设立一个全资子公司。

C. 俞某只能设立一个一人公司，且该一人公司不可以再设立全资子公司，但可以与其他自然人或法人合资设立普通的有限公司。

D. 自然人设立的一人公司受到诸多限制，对于法人来说，则可以设立多个全资子公司，但这些全资子公司不可以继续设立新的一人公司。

（三）国有独资公司

1. 定义

国有独资公司属于有限公司的特殊类型，但国有独资公司并不是简单的一人公司。其投资者只能是国家，且只能单独出资，代表国家履行出资人职责的是国务院、地方人民政府授权的国有资产监督管理机构（即国资委）。

知识拓展

"国独""国全"与"国控"："国独"是指只有一个股东，而且这个股东是国家（国资委）；"国全"是指有两个以上股东，而且股东都是国有投资主体（各级政府、学校、医院等事业单位、国独公司等）；"国控"是指有两个以上股东，但控股股东是国有投资主体。一般而言，国有企业包括国独、国全与国控 3 种。

2. 组织机构的特别规范

（1）股东权的分享制

国有独资公司不设股东会，股东会的职权主要由国资委行使，但公司董事会可被授权行使部分职权，故称分享制。具体而言：

① 公司章程由国资委制定，或者由董事会制定报国资委批准。

② 公司的合并、分立、解散、增加注册资本、减少注册资本和发行公司债券共计6大事项须由国资委决定;其中国务院规定的重要的国有独资公司的合并、分立、解散、申请破产共4大事项,应当由国资委审核后,报本级人民政府批准。

(2) 董事会、监事会的组成

① 董、监事的委派制与选举制:董、监事由国资委委派(不是选举);董事会成员中应当有公司职工代表,其由公司职工代表大会选举产生。

② 监事会成员不少于5人,职工监事不少于总数的1/3。

③ 董事每届任期不超过3年。

(3) 高管兼职的限制

董事长、副董事长、董事、高级管理人员,未经国资委同意,不得在其他有限责任公司、股份有限公司或者其他经济组织兼职。

(4) "三巨头"

① 董事长:由国资委在董事中指定而非选举产生。

② 总经理:由董事会聘任;经国资委同意的,董事可以兼任总经理。

③ 监事会主席:由国资委在监事会成员中指定而非选举产生。

(四) 股份公司

依照《公司法》第77条的规定,我国的股份公司依其设立方式以及股票是否在股票交易所上市交易,可以分为以下两种。

1. 发起设立的股份公司

由发起人认购公司应发行的全部股份而设立的股份公司。这类公司的股东人数底线为2人,最高为200人,不具有公众性,属于英美法系上的封闭性公司。

2. 募集设立的股份公司

由发起人认购公司应发行股份的一部分,其余股份向社会公开募集(简称公募)或者向指定对象募集(简称私募)而设立的股份公司。公募与私募的人数区别界点在200人(《中华人民共和国证券法》第10条,以下简称《证券法》),公募股份公司就是公众性公司,其中最典型者就是上市公司。

　　有限公司与股份公司的区别:两类公司最大不同点在于,有限公司的资本不必分成均等的份额,其资本构成通常称为出资而不称为股份,股东的权利与其出资份额相联系;股份有限公司的资本则必须划分成等额的股份,这是两类公司在技术上的区别。技术上的区别还有,有限公司股东出资后,由成立的公司向股东签发证明其已经履行出资义务的法律文件,即出资证明书,其性质为证权证书。相应的,股份有限公司则向股东签发股票,其性质为证权证券。二者的根本区别在于股份公司具有公众性,而有限公司具有封闭性。与股份公司相比,有限公司的人数:(1)在上限上,有限公司股东人数有最高限不得超过50人,股份公司无此限制;(2)在下限上,有限公司可为1人,即一人公司与国有独资公司,当然普通有限公司的股东人数也须在2人以上;股份公司的最低股东人数为2人。

（五）外商投资公司

　　按照我国有关外商投资企业的法律规定,中外合资经营企业一律采用有限公司形式,中外合作经营企业、外商独资企业也可以选择有限公司形式。此外,我国也允许外商投资中国的股份公司。采用有限公司、股份公司形式的外商投资企业称为外商投资企业。关于外商投资公司的法律沿用,《公司法》第217条作了规定,即外商投资的有限公司和股份公司适用本法;有关外商投资的法律另有规定的,适用其规定。

（六）总公司、分公司和母公司、子公司

　　以公司之间的组织关系为标准,可以分为总公司和分公司、母公司与子公司。我国《公司法》第14条第1款规定,公司可以设立分公司,分公司不具有企业法人资格,其民事责任由总公司承担。总公司和分公司的重要区别是,前者具有法人资格,后者只是总公司的一个分支机构,不具有独立的法人资格。因此,从严格意义上来讲,分公司不是公司法上的公司。

　　分公司不是独立法人,由总公司承担全部责任。注意不是连带责任,连带意味着双方是平等主体。

　　《公司法》第14条第2款规定,公司可以设立子公司,子公司具有企业法人资格,依法承担民事责任。当一个公司持有另一个公司一定数量的股份,或根据协议能够控制、支配另一个公司人事、财务、业务等事项时,前者即为母公司,后者为子公司。

子公司与分公司的区别见表2-1。

**表2-1 子公司与分公司的区别**

| | 子公司 | 分公司 |
| --- | --- | --- |
| 法律地位 | 虽受母公司实际控制,但具有独立的法人人格,在工商部门领取《企业法人营业执照》,有自己的公司名称和章程,以自己的名义开展经营活动 | 不具有独立的法人人格,虽有"公司"字样但并非真正名义上的公司,无自己的章程,公司名称只要在本公司名称后加上"分公司"字样即可。注意:分公司虽不具有独立法律地位,但依《中华人民共和国民事诉讼法》(以下简称《民事诉讼法》)第48条和《中华人民共和国最高人民法院关于适用〈中华人民共和国民事诉讼法〉若干问题的意见》第40条的规定,依法设立的分公司可以作为民事诉讼的当事人,具有诉讼资格,另外分公司也具有独立的缔约能力 |

| | 子公司 | 分公司 |
|---|---|---|
| 责任承担 | 以其自身财产独立承担民事责任,与母公司互不连带,除出资人(即子公司的各股东)出资不实或有抽逃资金,以及公司人格否认的情形下,债权人不得就未清偿部分向出资人追偿 | 业务开展过程中出现债务履行不能的情形时,债权人可以要求设立公司(母公司)承担清偿义务;提起诉讼时,可以直接把设立公司列为共同被告要求承担责任。但是要特别注意:这并不意味着两者之间为连带关系,应当是同一个人格,由母公司承担全部责任 |
| 设立方式 | 由一个股东(一个有限责任公司)或者两个以上股东按照公司法规定的公司设立条件和方式投资设立 | 母公司在其住所地之外向当地工商部门申请设立,属于设立公司的分支机构,在公司授权范围内独立开展业务活动 |
| 对母公司/本公司的投资限制 | 公司向其他有限责任公司、股份有限公司投资的,公司章程对投资或者担保的总额及单项投资或者担保的数额有限额规定的,不得超过规定的限额 | 母公司对分公司的投入原则上不受限制。注意:依照《商业银行法》第19条第2款的规定,商业银行拨付其分公司运营资金的总和不得超过总行资本金总额的60% |

> **知识拓展**
>
> 母公司对外负债,其债权人可否执行它对子公司的出资?不可以。
>
> 可执行什么?执行母公司财产,其中包括母公司对子公司的出资形成的股权。
>
> 子公司对外负债,其债权人可否执行母公司的财产呢?不可以。
>
> 什么情况下可以?子公司人格否认的时候。
>
> 母公司为子公司担保,谁决议?依据章程,母公司的董事会或者股东会之一决议。
>
> 反之呢?子公司为母公司担保,则由子公司的股东会决议。一人公司除外。

### 三、公司的设立

公司设立,是指公司设立人依照法定条件和程序,为组建公司并取得法人资格而必须采取和完成的法律行为。从性质上看,公司设立是法律行为,是签订发起人协议、订立章程、出资、验资、设立登记等一系列行为的总称,是一个过程,公司设立的结果是公司成立或者公司设立失败。

公司成立,是一种事实状态或出资人设立公司行为的法律后果,公司取得营业执照标志着公司成立。现行《公司法》对设立采取准则主义和核准主义相结合的原则(又称为"登记制"和"核准制")。

(一)公司设立方式

**核心法条**

### 公司法

**第77条** 股份有限公司的设立,可以采取发起设立或者募集设立的方式。

发起设立,是指由发起人认购公司应发行的全部股份而设立公司。

募集设立,是指由发起人认购公司应发行股份的一部分,其余股份向社会公开募集或者向特定对象募集而设立公司。

公司设立的基本方式有2种,即发起设立和募集设立。

(1)募集设立中,发起人认购的股份不得少于公司股本总额的35%。

(2)有限公司只能采取发起设立的方式。股份公司既可以采取发起设立,也可以采取募集设立的方式。

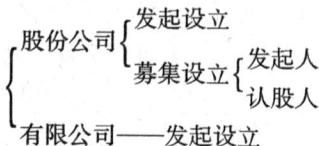

$$
\left\{
\begin{array}{l}
股份公司\left\{
\begin{array}{l}
发起设立 \\
募集设立\left\{
\begin{array}{l}
发起人 \\
认股人
\end{array}
\right.
\end{array}
\right. \\
有限公司——发起设立
\end{array}
\right.
$$

(二)公司设立的一般条件

**核心法条**

### 公司法

**第23条** 设立有限责任公司,应当具备下列条件:

(一)股东符合法定人数。

(二)有符合公司章程规定的全体股东认缴的出资额。

(三)股东共同制定公司章程。

(四)有公司名称,建立符合有限责任公司要求的组织机构。

(五)有公司住所。

**第76条** 设立股份有限公司,应当具备下列条件:

(一)发起人符合法定人数。

（二）发起人认购和募集的股本达到法定资本最低限额。

（三）股份发行、筹办事项符合法律规定。

（四）发起人制订公司章程，采用募集方式设立的经创立大会通过。

（五）有公司名称，建立符合股份有限公司要求的组织机构。

（六）有公司住所。

有限公司和股份公司设立的条件基本相同。即，均要求有合格的发起人；均要有符合规定的出资，均要制订公司章程；均要有名称、有组织机构、有公司住所。上述设立条件中，最重要的为具有符合法律规定的"人、钱、章程"。

股份公司因为允许募集设立方式，所以在设立条件中还包括股份发行、筹办事项符合法律规定的条件。但这一项规定在有限公司中不存在，因为有限公司是封闭公司，只能采取发起设立方式，不得采取募集设立方式。

（三）有限公司的设立

1. 设立条件

（1）股东符合法定的人数。除国有独资公司外，自然人和法人都可以作为股东，有限责任公司由 50 个以下的股东出资设立。人数设上限，是为了保证公司的封闭性、人合性。

（2）有符合公司章程规定的全体股东认缴的出资额。2013 年 12 月 28 日新修订的《公司法》删除了原法条中关于有限责任公司注册资本最低限额的规定，至此有限公司设立时不再有注册资本最低限额和首期出资比例的要求。

股东可以用货币出资，也可以用实物、知识产权、土地使用权等可以用货币估价并依法转让的非货币财产作价出资，但是，法律、行政法规规定不得作为出资的财产除外。对作为出资的非货币财产应当评估作价，核实财产，不得高估或者低估作价。法律、行政法规对评估作价有规定的，从其规定。

股东应当按期足额缴纳公司章程中规定的各自所认缴的出资额。否则除应当向公司足额缴纳外，还应当向已按期足额缴纳出资的股东承担违约责任。

（3）共同制定公司章程。

（4）有符合法律规定的公司名称，建立符合有限公司要求的组织机构。

（5）有公司住所。

2. 设立过程

订立发起协议（不是法定的要求）；制定公司章程、选举产生首届公司机关、公司名称预先核准；缴纳出资且验资机构验资并出具证明；申请公司设立登记、核准登记；公司成立。

发起人的法律责任：

（1）发起人仅可以"设立中的法人"的名义进行与设立相关的活动,这些活动所产生的法律后果在公司成立后由公司继受;如设立失败,则由发起人承担连带责任,因为发起人之间适用合伙关系。

（2）发起人在设立阶段尚不能以公司法人名义进行营业活动,否则该营业行为无效,由此产生的法律后果由发起人承担连带责任。

（3）由于发起人的过错致使公司利益受到损害的,应当对成立后的公司承担赔偿责任。

（四）股份公司的设立

1．设立条件

（1）发起人符合法定人数,即 2～200 人,其中须有半数以上的发起人在中国境内有住所,对其国籍无要求。

（2）发起人认购和募集的股本达到法定资本最低限额。2013 年 12 月 28 日新修订的《公司法》删除了原法条中股份公司最低资本限额为人民币 500 万元的规定,修改为"法律、行政法规以及国务院决定对股份有限公司注册资本实缴、注册资本最低限额另有规定的,从其规定"。发起设立的由发起人全部认购;募集设立的发起人认购的数额不得少于股份总数的 35%。

（3）股份发行、筹办事项符合法律规定。

（4）制订公司章程。发起设立的,发起人直接制订公司章程;募集设立的,发起人制订的章程还需要经创立大会通过。

（5）有符合法律规定的公司名称,建立符合股份公司要求的组织机构。

（6）有公司住所。

2．设立过程

（1）发起设立的过程:发起人签订发起人协议—发起人制订公司章程—公司名称预先核准—发起人认购股份—缴清首期股款并验资—选举首届董事会、监事会—董事会申请设立登记—核准登记—公告成立,如图 2-2 所示。

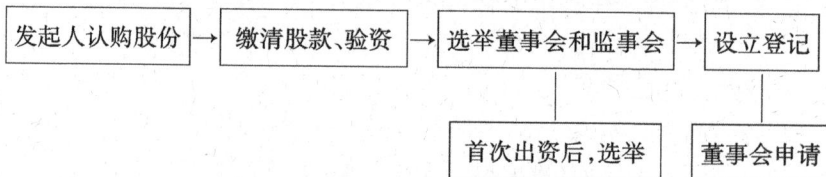

```
┌──────────────┐   ┌──────────────┐   ┌──────────────────┐   ┌──────────┐
│ 发起人认购股份 │ → │ 缴清股款、验资 │ → │ 选举董事会和监事会 │ → │ 设立登记 │
└──────────────┘   └──────────────┘   └──────────────────┘   └──────────┘
                                              ↑                     ↑
                                      ┌──────────────┐       ┌──────────┐
                                      │ 首次出资后,选举 │       │ 董事会申请 │
                                      └──────────────┘       └──────────┘
```

**图 2-2　股份有限公司发起设立过程**

（2）募集设立的过程：发起人签订发起人协议—发起人制定公司章程—公司名称预先核准—发起人认购股份、制作招股说明书、签订承销协议和代收股款协议—申请证监会批准募资—公开募股（发行股份的股款缴足后，须经验资并出具证明）—召开创立大会（通过公司章程；选举董事会成员、监事会成员；做出设立决议）—董事会申请设立登记—核准登记—公告成立，如图2-3所示。

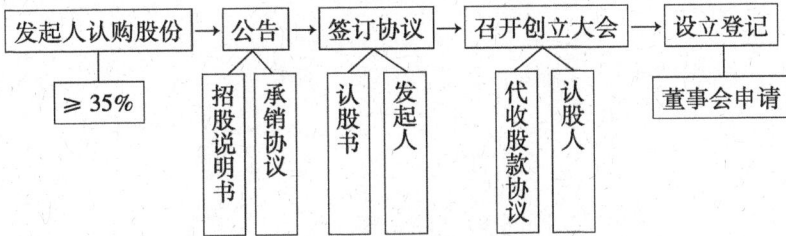

**图2-3　股份有限公司募集设立过程**

其中，有几个关键性环节值得注意：

（1）发起人协议。发起人承担公司筹办事务，必须签订发起人协议，发起人协议具有合同约束力，某一发起人违反该协议的，对其他发起人承担违约责任。

（2）创立大会。发起人应在股款募足之日起30日内主持召开，创立大会由发起人、认股人组成；大会召开前15日应当通知认股人或公告；代表股份总数过半数的发起人、认股人出席方可举行；做出决议的，须经出席会议的认股人所持表决权的过半数通过。

3．发起人责任

（1）设立失败的，发起人对设立行为所产生的债务、费用承担连带责任。

（2）设立失败的，发起人对认股人已缴纳的股款，负返还并加算银行同期存款利息的连带责任。

（3）设立成功，但发起人在设立过程中有过错致使公司利益受损的，发起人对公司负赔偿责任。

以上前两种责任属于无过错责任、连带责任，后一种责任属于过错责任、过错行为人的个人责任。

**四、公司章程**

公司章程是指公司所必备的，规定其名称、宗旨、资本、组织机构等对内对外事务的基本法律文件,具有法定性、真实性、自治性、公开性的特点。无论是有限责任公司还是股份有限公司,都必须由全体股东或发起人订立公司章程,并且必须在公司设立登记时提交登记机关进行登记,发起设立和募集设立的股份有限公司的章程的区别和共同点见表2-2。

表2-2 发起设立和募集设立的股份有限公司的章程的特点

| | 章程订立 | 章程生效条件 | 章程修改 | 章程的效力 |
|---|---|---|---|---|
| 有限公司/发起设立的股份有限公司 | 共同订立;由发起人共同起草、协商制定公司章程 | 经全体股东同意并在章程上签名盖章后生效 | 股东会决议修改,不以工商登记为生效、修改条件 | (1) 章程可以约束合同;<br>(2) 章程不仅约束起草、制定公司章程的股东,而且效力及于后来加入公司的股东;<br>(3) 章程对董事、监事、高级管理人员有约束力 |
| 募集设立的股份有限公司 | 可共同订立,也可部分订立(部分订立,是指由发起人中的部分成员负责起草、制定公司章程,而后再经其他股东或发起人签字同意的制定方式) | 募集设立时,章程经创立大会通过生效 | | |

## 五、公司的股东

股东是指向公司出资、持有公司股份、享有股东权利和承担股东义务的人。股东是对公司法上的出资人的特别称谓。

股东可以是自然人、法人、非法人组织,还可以是国家。我国国有独资公司的股东即是国家,由国有资产监督管理机构代表国家行使股东权。法律对股东并无行为能力的要求,所以理论上股东可以是限制行为能力人或无行为能力人。

法条链接

## 公司法

**第32条** 有限责任公司应当置备股东名册,记载下列事项:

(一)股东的姓名或者名称及住所。

(二)股东的出资额。

(三)出资证明书编号。

记载于股东名册的股东,可以依股东名册主张行使股东权利。

公司应当将股东的姓名或者名称向公司登记机关登记;登记事项发生变更的,应当办理变更登记。未经登记或者变更登记的,不得对抗第三人。

**最高人民法院关于适用《中华人民共和国公司法》若干问题的解释**

**第24条** 当事人依法履行出资义务或者依法继受取得股权后,公司未根据《公司法》第32条(现为第31条)、第33条(现为第32条)的规定签发出资证明书、记载于股东名册并办理公司登记机关登记,当事人请求公司履行上述义务的,人民法院应予支持。

（一）股东的权利

股东权,是股东通过出资所形成的权利。出资者通过向公司出资,以丧失其出资财产的所有权为代价,换取股权,成为公司股东(即"所有权换股权")。

股东权是一种社员权,社员权是一种独立类型的权利,包括财产权和管理参与权。社员权虽谓之权利,其实更像是一种资格或权限。其本质属性乃为新型之私法权利,而这种权利是与法律主体的财产权、人身权、知识产权相并列的权利类型。股东权中各权利的特点见表2-3。

表2-3　股东权中各权利的特点

| 权利类型 | 权利内容 | 备注 |
| --- | --- | --- |
| 股东权中的财产权、自益权、非固有权 | (1) 发给股票或其他股权的证明请求权;<br>(2) 股份(股权)转让权;<br>(3) 股息红利分配请求权,即资产收益权;<br>(4) 优先认购新股权;<br>(5) 公司剩余财产分配权 | (1) 自益权,是指股东专为自己利益行使的权利,自益权一般属于财产性的权利;<br>(2) 非固有权,是指可依公司章程或股东会议剥夺的权利 |
| 股东权中的管理参与权、共益权、固有权 | (1) 股东会临时召集请求权或自行召集权;<br>(2) 出席股东会并行使表决权,即参与重大决策权和选择管理者的权力;<br>(3) 对公司财务的监督检查权和会计账簿的查阅权 | (1) 共益权,是公司事务参与权,是指股东为自己利益同时也为公司利益而行使的权利; |

| 权利类型 | 权利内容 | 备注 |
|---|---|---|
| 股东权中的管理参与权、共益权、固有权 | (4) 公司章程和股东会、股东大会会议记录,董事会会议决议,监事会会议决议的查阅权和复制权(但股份有限公司的股东没有复制权); <br><br>(5) 权利损害救济权和股东代表诉讼权; <br><br>(6) 公司重整申请权; <br><br>(7) 对公司经营的建议和质询权 | (2) 固有权,指不可依章程或股东会议予以剥夺的权利 |

（二）股东的义务（见表2-4）

**表2-4　股东的义务**

| 共同义务 | 控股股东(实际控制人)的特别义务<br>(《公司法》第20、21条) |
|---|---|
| (1) 出资义务; <br><br>(2) 参加股东会的义务; <br><br>(3) 不干涉公司正常经营的义务(原因为:现代企业制度遵循"两权分离"原则,即所有权和经营权分离;在公司中,"所有权"归属股东,"经营权"归属董事会); <br><br>(4) 利害关系股东表决权的禁行义务(《公司法》第16条) | (1) 不得滥用控股股东的地位,损害公司和其他股东的利益; <br><br>(2) 不得利用其关联关系损害公司利益; <br><br>(3) 赔偿义务,是指控股股东或实际控制人滥用股东权利或者利用其关联关系损害公司或其他股东利益的,应当承担赔偿责任 |

**知识拓展**

　　股东是不能干涉公司正常经营的。虽然日常见到很多小公司中,张三既是公司股东,又负责公司的经营决策。但请注意,此时张三不仅是股东,肯定还肩负着董事长或者总经理等身份,这样他才能管理公司。如果张三仅仅是股东,只享有股东权(分红权、表决权、对公司经营的建议或质询权等),不能以股东身份直接干涉公司经营。

## 六、公司的组织机构

所谓公司的组织机构,也就是常说的"三会":股东会、董事会、监事会。

有限公司由于是"小企业"类型,所以其组织机构的设置更加灵活,《公司法》对有限公司组织机构的设置作了多元制的规定,见表2-5。

表2-5　组织机构设置的规定

| | 性质 | 特别规定 | 一般规定 |
|---|---|---|---|
| 股东会 | 权力机关<br>(非常设机构) | (1) 一人公司不设股东会;<br>(2) 国有独资公司为唯一股东,不设股东会 | (1) 一般的有限公司,其组织机构为股东会、董事会和监事会; |
| 董事会 | 业务执行机关<br>(常设机关) | (1) 股东人数较少或者规模较小的有限责任公司,可以不设董事会,设一名执行董事;<br>(2) 一人公司可不设董事会;<br>(3) 国有独资公司要设董事会 | (2) 注意:一人公司、国有独资公司的特殊规定; |
| 监事会 | 监督机关<br>(常设机关) | (1) 股东人数较少或者规模较小的有限责任公司,可以不设监事会,设1~2名监事;<br>(2) 一人公司可不设监事会;<br>(3) 国有独资公司要设监事会 | (3) 至于"股东人数较少"或"规模较小"的判断标准,《公司法》并未规定 |

股份公司没有"股东人数较少或者规模较小,可以不设董事会,不设监事会"的规定。所以股份公司的组织机构是法定的"三会"制。

## 七、公司的董事、监事、高级管理人员

### (一)任职资格

我国《公司法》对董事、监事、高级管理人员的积极资格,如国籍、住所、年龄均没有限制;但对消极资格,也就是不得担任董事、监事、高级管理人员的资格限制非常严格,如图2-4所示。有下列情形之一的,不得担任公司的董事、监事、高级管理人员:

(1)无民事行为能力或者限制民事行为能力。

(2)因贪污、贿赂、侵占财产、挪用财产或者破坏社会主义市场经济秩序,被判处刑罚,执行期满未逾5年,或者因犯罪被剥夺政治权利,执行期满未逾5年。

被判处刑罚,执行期满未逾 5 年的,犯罪类型仅限于财产犯罪;被剥夺政治权利,执行期满未逾 5 年的,并未限定犯罪类型;因贪污、贿赂、侵占财产、挪用财产或者破坏社会主义市场经济秩序,被判处刑罚,或者因犯罪被剥夺政治权利,即使已逾 5 年亦不得担任商业银行董事、高级管理人员(《商业银行法》第 27 条)。被剥夺政治权利意味着刑满以后要察看的期间更长,因为政治权利剥夺是监外执行。例如,一个人被剥夺 3 年政治权利要等到 8 年后才符合任职要求。另外,如果一个人被判有期徒刑缓刑,那么,缓刑期满不再执行的,可以不用等待。因为法律规定是执行期满 5 年后,不执行也就无须等待。

(3) 担任破产清算的公司、企业的董事或者厂长、经理,对该公司、企业的破产负有个人责任的,自该公司、企业破产清算完结之日起未逾 3 年。

(4) 担任因违法被吊销营业执照、责令被关闭的公司、企业的法定代表人,并负有个人责任的,自该公司、企业被吊销营业执照之日起未逾 3 年。

(5) 个人所负数额较大的债务到期未清偿。

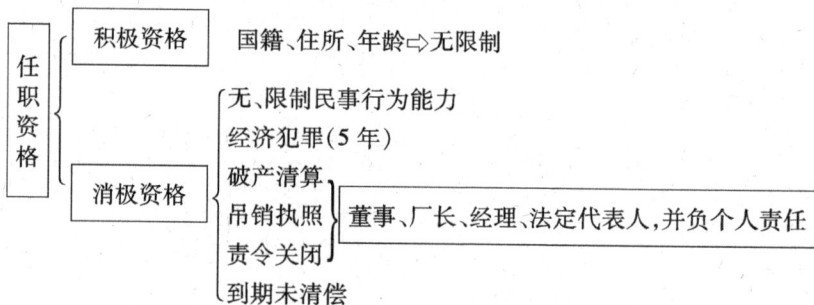

图 2-4　任职资格

(二)董事、监事、高级管理人员对公司的义务

董事、监事、高级管理人员应当遵守法律、行政法规和公司章程,对公司负有忠实义务和勤勉义务。

董事、监事、高级管理人员不得利用职权收受贿赂或者其他非法收入,不得侵占公司的财产。

董事、监事、高级管理人员不得有下列行为:① 挪用公司资金;② 将公司资金以其个人名义或者其他人名义开立账户存储;③ 违反公司章程的规定,未经股东会、股东大会或者董事会同意,将公司资金借贷给他人或者以公司财产为他人担保;④ 违反公司章程的规定或者未经股东会、股东大会同意,与本公司订立合同或者进行交易;⑤ 未经股东会或者股东大会同意,利用职务便利为自己或者他人谋取属于公司的商业机会,自营或者为他人经营与所任职公司同类的业务(注意:竞争禁止和自我交易禁止都是相对的禁止);⑥ 将他人与公司交易的佣金归为己有;⑦ 擅自披露公司秘密;⑧ 违反对公司忠实义务的其他行为。

董事、高级管理人员违反前款规定所得的个人收入应当归公司所有。董事、监事、高级管理人员执行公司职务时违反法律、行政法规或者公司章程的规定,给公司造成损失的,应当承担赔偿责任。

董事、监事、高级管理人员的义务如图 2-5 所示。

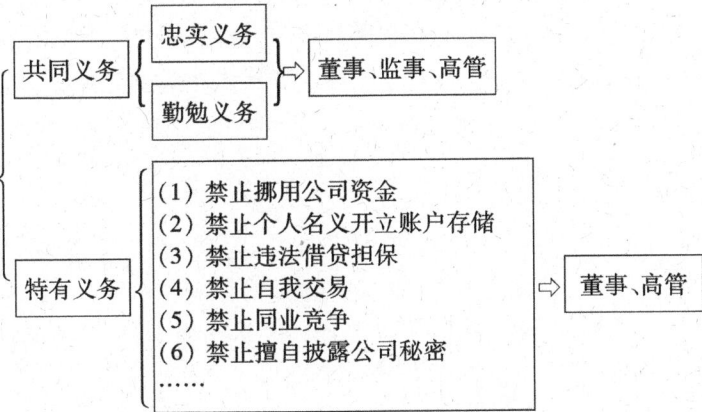

图 2-5　董事、监事、高级管理人员的义务

## 八、公司合并与分立

### (一) 公司合并

公司合并是指两个或两个以上的公司,订立合并协议,依照《公司法》的规定,不经过清算程序,直接结合为一个公司的法律行为。公司合并可以分为吸收合并与新设合并两种方式,见表 2-6。

图 2-6　吸收合并与新设合并

| 合并分类 | 公式 | 登记形式 |
| --- | --- | --- |
| 吸收合并<br>（是指一个公司吸收其他公司，<br>被吸收的公司解散） | A + B = A | A 公司：变更登记<br>B 公司：注销登记 |
| 新设合并<br>（是指两个以上公司合并设立一<br>个新的公司，合并各方解散） | A + B = C | A 公司：注销登记<br>B 公司：注销登记<br>C 公司：设立登记 |

公司合并应该由合并各方签订合并协议，并编制资产负债表及财产清单。公司应当自做出合并决议之日起 10 日内通知债权人，并于 30 日内在报纸上公告。债权人自接到通知书之日起 30 日内，未接到通知书的自公告之日起 45 日之内，可以要求公司清偿债务或者提供相应的担保。

*知识拓展*

之所以从原来的公告期 90 日压缩成现在的 45 日，是因为债权人的身份都是特定的（债券债权除外），一般都能够通知到；通知不到的给予 45 日的公告期也是足够的，这样既能维护债权人的利益，又能提高公司合并的效率。

另外，新法废除了"否则合并无效"一条，原因也是要防止由于债权人迟迟不申报债权影响经济效率，因此，如果不在上述规定的时间主张债权或者要求提供担保则视为同意合并。

公司合并时，合并各方的债权、债务，应当由合并后存续的公司或者新设的公司继承。

### （二）公司的分立

公司分立，是指一个公司通过依法签订分立协议，不经过清算程序，分为两个或两个以上公司的法律行为。公司分立可分为新设分立与派生分立两种方式，见表 2-7。

表 2-7　新设分立与派生分立的区别

| 分立分类 | 公式 | 登记形式 |
| --- | --- | --- |
| 新设分立<br>（一个公司分立为多个公司，原公司解散） | A＝B＋C | A 公司：注销登记<br>B 公司：设立登记<br>C 公司：设立登记 |
| 派生分立<br>（一个公司的一部分业务分立出去成立另一个公司，原公司继续存在） | A＝A＋B | A 公司：变更登记<br>B 公司：设立登记 |

公司分立其财产也相应地被分割。公司分立前，应当编制资产负债表以及财产清单。公司应当自做出分立决议之日起 10 日内通知债权人，并于 30 日内在报纸上公告。公司分立前的债务由分立的公司承担连带责任。但是，公司在分立前与债权人就债务清偿达成书面协议另有约定的除外。

---

**知识拓展**

公司分立不需要提前还债或者提供担保，因为分立后的公司要对原公司债务承担连带责任。因此，公司分立对公司的原债权人并无影响。

分立后的连带责任可以用两种方式排除：第一，公司分立前的债务由分立后的公司承担连带责任。但是，公司在分立前与债权人就债务清偿达成的书面协议另有约定的除外。第二，公司分立后，由分立后的公司之一和债权人达成协议的，另外一家公司可以不必连带，视为免除其债务。总而言之，只要是和原来的债权人达成协议的，就可以不再连带。

但是，如果在分立后的公司内部达成的还债协议，则不得对抗第三人，也就是说，对于原来的公司的债权人，分立后的公司之间仍然要负连带责任。

---

**练一练**

白阳有限公司打算分立为阳春有限公司与白雪有限公司，在以下对原债权人甲的做法中错误的是（　　）。

A. 白阳公司应在做出分立决议之日起 10 日内通知甲

B. 甲在接到分立通知书后 30 日内,可要求白阳公司清偿债务或提供相应的担保

C. 甲可向分立后的阳春公司与白雪公司主张连带清偿责任

D. 白阳公司在分立前可与甲就债务偿还问题签订书面协议

### 九、公司解散和清算

公司的解散是指已成立的公司基于一定合法事由而使公司消灭的法律行为。

**(一)公司的解散事由**

(1)公司章程规定的营业期限届满或者公司章程规定的其他解散事由出现。

(2)股东会或者股东大会决议解散。

(3)因公司合并或者分立需要解散。

(4)依法被吊销营业执照、责令关闭或者被撤销。

(5)人民法院依照《公司法》第 183 条的规定予以解散。

公司有第(1)项情形的,可以通过修改公司章程而存续。修改公司章程,有限责任公司须经持有 2/3 以上表决权的股东通过,股份有限公司须经出席股东大会会议的股东所持表决权的 2/3 以上通过。

**(二)公司的清算**

1. 清算组的组成

公司依照《公司法》第 180 条第(1)项、第(2)项、第(4)项、第(5)项规定而解散的,应当在解散事由出现之日起 15 日内成立清算组,开始清算。有限责任公司的清算组由股东组成,股份有限公司的清算组由董事或者股东大会确定的人员组成。逾期不成立清算组进行清算的,债权人可以申请人民法院指定有关人员组成清算组进行清算。人民法院应当受理该申请,并及时组织清算组进行清算。

清算组成员应当忠于职守,依法履行清算义务。清算组成员不得利用职权收受贿赂或者其他非法收入,不得侵占公司财产。清算组成员因故意或者重大过失给公司或者债权人造成损失的,应当承担赔偿责任。

2．财产分配

清算组在清理公司财产、编制资产负债表和财产清单后，应当制定清算方案，并报股东会、股东大会或者人民法院确认。公司财产在分别支付清算费用、职工的工资、社会保险费用和法定补偿金，缴纳所欠税款，清偿公司债务后，如有剩余，有限责任公司按照股东的出资比例分配，股东有限公司按照股东持有的股份比例分配。

清算期间，公司存续，但不得开展与清算无关的经营活动。公司财产在未依照前款规定清偿前，不得分配给股东。

**阅读资料**

2013 年 12 月 28 日第十二届全国人民代表大会常务委员会第六次会议，通过了对《公司法》的 12 点修改，修改后的《中华人民共和国公司法》自 2014 年 3 月 1 日起施行，其中涉及的出资期限的修改见表 2-8。

表 2-8　出资期限的修改

| 2013 年修改文本 | 原规定（2005 年《公司法》） |
| --- | --- |
| 将第二十六条修改为：有限责任公司的注册资本为在公司登记机关登记的全体股东认缴的出资额。<br>"法律、行政法规以及国务院决定对有限公司注册资本实缴，注册资本最低限额另有规定的，从其规定。" | 第二十六条　有限责任公司的注册资本为在公司登记机关的全体股东认缴的出资额。公司全体股东的首次额不得低于注册资本的百分之二十，也不得低于法定的注册资本最低限额，其余部分由股东自公司成立之日起两年内缴足；其中，投资公司可以在五年内缴足。<br>有限公司注册资本的最低限额为人民币三万元。法律、行政法规对有限责任公司注册资本的最低限额有较高规定的，从其规定。 |
| 删去第二十七条第三款。 | 第二十七条　股东可以用货币出资，也可以用实物、知识产权、土地使用权等可以用货币估价并可以依法转让的非货币财产作价出资；但是，法律、行政法规规定不得作为出资的财产除外。<br>对作为出资的非货币财产应当评估作价，核实财产，不得高估或者低估作价。法律、行政法规对评估作价有规定的，从其规定。<br>全体股东的出资金额不得低于有限公司注册资本的百分之三十。 |
| 删去第二十九条。 | 第二十九条　股东缴纳出资后，必须经依法设立的验资机构验资并出具证明。 |

| 2013 年修改文本 | 原规定（2005 年《公司法》） |
|---|---|
| 删去第五十九条第一款。 | 第五十九条　一人有限责任公司的注册资本最低限额为人民币十万元，股东应当一次足额缴纳公司章程规定的出资额。<br>一个自然人只能投资设立一个一人有限责任公司。该一人有限责任公司不能投资设立新的一人有限责任公司。 |
| 将第八十一条改为第八十条，并将第一款修改为："股份有限公司采取发起设立方式设立的，注册资本为在公司登记机关登记的全体发起人认购的股份总额。在发起人认购的股份缴足前，不得向他人募集股份。"<br>第三款修改为："法律、行政法规以及国务院决定对股份有限公司注册资本实缴、注册资本最低限额另有规定的，从其规定。" | 第八十一条　股份有限公司采取发起设立方式设立的，注册资本为在公司登记机关登记的全体发起人认购的股份总额。公司全体发起人的首次出资额不得低于注册资本的百分之二十，其余部分由发起人自公司成立之日起两年内缴足。在缴足前，不得向他人募集股份。<br>股份有限公司采取募集方式设立的，注册资本为在公司登记机关登记的实收股份总额。<br>股份有限公司注册资本的最低限额为人民币五百万元。法律、行政法规对股份有限公司注册资本的最低限额有较高规定的，从其规定。 |

　　2013 年《公司法》的上述修改突破了传统观念上对"实收资本"的迷信。公司资本不再作为工商登记事项，由公司股东（发起人）自主约定认缴出资额、出资方式、出资期限等，并由股东对缴纳出资情况真实性、合法性负责的制度。涉及出资程序的修改见表 2-9。

表 2-9　出资程序的修改

| 2013 年修改文本 | 原规定（2005 年《公司法》） |
|---|---|
| 删去第二十九条。 | 第二十九条　股东缴纳出资后，必须经依法设立的验资机构验资并出具证明。 |
| 将第八十四条改为第八十三条，并将第一款修改为："以发起设立方式设立股份有限公司的，发起人应当书面认足公司章程规定其认购的股份，并按照公司章程规定缴纳出资。以非货币财产出资的，应当依法办理其财产权的转移手续。"<br>第三款修改为："发起人认足公司章程规定的出资后，应当选举董事会和监事会，由董事会向公司登记机关报送公司章程以及法律、行政法规规定的其他文件，申请设立登记。" | 第八十四条　以发起设立方式设立股份有限公司的，发起人应当书面认足公司章程规定其认购的股份；一次缴纳的，应即缴纳全部出资；分期缴纳的，应即缴纳首期出资。以非货币财产出资的，应当依法办理其财产权的转移手续。<br>发起人不依照前款规定缴纳出资的，应当按照发起人协议承担违约责任。<br>发起人首次缴纳出资后，应当选举董事会和监事会，由董事会向公司登记机关报送公司章程，由依法设定的验资机构出具的验资证明以及法律、行政法规规定的其他文件，申请设立登记。 |

综上所述,各公司设立条件见表2-10。

表2-10　公司设立条件对比

| | | 有限公司 | 股份公司 | 一人公司 |
|---|---|---|---|---|
| | 人数 | 1～50人 | 2～200人(注意资格要求) | 1人 |
| | 最低注册资本 | 无最低注册资本限制 | | |
| 设立条件 | 出资形式 | (1) 抽逃出资的认定;<br>(2) 股权出资的认定;<br>(3) 贪贿货币出资的认定;<br>(4) 不动产出资的并重原则;<br>(5) 无权处分财产出资的处理;<br>(6) 禁止出资:股东不得以劳务、信用、自然人姓名、商誉、特许经营权或者设定担保的财产作价出资 | | |
| | 出资期限 | 可分期,可一次缴纳 | (1) 发起设立:可分期,可一次缴纳;<br>(2) 募集设立:一次缴纳 | 可分期,可一次缴纳 |
| | 出资责任 | (1) 出资不足的责任;<br>(2) 出资不实的责任;<br>(3) 对出资瑕疵股东的限权(可剥夺股东资格) | 不可剥夺股东资格;可另行募股 | 同有限公司 |
| | 设立登记 | (1) 全体股东指定的代表;<br>(2) 共同委托的代理人 | 董事会申请设立登记 | 无特别规定 |
| | 设立程序 | 由章程确定(略) | (募集设立程序):<br>(1) 订立章程;<br>(2) 公告招股书;<br>(3) 制作认股书;<br>(4) 承销协议(和证券公司签);<br>(5) 代收股款协议(和银行签);<br>(6) 验资—创立大会—设立登记 | |

# 项目三　合伙企业法律制度与实训

**项目情境**

2012 年 1 月,甲、乙、丙共同设立一合伙企业。合伙协议约定:甲以现金人民币 15 万元出资,乙以房屋作价人民币 20 万元出资,丙以劳务作价人民币 5 万元出资;各合伙人按出资比例分配盈利、分担亏损。合伙企业成立后,为扩大经营,于 2012 年 6 月向银行贷款人民币 15 万元,期限为 1 年。2012 年 8 月,甲提出退伙,鉴于当时合伙企业盈利,乙、丙表示同意。同月,甲办理了退伙结算手续。2012 年 9 月,丁入伙。丁入伙后,因经营环境发生变化,企业严重亏损。2013 年 5 月,乙、丙、丁决定解散合伙企业,并将合伙企业现有财产人民币 13 万元予以分配,但对未到期的银行贷款未予以清偿。2013 年 6 月,银行贷款到期后,银行找到合伙企业清偿债务,发现该企业已经解散,遂向甲要求偿还全部贷款,甲称自己早已退伙,不负清偿债务的责任。银行向丁要求偿还全部贷款,丁称该笔贷款是在自己入伙前发生的,其不负责清偿。银行向乙要求偿还全部贷款,乙表示其只愿按照合伙协议约定的比例清偿相应数额。银行向丙要求偿还全部贷款,丙则表示自己是以劳务出资的,不承担偿还贷义务。

**任务描述**

一、我国合伙企业法对合伙人的出资规定有哪些?

二、合伙企业法对合伙企业的债务负担是如何规定的?

三、甲、乙、丙、丁各自的主张能否成立,合伙企业所亏欠的银行贷款应如何清偿?

**任务分析**

在市场经济条件下,市场主体不只有公司这样一种形式,而是有多元的结构形式。在公司之外,还有合伙企业、个人独资企业,甚至还有合作社企业。它们各有自己的适应性,公司尤其是股份公司更多地被大企业采用,合伙企业则更多被小企业采用。合伙企业多为劳动密集型企业,可以创造更多的就业机会,而且大学生创业初始阶段基本都采用合伙企业的形式,所以我们应该重视合伙企业法的学习。

本项目案件争议的焦点是合伙企业成立时对合伙人出资的要求以及在经营过程中的债务承担问题,2006年修订后的新《中华人民共和国合伙企业法》(以下简称《合伙企业法》)对这些问题做出了明确的规定。下面就结合修订内容来介绍《合伙企业法》的基本内容。

## 一、合伙企业的概念

合伙企业,是指自然人、法人和其他组织依照《合伙企业法》在中国境内设立的普通合伙企业和有限合伙企业。

所谓普通合伙企业,是指由普通合伙人组成,合伙人对合伙企业债务承担无限连带责任的一种合伙企业。《合伙企业法》对普通合伙人承担责任的形式有特别规定的,从其规定。该特殊规定是指以专业知识和专门技能为客户提供有偿服务的专业服务机构,可以设立为特殊的普通合伙企业。特殊的普通合伙企业是指一个合伙人或者数个合伙人在执业活动中因故意或者重大过失造成合伙企业负债的,应当承担无限责任或者无限连带责任,其他合伙人以其在合伙企业中的财产份额为限承担责任的普通合伙企业。

所谓有限合伙企业,是指由普通合伙人和有限合伙人组成,普通合伙人对合伙企业债务承担无限连带责任,有限合伙人以其认缴的出资额为限对合伙企业债务承担责任的一种合伙企业。

合伙企业及其合伙人必须遵守法律、行政法规,遵守社会公德、商业道德,承担社会责任。合伙企业的生产经营所得和其他所得,按照国家有关税收规定,由合伙人分别缴纳所得税。

## 二、合伙企业的特征

1. 合伙企业必须由两个以上的合伙人共同出资

合伙企业的资本都是由全体合伙人共同出资构成的。无论是负无限责任的合伙人还是负有限责任的合伙人,都有向企业出资的义务。合伙企业的这一特征,是其与独资公司的区别之一。

2. 合伙企业的设立和内部管理以合伙协议为基础

合伙协议由全体合伙人协商一致并以书面形式订立,对全体合伙人具有约束力的协议。根据《合伙企业法》的规定,合伙人之间订立合伙协议是设立合伙企业的条件之一,而且合伙协议也是企业成立后调整合伙关系、规范合伙人相互权利义务、处理合伙纠纷的基本依据。因此,合伙企业的设立以全体合伙人订立合伙协议为起点,合伙企业是在合伙协议基础上产生的,没有合伙协议就不可能有合伙企业;合伙企业作为人合企业,合伙协议又是调整其内部关系的重要法律文件,如果没有合伙协议,合伙企业就无法运作。合伙企业的这一特征,是其与公司的区别之一。

3. 合伙企业是不具备法人资格的营利性经济组织

根据合伙的一般原理,合伙是自然人主体的特别形态,因此无须赋予其法人资格,而合伙企业是按照合伙规定组成的企业,因此合伙企业是不具备法人资格的经营实体,这使其区别于具有法人资格的公司;企业以营利为目的,而合伙企业是企业的一种形式,因此合伙企业具有营利性特征,这使其区别于具有合伙形式但不具有营利目的的合伙组织;合伙企业以组织的形式存在,这又使其区别于不形成组织的一般合伙。

4. 合伙企业的种类不同,其合伙人的责任形式不同

如前所述,合伙企业分为普通合伙与有限合伙,由此将合伙人分为无限责任的合伙人和有限责任的合伙人。两种性质的合伙人在权利的享有和义务的承担上均存在差别。实践中,承担无限责任的合伙人一般负责企业经营,执行企业事务,对外代表企业。而作为资金投入者的有限合伙人,一般不对外代表合伙企业,也不直接参与企业经营管理,仅依据合伙协议享受合伙企业收益,对企业债务承担责任。合伙企业的这一特征,是其与公司的区别之一。

### 三、普通合伙企业

**(一)普通合伙企业的设立条件**

1. 有两个以上合伙人

普通合伙企业的合伙人,都是依法承担无限责任者。合伙人为自然人的,应当具有完全民事行为能力。法律、行政法规规定禁止从事营利性活动的人,不得成为合伙企业的合伙人。国有独资公司、国有企业、上市公司以及公益性的事业单位、社会团体不得成为普通合伙人。

2. 有书面合伙协议

合伙协议是合伙人为了设立合伙企业,就合伙企业的出资、损益分配、事务管理等事项自愿达成的协议。合伙协议依法由全体合伙人协商一致、以书

面形式订立。合伙协议经全体合伙人签名、盖章后生效。合伙人按照合伙协议享有权利、履行义务。修改或者补充合伙协议的，应当经全体合伙人一致同意；但是，合伙协议另有规定的除外。合伙协议未约定或者约定不明确的事项，由合伙人协商解决；协商不成的，依照有关法律、行政法规的规定处理。

合伙协议应当载明下列事项：① 合伙企业的名称和主要经营场所的地点；② 合伙目的和合伙人经营范围；③ 合伙人的姓名或者名称、住所；④ 合伙人的出资方式、数额和缴付期限；⑤ 利润分配、亏损分担方式；⑥ 合伙事务的执行；⑦ 入伙与退伙方式；⑧ 争议解决方法；⑨ 合伙企业的解散与清算；⑩ 违约责任。

3. 有合伙人认缴或实际缴付的出资

合伙人可以用货币、实物、知识产权、土地使用权或者其他财产权利出资，也可以用劳务出资。合伙人应当按照合伙协议约定的出资方式、数额和缴付期限，履行出资义务。以非货币财产出资的，依照法律、行政法规的规定，需要办理财产转移手续的，应当依法办理。合伙人按照合伙协议的约定或者经全体合伙人决定，可以增加或者减少对合伙企业的出资。

4. 合伙企业的名称和生产经营场所

普通合伙企业名称中应当标明"普通合伙"等字样，并符合国家有关企业名称登记管理机构的规定。

5. 法律、行政法规规定的其他条件

申请设立普通合伙企业的，应当向工商行政管理机关提交申请书、合伙协议、合伙人身份证明等文件。对于符合法定设立条件、申请材料齐全的，工商行政管理机关应当予以登记，发给营业执照。

练一练

甲、乙、丙、丁打算设立一家普通合伙企业。对此，下列表述正确的是（  ）。

A. 各合伙人不得以劳务作为出资
B. 如乙仅以其房屋使用权作为出资，则不必办理房屋产权过户登记
C. 该合伙企业名称中不得以任何一个合伙人的名字作为商号或字号
D. 合伙协议经全体合伙人签名、盖章并经登记后生效

（二）合伙企业的财产

1. 财产范围

合伙企业的出资、以合伙企业名义取得的收益和依法取得的其他财产，均为合伙企业的财产。

2. 财产的性质

合伙企业的财产具有公共财产的性质，对合伙财产的占有、使用、收益和处分，均应当依据全体合伙人的共同意志共同进行。在合伙企业存续期间，除非有合伙人退伙等法定理由，否则合伙人不得请求分割企业的财产。合伙人在合伙企业清算前私自转移或者处分合伙企业财产的，合伙企业不得以此对抗善意第三人。

3. 财产的转移

（1）对外转让。合伙人向合伙人以外的人转让其在合伙企业中的财产份额的，须经其他合伙人一致同意，在同等条件下，其他合伙人有优先购买权，但合伙协议另有规定的除外。

（2）合伙人之间转让合伙企业中的全部或者部分资产份额时，应当通知其他合伙人。

4. 财产的出资

合伙人以其在合伙企业中的财产份额出资的，须经其他合伙人一致同意；未经其他合伙人一致同意的，其行为无效，由此给第三人造成损失的，由行为人依法承担赔偿责任。根据出资类型不同，财产性质也有所区别，见表2-11。

表 2-11　出资类型和性质

| 出资（财产）类型 | 财产性质 |
| --- | --- |
| 以现金或明确以财产所有权出资的 | 出资人不再享有出资财产的所有权，由全体合伙人共有 |
| 以土地使用权、房屋使用权、商标使用权、专利使用权等权利出资的 | 合伙企业只享有使用和管理权；对于此类出资，在合伙人退伙或者合伙企业解散时，合伙人有权要求返还原物 |
| 合伙期间经营积累的财产归合伙人共有 | 该"共有"属于"按份共有"（但这种份额表现为一种潜在的份额，即该份额在企业存续期间并无意义，只有在分配利润、退伙、企业解散分配剩余财产时，份额比例才具有实际意义） |

（三）普通合伙企业事务的执行

1. 合伙事务执行方式

我国《合伙企业法》对合伙企业的事务执行规定了以下 3 种方式。

（1）全体合伙人共同执行合伙事务。

（2）部分合伙人执行合伙事务。按照合伙协议的约定或者经全体合伙人决定,委托一个或者数个合伙人对外代表合伙企业,执行合伙事务,其他合伙人不再执行合伙事务。在这种情况下,执行合伙事务的合伙人应当定期向其他合伙人报告事务执行合伙企业的经营和财务状况,不执行合伙事务的合伙人有权监督执行事务合伙人执行合伙事务的情况。合伙人有权查阅合伙企业会计账簿等财务资料。

（3）合伙人分别执行合伙事务。合伙事务可根据需要和合伙人的业务专长,分别由不同的合伙人负责执行。在这种情况下,执行事务合伙人可以对其他合伙人执行的事务提出异议。如果发生争议,依合伙协议决定。

2. 合伙事务决议方式

合伙人对合伙有关事项做出决议的,按照合伙协议约定的表决办法办理。法律另有规定的,从其规定。除合伙协议另有约定外,合伙企业的下列事项应当经全体合伙人一致同意:① 改变合伙企业的名称;② 改变合伙企业的经营范围、主要经营场所的地点;③ 处分合伙企业的不动产;④ 转让或者处分合伙企业的知识产权和其他财产权利;⑤ 以合伙企业名义为他人提供担保;⑥ 聘任合伙人以外的人担任合伙企业的经营管理人员。

合伙人对法律规定或者合伙协议约定必须经全体合伙人一致同意始得执行的事务擅自处理,给合伙企业或者其他合伙人造成损失的,依法承担赔偿责任。

合伙事务执行规则见表 2-12。

表 2-12　合伙事务执行规则

| 执行人 | | 非执行人的权利、义务 |
|---|---|---|
| 执行人的产生 | 执行人的权利 | |
| （1）由全体合伙人共同执行; | （1）对外代表合伙组织; | （1）其他合伙人不再执行合伙事务; |
| （2）由各合伙人分别单独执行合伙事务（合伙人分别执行合伙事务的,执行事务合伙人可以对其他合伙人执行的事务提出异议）; | （2）其执行合伙事务所产生的收益归合伙企业,所产生的费用和亏损由合伙企业承担 | （2）有监督权(不执行合伙事务的合伙人有权监督执行事务合伙人执行合伙事务的情况;执行事务合伙人应当定期向其他合伙人报告事务执行情况以及合伙企业的经营和财务状况); |

| 执行人 | | 非执行人的权利、义务 |
|---|---|---|
| 执行人的产生 | 执行人的权利 | |
| (3) 委托一个合伙人执行合伙事务; | | (3) 有查阅权; |
| (4) 委托数个合伙人执行合伙事务 | | (4) 有撤销权(受委托执行合伙事务的合伙人不按照合伙协议或者全体合伙人的决定执行事务的,其他合伙人可以决定撤销该委托) |

3. 合伙人的义务

(1) 忠实义务。合伙人不得从事损害本合伙企业利益的活动。

(2) 竞业禁止义务。合伙人不得自营或者同他人合作经营与本合伙企业相竞争的业务。

(3) 交易禁止义务。除合伙协议另有约定或者经全体合伙人同意外,合伙人不得同本合伙企业进行交易。

合伙人违反法律规定或者合伙协议规定的,从事与本合伙企业相竞争的业务或者与合伙企业进行交易的,该收益归合伙企业所有;给合伙企业或者其他合伙人造成损失的,依法承担赔偿责任。

4. 合伙企业的财务会计制度

合伙企业应当依照法律、行政法规的规定建立企业财务会计制度。

(1) 合伙企业的生产经营所得和其他所得,按照国家有关税收规定,由合伙人分别缴纳所得税。合伙企业不缴纳企业所得税。

(2) 合伙企业的利润分配、亏损分担,按照合伙协议的约定办理;合伙协议未约定或者约定不明确的,由合伙人协商决定;协商不成的,由合伙人按照实缴出资比例分配、分担;无法确定出资比例的,由合伙人平均分配、分担。合伙协议不得约定将全部利润分配给部分合伙人或者部分合伙人承担全部亏损。

(四) 普通合伙企业与第三人的关系

1. 合伙企业与善意第三人的关系

合伙企业对合伙人执行合伙事务以及对外代表合伙企业权利的限制,不得对抗善意第三人。

2. 合伙企业与其债权人的关系

合伙企业对其债务,应先以其全部财产进行清偿。合伙企业不能清偿到期债务的,合伙人承担无限连带责任。合伙人由于承担无限连带责任,清偿数额超过其应当承担的亏损分担比例的,有权向其他合伙人追偿。

3. 合伙企业与合伙人个人债务的关系

合伙人发生与合伙企业无关的债务,相关债权人不得以其债权抵销其对合伙企业的债务,也不得代位行使合伙人在合伙企业中的权利。合伙人的自有财产不足清偿其产生的与合伙企业无关的债务,该合伙人可以以其从合伙企业中取得的收益用于清偿;债权人也可以依法请求人民法院强制执行该合伙人在合伙企业中的财产份额用于清偿。人民法院强制执行合伙人的财产份额时,应当通知全体合伙人,其他合伙人有优先购买权;其他合伙人未购买,又不同意将该财产份额转让给他人的,应依法为该合伙人办理结算,或者办理削减该合伙人相应财产份额的结算。

(五) 入伙

入伙,是指合伙企业存续期间,合伙人之外的第三人加入合伙企业,取得合伙人资格。新合伙人入伙,除合伙协议另有规定外,应当经全体合伙人一致同意,并依法订立书面入伙协议。订立入伙协议时,原合伙人应当向新合伙人如实告知原合伙企业的经营状况和财务状况。入伙的新合伙人与原合伙人享有同等权利,承担同等的责任。入伙协议另有约定的,从其约定。新合伙人对入伙前合伙企业的债务承担无限连带责任。

(六) 退伙

退伙,是指合伙企业存续期间,已取得合伙人身份的合伙人退出合伙企业,丧失合伙人资格。

1. 退伙的类型

(1) 自愿退伙。合伙协议约定合伙期限的,在合伙企业存续期间,有下列情形之一的,合伙人可以退伙:① 合伙协议约定的退伙事由出现;② 经全体合伙人一致同意;③ 发生合伙人难以继续参加合伙的事由;④ 其他合伙人严重违反合伙协议约定的义务。合伙协议未约定合伙期限的,合伙人在不给合伙企业事务执行造成不利影响的情况下,可以退伙,但应当提前30日通知其他合伙人。合伙人违反规定退伙的,应当赔偿由此给合伙企业造成的损失。

(2) 法定退伙。合伙人有下列情形之一的,可以退伙:① 作为合伙人的自然人自然死亡或者被宣告死亡;② 个人丧失偿债能力;③ 作为合伙人的法人或者其他组织依法被吊销营业执照,责令关闭、撤销,或者被宣告破产;④ 法律规定或者合伙协议约定合伙人必须具有相关资格而丧失该资格的;⑤ 合伙人在合伙企业中的全部财产份额被人民法院强制执行。另外,合伙人被依法认定为无民事行为能力或者限制民事行为能力的人,未能经其他合伙人一致同意依法转为有限合伙人的,该合伙人退伙。法定退伙事由实际发生之日为退伙生效日。

（3）除名退伙。合伙人有下列情形之一的,经合伙人一致同意,可以决议将其除名:① 未履行出资义务;② 因故意或者重大过失给合伙企业造成损失的;③ 执行合伙事务时有不正当行为;④ 发生合伙协议约定的退伙事由。对合伙人的除名决议应当书面通知被除名人。被除名人接到除名通知之日起,除名生效,被除名人退伙。被除名人对除名决议有异议的,可以自接到除名通知之日起 30 日内,向人民法院起诉。

2. 退伙的财产的处理

（1）合伙人退伙,其他合伙人应与该合伙人按照退伙时的合伙企业财务状况进行结算,退还退伙人的财产份额。退伙人对给合伙企业造成的损失负有赔偿责任的,相应扣减其应当赔偿的数额。退伙时有未了结的合伙企业事务的,待该事务了结再进行结算。退伙人在合伙企业中财产份额的退还办法,由合伙协议约定或者由全体合伙人决定,可以退还货币,也可以退还实物。

（2）退伙人基于其退伙前的原因发生债务的,承担连带责任。

（3）合伙人退伙时,合伙企业财产少于合伙企业债务的,退伙人应当依法承担亏损。

（4）合伙人死亡或者被宣告死亡的,对该合伙人在合伙企业中的财产份额享有合法继承权的继承人,按照合伙协议的约定或者经全体合伙人一致同意,从继承开始之日起,取得该合伙企业的合伙人资格。有下列情形之一的,合伙企业应当向合伙人的继承人退还被继承合伙人的财产份额:① 继承人不愿成为合伙人;② 法律规定或者合伙协议约定合伙人必须具有相关的资格,而该继承人未取得该资格;③ 合伙协议约定不能成为合伙人的其他情形。另外,合伙人的继承人为无民事行为能力人或者限制民事行为能力人,未能经全体合伙人一致同意依法成为有限合伙人的,合伙企业应当将被继承合伙人的财产份额退还该继承人。

张、王、李、赵各出资四分之一,设立通程酒吧(普通合伙企业)。合伙协议未约定合伙期限。酒吧开业半年后,张某在经营理念上与其他合伙人产生冲突,遂生出退出想法。下列说法正确的是( )。

A. 可将其份额转让给王某,且不必事先告知赵某、李某

B. 可经王某、赵某同意后,将其份额转让给李某的朋友刘某

C. 可主张发生其难以继续参加合伙的事由,向其他人要求立即退伙

D. 可在不给合伙事务造成不利影响的前提下,提前 30 日通知其他合伙人要求退伙

### 四、特殊的普通合伙企业

特殊的普通合伙企业是指合伙人依照法律规定承担责任的普通合伙企业,其中的一个合伙人或者数个合伙人在执业活动中因故意或者重大过失造成合伙企业负有债务的,应当承担无限责任或者无限连带责任,其他合伙人以其在合伙企业中的财产份额为限承担责任。合伙人在执业活动中非因故意或者重大过失造成的合伙企业债务以及合伙企业的其他债务,由全体合伙人承担无限连带的责任。

以专业知识和专门技能为客户提供有偿服务的专业服务机构,可以设立为特殊的普通合伙企业。特殊的普通合伙企业适用特别规定;未作特别规定的,适用《合伙企业法》的其他规定。就特殊的普通合伙企业制度而言,其要点包括:

(1)这类合伙企业本质上仍然是普通合伙企业,如会计师事务所。其特殊性仅在于合伙人责任承担的特殊规则;而在执行合伙事务、合伙人与第三人关系、入伙、退伙等方面,都与普通合伙企业的规定相同。

(2)《合伙企业法》第 107 条同时规定,非企业专业服务机构依据有关法律采取合伙制的,其合伙人承担责任的形式可以适用本法关于特殊的普通合伙企业合伙人承担责任的规定,如我国目前的律师事务所。

(3)特殊的普通合伙企业必须在其企业名称中标明"特殊普通合伙"字样,以区别于普通合伙企业。

注册会计师甲、乙、丙投资设立 A 会计师事务所,该会计师事务所的形式为特殊的普通合伙企业,提供审计签证业务和验资业务。在 2008 年的审计业务中,发生了下列事项:

(1) 甲在对 B 上市公司的年度会计报告进行审计的过程中,因重大过失遗漏了一笔销售收入,经人民法院判决由该事务所向 B 上市公司的相关股东承担赔偿责任。甲认为自己并非故意造成损失,该赔偿责任应该由全体合伙人共同承担连带责任。

(2) 乙在对 C 公司设立过程的验资服务中,因疏忽大意而出具了证明不实的验资报告,该报告直接给 C 公司的债权人造成一定的经济损失,经人民法院认定,乙的疏忽大意并不属于重大过失。

根据以上资料,回答下列问题。

(1) 甲的说法是否正确? 并说明理由。

(2) 对于乙造成的损失,合伙企业的合伙人应该按照何种方式来承担责任? 并说明理由。

### 五、有限合伙企业

我国 2006 年修订的《合伙企业法》对有限合伙做出了特别规定,未规定的,均适用有关普通合伙企业的相关规定。

(一) 有限合伙企业设立条件

(1) 合伙人符合法定人数。有限合伙企业由 2 个以上 50 个以下合伙人设立;但法律另有规定的除外。其中,至少有一个以上的普通人和一个以上的有限合伙人。有限合伙企业登记事项中应当载明有限合伙人的姓名或者名称及认缴的出资金额。

(2) 有书面的协议。合伙协议除应符合普通合伙的规定外,还应当载明下列事项:① 普通合伙人和有限合伙人的姓名或者名称、住所;② 执行事务合伙人具备的条件和选择的程序;③ 执行事务合伙人的权限与违约处理办法;④ 执行事务合伙人的除名条件和更换程序;⑤ 有限合伙人入伙、退伙的份额条件、程序以及相关责任;⑥ 有限合伙人和普通合伙人相互转变的程序。

（3）有各合伙人认缴或实缴的出资。有限合伙人可以用货币、实物、知识产权、土地使用权或者其他财产权利作价出资,但有限合伙人不得以劳务出资。有限合伙人应当按照合伙协议的约定按期足额缴纳出资;未按期足额缴纳的,应承担补缴义务,并对其他合伙人承担违约责任。

（4）有合伙企业的名称和生产经营场所。有限合伙企业中应当标明"有限合伙"字样。

（5）法律、法规规定的其他条件。

（二）有限合伙人的权利

（1）有限合伙人可以同本有限合伙企业进行交易;但是,合伙协议另有规定的除外。

（2）有限合伙人可以自营或者同他人合作经营与本有限合伙企业相竞争的业务;但是合伙协议另有规定的除外。

（3）有限合伙人可以将其在有限合伙企业中的财产份额对外出资;但是合伙协议另有规定的除外。

（4）有限合伙人可以按照合伙协议的约定向合伙人以外的人转让其在有限合伙企业中的财产份额,但应当提前30日通知其他合伙人。

（5）作为有限合伙人的自然人在有限合伙企业存续期间丧失民事行为能力的,其他合伙人不得因此要求其退伙。

（6）作为有限合伙人的自然人死亡、被依法宣告死亡或者作为有限合伙人的法人及其他组织终止时,其继承人或者权利人可以依法取得有限合伙人在合伙企业中的资格。

（三）有限合伙企业事务的执行

《合伙企业法》第68条规定:有限合伙人不执行合伙事务,不得对外代表有限合伙企业。有限合伙人的下列行为,不视为执行合伙事务:① 参加决定普通合伙人入伙、退伙;② 对企业的经营管理提出建议;③ 参加选择有限合伙企业审计业务的会计师事务所;④ 获取经审计的有限合伙企业财务会计报告;⑤ 对涉及自身利益的情况,查阅有限合伙企业财务会计报告;⑥ 在有限合伙企业中的利益受到侵害时,向有关责任人主张权利或者提起诉讼;⑦ 执行事务合伙人怠于行使权利或者为了企业的利益以自己的名义提起诉讼;⑧ 依法为本企业提供担保。不具有事务执行权的合伙人擅自执行合伙事务,给合伙企业或者其他合伙人造成损失的,依法承担赔偿责任。

有限合伙企业不得将全部利益分配给部分合伙人,但是合伙协议另有规定的除外。

（四）有限合伙人的责任

（1）有限合伙人以其认缴的出资额为限对合伙企业债务承担责任。

（2）新入伙的有限合伙人对入伙前有限合伙企业的债务，以其认缴的出资额为限承担责任。

（3）有限合伙人退伙后，对基于其退伙前的原因发生的有限合伙企业债务，以其退伙时从有限合伙企业中取回的财产承担责任。

（4）第三人有理由相信有限合伙人为普通合伙人并与其交易的，该有限合伙人对该笔交易承担与普通合伙人同样的责任。

（5）有限合伙人未经授权以有限合伙企业名义与他人进行交易，给有限合伙企业或者其他合伙人造成损失的，该有限合伙人应当承担赔偿责任。

有限合伙人和普通合伙人在利润分配、自我交易、同业竞争等方面的区别见表2-13。

表2-13　有限合伙人和普通合伙人的区别

| | 有限合伙人 | 普通合伙人 |
| --- | --- | --- |
| 利润分配 | 第69条　有限合伙人不得将全部利润分配给部分合伙人；但是，合伙协议另有约定的除外 | 第33条第2款　（普通合伙）合伙协议不得约定将全部利润分配给部分合伙人或者由部分合伙人承担全部亏损 |
| 自我交易 | 第70条　有限合伙人可以同本有限合伙企业进行交易；但是，合伙协议另有约定的除外 | 第32条第2款　（普通合伙）除合伙协议另有约定或者经全体合伙人一致同意外，合伙人不得同本合伙企业进行交易 |
| 同业竞争 | 第71条　有限合伙人可以自营或者同他人合作经营与本有限公司企业相竞争的业务；但是，合伙协议另有约定的除外 | 第32条第1款　（普通合伙）合伙人不得自营或者同他人合作经营与本合伙企业相竞争的业务 |
| 合伙份额的转让 | 第73条　有限合伙人可以按照合伙协议的约定向合伙人以外的人转让其在有限合伙企业中的财产份额，但应当提前30日通知其他合伙人 | 第22条　（普通合伙）除合伙协议另有约定外，合伙人向合伙人以外的人转让其在合伙企业中的全部或者部分财产份额时，须经其他合伙人一致同意 |

| | 有限合伙人 | 普通合伙人 |
|---|---|---|
| 合伙份额的出资 | 第72条　有限合伙人可以将其在有限合伙企业中的财产份额出质；但是，合伙协议另有约定的除外 | 第25条　（普通合伙）合伙人以其在合伙企业中的财产份额出质的，须经其他合伙人一致同意 |
| 对企业债务的承担 | 有限合伙人，以其认缴的出资额为限对合伙企业债务承担责任 | 普通合伙人，承担无限连带责任 |
| 退伙后责任的承担 | 有限合伙人，以其退伙时从有限合伙企业中取回的财产承担责任 | 普通合伙人，承担无限连带责任 |

**练一练**

下列有关有限合伙企业与普通合伙企业的比较，说法正确的是（　　　）。

A. 除非合伙协议另有约定，有限合伙人可以同合伙企业进行交易；而普通合伙人除合伙协议另有约定或经全体合伙人同意外不得同合伙企业进行交易

B. 除非合伙协议另有约定，有限合伙人可以自营或与他人合作经营与本合伙企业相竞争的业务；而普通合伙人不可以

C. 除非合伙协议另有约定，有限合伙人可以将其在合伙企业中的财产份额出质；而普通合伙人须经其他合伙人一致同意方可

D. 有限合伙人可以按照合伙协议的约定向合伙人以外的人转让其在合伙企业中的财产份额，只需提前30天通知其他合伙人即可；而普通合伙人对外转让其财产份额须经其他合伙人一致同意，除非合伙协议另有约定

### 六、有限合伙与普通合伙的转换

#### （一）转换的情形

（1）普通合伙人被依法认定为无民事行为能力人或者限制民事行为能力人的，经其他合伙人一致同意，可以依法转为有限合伙人，普通合伙企业依法转为有限合伙企业。

（2）普通合伙人的继承人为无民事行为能力人或者限制民事行为能力人的，经全体合伙人一致同意，可以依法转为有限合伙人，普通合伙企业依法转为有限合伙企业。

（3）除合伙协议另有约定外，经全体合伙人一致同意，普通合伙人可以转为有限合伙人，有限合伙人可以转为普通合伙人。有限合伙企业仅剩普通合伙人时，转为普通合伙企业。有限合伙企业仅剩有限合伙人时，应解散。

（二）转换后的责任的承担

（1）有限合伙人转为普通合伙人的，承担无限连带责任。对其作为有限合伙人期间有限合伙企业发生的债务承担无限连带责任。

（2）普通合伙人转为有限合伙人的，承担无限连带责任。对其作为普通合伙人期间合伙企业发生的债务承担无限连带责任。

### 七、合伙企业的解散与清算

（一）解散事由

合伙企业有下列情形之一的，应当解散：① 合伙期届满，合伙人决定不再经营；② 协议约定的解散事由出现；③ 全体合伙人决定解散；④ 合伙人已不具备法定人数满 30 天；⑤ 合伙协议约定的合伙目的已经实现或者无法实现；⑥ 依法被吊销营业执照、责令关闭或者被撤销；⑦ 法律、行政法规规定的其他原因。

（二）清算人

1. 清算人的确定

合伙企业解散后应当进行清算，并通知和公告债权人。清算期间，合伙企业存续，但不得开展与清算无关的经营活动。

清算人确定的方式有 4 种：① 清算人由全体合伙人担任；② 经全体合伙人过半同意，可以自合伙企业解散事由出现 15 日内指定一名或数名合伙人担任清算人；③ 经全体合伙人过半同意，在合伙企业解散事由出现后 15 日内委托第三人担任清算人；④ 自合伙企业解散事由出现 15 日内未确定清算人的，合伙人或者其他利害关系人可申请人民法院指定清算人。

2. 清算人的职责

清算人在企业清算期间执行下列事务：① 清理合伙企业财产，分别编制资产负债报表和财务清单；② 处理与清算有关的合伙企业未了结事务；③ 清缴所欠税款；④ 清理债权、债务；⑤ 处理合伙企业清偿债务后的剩余财产；⑥ 代表合伙企业参加诉讼或者仲裁活动。

（三）债权申报

清算人自被确定之日起 10 日内将合伙企业解散事项通知债权人，并于

60 日内在报纸上公告。债权人应当自接到通知书之日起 30 日内,未接到通知书的,自公告之日起 45 日内向清算人申报债权。债权人申报债权,应当说明债权的有关事项,并提供证明材料。清算人应当对债务进行登记。

（四）清偿与分配

合伙企业财产应先支付清算费和职工工资、社会保险费用、法定补偿金以及缴纳所欠税款、清偿债务,有剩余财产的,依法向出资人进行分配。

（五）清算结果

清算结束后,清算人应办理合伙企业注销登记。合伙企业注销后,原普通合伙人对合伙企业存续期间的债务仍应承担无限连带责任。

合伙企业不能清偿到期债务的,债权人可以依法向人民法院提出破产清算申请,也可以要求普通合伙人清偿。合伙企业依法被宣告破产的,普通合伙人对合伙企业债务仍应承担无限连带责任。

通过以上介绍得出本案的解决思路如下。

## 一、合伙企业法对合伙人的出资的规定

合伙人的出资是合伙企业进行合伙经营的物质条件。《合伙企业法》对合伙人出资的方式、评估等做出规定。合伙人可以用货币、实物、知识产权、土地使用权或者其他财产权利出资,也可以用劳务出资。合伙人以实物、知识产权、土地使用权或者其他财产权利出资,需要评估作价的,可以由全体合伙人协商确定,也可以由全体合伙人委托法定评估机构评估。

合伙人是否可以用劳务出资,是合伙企业与公司企业的出资方式的重要区别。依照《公司法》,股东不得以劳务出资。而《合伙企业法》则赋予合伙人更多的意思自治,只要全体合伙人协商一致,同意以劳务出资,法律不加干涉。合伙人以劳务出资的,其评估办法由全体合伙人协商确定,并在合伙协议中载明。

合伙人应当按照合伙协议约定的出资方式、数额和缴付期限,履行出资义务。以非货币财产出资的,依照法律、行政法规的规定,需要办理财产权转移手续的,应当依法办理。

## 二、合伙企业法对合伙企业的债务负担的规定

依照《合伙企业法》第 38 条、第 39 条的规定,合伙企业对其债务,应先以其全部财产进行清偿。合伙企业不能清偿到期债务的,合伙人承担无限连带责任。

无限连带责任包括以下含义:① 无限责任。即合伙人对合伙企业债务的承担不以其出资额为限。当合伙人的出资不足以清偿合伙人应当承担的合伙企业的债务时,合伙人应以其个人财产清偿。② 连带责任。即每一个合伙人都有责任代替其他合伙人清偿合伙企业财产不足清偿合伙企业债务的部分。代替其他合伙人清偿合伙企业债务的合伙人有权向被代替清偿的合伙人追偿。③ 补充责任。合伙人对合伙企业债务的无限连带责任是一种补充责任。即合伙企业首先应以其全部财产承担责任,合伙企业财产不足以清偿债务时,由全体合伙人承担无限连带责任。

在合伙企业债务与合伙人个人债务并存,而合伙企业或合伙人个人单方或双方资不抵债的情况下,如何决定合伙企业债务和合伙个人债务的清偿顺序? 我国采取国际通行的双重优先原则。所谓双重优先原则,即在合伙企业债务与合伙人个人债务并存,而合伙企业或合伙人个人单方或双方资不抵债的情况下,应当以合伙企业的财产优先偿还合伙企业的债务,以合伙人个人财产优先偿还合伙人个人的债务。实行双重优先原则的目的是平等地保护合伙企业的债权人和合伙人个人的债权人。

《合伙企业法》第44条规定,入伙的新合伙人与原合伙人享有同等权利,承担同等责任。入伙协议另有约定的,从其约定。新合伙人对入伙前合伙企业的债务承担无限连带责任。《合伙企业法》第53条、第54条规定,退伙人对基于其退伙前的原因发生的合伙企业债务,承担无限连带责任。合伙人退伙时,合伙企业财产少于合伙企业债务的,退伙人应当按照本法第33条第1款(合伙企业的利润分配、亏损分担,按照合伙协议的约定办理;合伙协议未约定或者约定不明确的,由合伙人协商决定;协商不成的,由合伙人按照实缴出资比例分配、分担;无法确定出资比例的,由合伙人平均分配、分担)的规定分担亏损。

### 三、甲、乙、丙、丁各自的主张均不能成立

2012年8月,甲退伙,但是银行贷款是在2012年6月,银行的债务产生于甲退伙之前。基于《合伙企业法》第53条的规定,退伙人对基于其退伙前的原因发生的合伙企业债务,承担无限连带责任,因此,甲的主张不能成立。

乙、丙虽然出资形式不同,一个是实物出资,一个是劳务出资,但二者的出资均得到全体合伙人认可,并已登记备案,出资有效。《合伙企业法》第21条规定,合伙人在合伙企业清算前,不得请求分割合伙企业的财产;但是本法

另有规定的除外。合伙人在合伙企业清算前私自转移或者处分合伙企业财产的,合伙企业不得以此对抗善意第三人。本案中2013年5月,乙、丙、丁决定解散合伙企业,对未到期的银行贷款未予清偿的情况下,将合伙企业13万元现有财产予以分配,这显然是违法行为。又由于合伙企业不能清偿到期债务的,合伙人应承担无限连带责任。因此,乙、丙的主张也不成立。丁称该笔贷款是在其入伙前发生的,不负责清偿的主张也不成立。《合伙企业法》第44条规定,入伙的新合伙人与原合伙人享有同等权利,承担同等责任。入伙协议另有约定的,从其约定。新合伙人对入伙前合伙企业的债务承担无限连带责任。因此,这笔银行贷款无论是发生在丁入伙前还是入伙后,丁均应承担无限连带责任。

综上,甲、乙、丙、丁4人对这笔银行贷款承担无限连带责任,都有清偿义务。依据《合伙企业法》第40条的规定,甲、乙、丙、丁4人由于承担无限连带责任,清偿数额超过合伙协议约定的亏损分担比例的,有权向其他合伙人追偿。

## 阅读资料

### 一、合伙企业和公司的区别

合伙企业和公司的本质区别:合伙企业不具有法人资格,公司具有法人资格,具体见表2-14。

表2-14  合伙企业和公司的区别

|  | 合伙企业 | 公司 |
|---|---|---|
| 组织形式 | 非法人团体(人合性) | 法人(人资两合、资合) |
| 法律基础 | 书面合伙协议 | 章程 |
| 出资方式 | (1) 可用劳务(有限合伙不可)、信用等出资;<br>(2) 可用财产使用权出权 | (1) 不可用劳务、信用出资;<br>(2) 不可用使用权出资(土地除外) |
| 出资人责任承担方式 | (1) (普合)承担补充连带责任;<br>(2) (有合)承担有限责任 | 股东承担有限责任 |

## 二、合伙企业与个人合伙的区别（见表2-15）

表2-15　合伙企业与个人合伙的区别

| | 合伙企业 | 个人合伙 |
|---|---|---|
| 法律概念和性质 | 依照《合伙企业法》在中国境内设立的、由各合伙人订立合伙协议，共同出资、合伙经营、共享收益、共担风险，并对合伙企业债务承担无限连带责任的营利性组织；为企业，强调组织性 | 两个以上公民按照协议，各自提供资金、实物、技术等，合伙经营、共同劳动；为法律行为，强调契约性 |
| 法律基础 | 必须有符合法律要求的书面合伙协议，无合伙协议或协议不符合法律要求的合伙企业以《民法通则》上的"个人合伙"论 | 个人合伙的产生决定于合伙事实，只要能证明合伙事实存在，合伙关系即成立；口头协议的效力也得到承认；公民按协议提供资金或实物，并约定参与合伙盈余分配，但不参与合伙经营、劳动或提供技术性劳动而不提供资金、实物，但约定参与盈余分配的，视为合伙人 |
| 合伙目的 | 必须具有营利目的，持久地从事商业活动并达到一定的规模，例如，我国不承认律师事务所、会计师事务所等合伙企业具有营利性，这些组织不适用合伙企业法 | 不必具有营利目的，不一定以经商为常业或主业，临时合伙亦得到法律承认 |
| 登记 | 必须向工商行政管理机关进行登记，领取营业执照；未登记或登记未获批准的，合伙协议仍有效，但视为个人合伙，受《民法通则》等法律调整 | 可不进行登记 |
| 字号和诉讼地位 | 必须有合伙企业的名称，并以此进行商事活动；在民事诉讼中，企业以自身名义为当事人 | 不必有合伙字号；全体合伙人在诉讼中为共同诉讼人，有依法核准登记字号的，应于法律文书中注明 |
| 财产 | 合伙企业的财产具有相对的独立性，包括合伙人的出资和所有以合伙企业名义取得的收益，由全体合伙人共同管理和使用 | 合伙人投入的财产归各自所有，由合伙人共同管理使用；合伙经营积累的财产为合伙人按份共有 |

| | 合伙企业 | 个人合伙 |
|---|---|---|
| 亏损的内部分担 | 合伙协议有约定时从其约定,但不得约定由部分合伙人承担全部亏损;未约定或不明确的,协商决定;协商不成,按实缴出资比例分担;无法确定出资比例的,平均分担 | 按协议约定的债务承担比例或出资比例分担;未约定债务承担比例或出资比例的,按约定的或实际的盈余分配比例分担;没有盈余分配比例的,按合伙人平均投资比例分担;对造成合伙经营亏损有过错的合伙人,应根据其过错程度相应地多承担责任 |
| 终止 | 解散后须经清算程序方得终止;清算时合伙企业财产不足以清偿债务的,各合伙人承担无限连带清偿责任 | 合伙终止无须清算;合伙人以各自财产对合伙债务承担连带清偿责任 |

### 三、合伙企业出资与公司出资的区别(见表2-16)

表2-16　合伙企业出资与公司出资的区别

| | 合伙企业出资 | 公司出资 |
|---|---|---|
| 出资 | 可以是财产使用权出资,不必办理产权过户手续 | 一般必须是财产处分权出资,必须办理产权过户手续 |
| | 可以劳务出资 | 股份合作制公司才可以劳务出资 |
| | 知识产权出资 | 知识产权出资 |
| | 不必评估作价 | 必须评估作价 |
| 财产 | 财产为合伙人共同共有或准共有 | 财产为法人独立所有权 |
| 纳税义务 | 有合伙人个人税义务,企业无纳税义务 | 公司、股东有双重纳税义务 |
| 责任 | 合伙人承担无限补充连带责任 | 股东不承担公司责任,除负出资不实的连带填补义务外 |

# 项目四　其他类型企业法律制度与实训

　　自然人王某(系中国公民)于2011年以家庭共有财产申报设立一家个人独资企业A,从事餐饮经营。随着业务的扩大,A企业又分别设立了6家分店,并招聘了6名店长负责分店经营。因分店是以总店名义开展经营活动的,故分店未再办理任何登记手续,A企业也未与店长就聘用事项签订书面合同。半年后,王某出国,A企业交由其妻子李某管理,由于李某管理经验不足,企业经营状况每况愈下,甲分店店长擅自与亲戚合开了一家与A企业从事相同特色餐饮的企业,并担任经理,主要工作精力转移。丙分店拖欠承租房屋业主的租金,被起诉至人民法院,李某应诉时以丙分店店长是承包经营,其债务与A企业无关为由抗辩。2012年3月,李某未经清算便决定解散A企业,意欲逃避企业债务。

## 任务描述

　　一、个人独资企业是否能以家庭共有财产申报出资?

　　二、个人独资企业设立分支机构是否应办理登记手续?

　　三、个人独资企业投资人委托或聘用他人管理其企业事务,是否不用签订书面委托合同?

　　四、甲分店店长的行为是否违反法律法规?

　　五、李某的抗辩理由能否成立?请说明理由。

　　六、李某解散A企业的行为是否合法?A企业解散后,李某能否逃避企业债务?

## 任务分析

### 一、个人独资企业法

　　个人独资企业,是只由一个自然人投资,全部资产为投资人所有的营利性经济组织。其特征如下:

（1）投资主体。个人独资企业仅由一个自然人投资设立。

（2）企业财产。个人独资企业的全部财产为投资人个人所有，投资人（也称业主）是企业财产（包括前期成立时投入的初始出资财产与企业存续期间积累的财产）的唯一所有者。基于此，投资人对企业的经营与管理事务享有绝对的控制与支配权，不受任何其他人的干预。

（3）责任承担。个人独资企业的投资人以其个人财产对企业债务承担无限责任。

（4）主体资格。个人独资企业不具有法人资格。尽管独资企业有自己的名称或商号，并以企业名义从事经营行为、参加诉讼活动，但不具有独立的法人地位。其性质属于非法人组织，享有相应的权利能力和行为能力，能够以自己的名义进行法律行为。

（一）个人独资企业的设立条件

（1）投资人为一个自然人：① 投资人必须是一个人；② 只能是一个自然人，不能是法人或其他非法人组织；③ 该自然人必须具有中华人民共和国国籍；④ 法律、行政法规禁止从事营利性活动的自然人，不得作为投资人。我国现行法律、行政法规禁止从事营利性活动的自然人包括人民警察、国家公务员。

（2）有合法的企业名称：① 根据《个人独资企业法》第 11 条的规定，个人独资企业的名称应当与其责任形式及从事的营业相符，其名称中不得使用"有限""有限责任"的字样；② 企业的名称应当遵守企业名称登记管理规定，只准使用一个名称，在登记机关辖区内不得与已登记注册的同行业企业名称相同或相似；③ 个人独资企业是非法人组织的一种，享有名称权和商号权；④ 个人独资企业可以使用投资人的姓名作字号；⑤ 其使用的名称应当与登记机关登记的名称相符合，违反规定者，责令限期改正，处 2 000 元以下罚款（《个人独资企业法》第 34 条）。

（3）有投资人申报的投资。个人独资企业仅要求有申报的出资，而未规定注册资本、最低资本限额或实际缴付的出资，这是由于独资企业的出资人承担无限责任，有无实际出资并不影响与之进行交易的第三人。

（4）有固定的生产经营场所和必要的生产经营条件以及必要的从业人员。这是独资企业开展生产经营活动的必要条件。个人独资企业以其主要办事机构所在地为住所。

（二）投资人的权利和义务

1. 投资人权利

（1）个人独资企业投资人对企业的财产，包括初始投入财产和存续期间积累的财产，依法享有所有权，其相关权利可以依法进行转让或继承。换言之，投资人是企业财产的唯一所有者。

（2）个人独资企业不具有独立法人资格。个人独资企业虽然有自己的名称或者商号，并可以企业的名义从事经营行为和参加诉讼活动，但不是独立的民事主体。就这一点而言，独资企业与合伙人具有相似性，而与公司不同。

> **知识拓展**
>
> 个人独资企业与合伙企业的出资人均为自然人，对企业债务都承担无限责任，二者的区别主要体现在：
>
> （1）个人独资企业的出资人仅为一人，合伙企业投资人必须为二人以上。
>
> （2）个人独资企业的财产归出资人一人所有，合伙企业的财产全体合伙人按份共有。
>
> （3）个人独资企业出资人对企业债务承担无限责任，而合伙企业则由全体合伙人对企业承担无限连带责任。

2. 投资人责任

投资人以其个人财产对企业债务承担无限责任。个人独资企业投资人在申请企业设立登记时明确以其家庭共有财产作为个人出资的，应当依法以家庭共有财产对企业债务承担无限责任。这一特点源于独资企业不具有独立法人资格，虽然其可以以企业的名义进行经营活动，甚至独立参加诉讼，但是不具有独立的民事权利能力、行为能力和责任能力，从根本上讲，个人独资企业只是自然人进行商业活动的一种特殊形态，是自然人人格的延伸，所以，投资人对个人独资企业债务承担无限责任。

所谓投资人以其个人财产承担无限责任，包括3层意思：

（1）企业的债务全部由投资人承担。

（2）投资人承担企业债务的责任范围不限于出资，其责任财产包括独资企业中的全部财产和其他个人财产。

（3）投资人对企业的债权人直接负责。

（三）个人独资企业的事务管理

1. 个人独资企业事务管理的方式

个人独资企业事务管理主要有3种模式，见表2-17。

表2-17　个人独资企业事务管理的3种模式

| 自行委托 | 委托管理 | 聘任管理 |
|---|---|---|
| 即由投资人本人对本企业的经营事务直接进行管理 | 即投资人委托其他具有民事行为能力的人负责企业的事务管理 | 即投资人聘用其他具有民事行为能力的人负责企业的事务管理 |
| | 须由投资人与受托人或者与被聘用的人签订书面合同,投资人对受托人或者被聘用的人员职权的限制,不得对抗善意第三人 | |

2. 受托人或者被聘用的管理人的义务

投资人委托或者聘用的管理独资企业事务的人员不得有下列行为：

（1）利用职务上的便利,索取或者收受贿赂。

（2）利用职务或者工作上的便利侵占企业财产。

（3）挪用企业的资金归个人使用或者借贷给他人。

（4）擅自将企业资金以个人名义或者他人名义开立账户储存。

（5）擅自以企业财产提供担保。

（6）未经投资人同意,从事与本企业相竞争的业务。

（7）未经投资人同意,同本企业订立合同或者进行交易。

（8）未经投资人同意,擅自将企业商标或者其他知识产权转让给他人使用。

（9）泄漏本企业的商业秘密。

（10）法律、行政法规禁止的其他行为。

## 二、中外合资经营企业法

中外合资经营企业,是指中国合营者与外国合营者依照中国法律的规定,在中国境内共同投资、共同经营,并按投资比例分享利润、分担风险及亏损的企业。其特征如下：

（1）投资人。在中外合营企业的股东中,外方合营者包括外国的公司、企业、其他经济组织或者个人,中方合营者则为中国的公司、企业或者其他经济组织,不包括中国公民个人。

（2）组织形式。中外合资经营企业的组织形式为有限责任公司,具有法人资格。

（3）股权式合营。合营各方按注册资本分享利润和分担风险及亏损,作为股东的中外合营各方以投资额为限对企业债务承担有限责任,所以称为股权式经营。

（一）中外合资经营企业设立

1. 合营企业的设立条件

合营企业的设立条件依据我国法律的规定,申请设立合营企业有下列情形之一的,不予批准:① 有损中国主权的;② 违反中国法律的;③ 不符合中国国民经济发展要求的;④ 造成环境污染的;⑤ 签订的协议、合同、章程显属不公平,损害合营一方权益的。

2. 合营企业的设立程序

合营企业的设立要经过立项、签订合同、审批和注册登记4个程序:

（1）立项。所谓立项就是指中国合营者将与外国合营者设立合营企业的项目建议书和可行性研究报告,向企业主管部门呈报。

（2）签订合同。在立项申请经企业主管部门同意后转审批机构批准,中外合营者就设立合营企业的有关可行性研究进行协商,并签署协议、合同、章程。

（3）审批。由中国合营方向审批机关报送下列正式文件,报国家对外经济贸易主管部门或受托机关审查批准:① 设立合营企业的申请书;② 合营各方共同编制的可行性研究报告;③ 由合营各方授权代表签署的合营企业协议、合同和章程;④ 由合营各方委派的合营企业董事人选名单,以及由合营各方协商确定或由董事会选举产生的董事长、副董事长人选名单;⑤ 中国合营者的企业主管部门和合营所在地的省、自治区、直辖市人民政府对设立该合营企业签署的意见。审查批准机关应在3个月内决定批准或不批准。受托机关批准的合营企业,应报国家对外经济贸易主管部门备案。

（4）注册登记。合营企业经批准后,应在收到国家对外经济贸易主管部门发给的批准证书30日内,向国家工商行政管理局或其授权的地方工商管理局核准注册登记,领取营业执照。合营企业在领取营业执照后,才能开始营业。登记主管机关应当在受理申请后的30日内,做出核准登记或者不予核准登记的决定。

（二）合营企业的组织形式与出资

1. 合营企业的组织形式

合营企业的组织形式为有限责任公司。合营各方对合营企业的责任以各自认缴的出资额为限。

2. 注册资本与投资总额的比例

合营企业的注册资本是指为设立合营企业在登记机关登记的资本总额，应为合营各方认缴的出资总额。合营企业的投资总额是指按照合营企业的合同、章程规定的生产规模而投入的基本建设资金和生产流动资金的总和。合营企业的注册资本和投资总额之间必须保持一定的比例，才能使合营企业健康发展。

依据国家工商行政管理局1987年颁布的《关于中外合资经营企业注册资本与投资总额比例的暂行规定》：

（1）合营企业的投资总额在300万美元以下（含300万美元）的，其注册资本至少占投资总额的7/10。

（2）合营企业的投资总额在300万美元以上1 000万美元（含1 000万美元）以下的，其注册资本至少应占投资总额的1/2，其中投资总额在420万美元以下的，注册资本不能低于210万美元。

（3）合营企业的投资总额在1 000万美元（含1 000万美元）以上3 000万美元（含3 000万美元）以下的，其注册资本至少应占投资总额的2/5，其中投资总额在1 250万美元以下的，注册资本不得低于500万美元。

（4）合营企业的投资总额在3 000万美元以上的，其注册资本至少应占投资总额的1/3，其中投资总额在3 600万美元以下的，注册资本不得低于1 200万美元。

3. 出资比例和出资方式

合营企业的注册资本中，外国合营者的投资比例一般不低于25%，合营各方按注册资本比例分享利润，分担风险和亏损。合营各方可以现金、实物、工业产权、专有技术、设备和场地使用权等方式进行投资。合营各方的投资应注意：

（1）外国合营者作为投资的技术和设备，必须确实是适合我国需要的先进技术和设备。如果外国合营者有意以落后的技术和设备进行欺骗，造成损失的，应赔偿损失。外国合营者出资的工业产权或专有技术，必须符合下列条件之一：① 能生产中国急需的新产品或出口适销产品；② 能显著改进现有产品的性能、质量,提高生产效率;③ 能显著节约原材料、燃料、动力。

(2)中国合营者的投资可包括为合营企业经营期间提供的场地使用权。如果场地使用权未作为中国合营者投资的一部分,合营企业应向中国政府缴纳使用费。

(3)上述各项投资,合营各方应在合营企业的合同和章程中加以规定,其价格(场地除外)由合营各方评议商定。

4. 出资期限

合营各方应在合同中明确规定出资期限,并按合同中规定的期限缴清各自的出资。合同中规定一次缴清出资的,合营各方应自营业执照签发之日起6个月内缴清。合同中规定分期缴付出资的,合营各方第一次出资额不得低于各自认缴出资额的 15%,并且应在营业执照签发之日起 3 个月内缴清出资。

合营各方未能按上述规定的期限缴付出资的,视为合营企业自动解散,合营企业批准书自动失效。合营一方未按期出资的,应按合同规定向另一方支付延迟利息和赔偿损失。

合营各方缴付出资后,应由在中国注册的会计师验证,出具验资报告。

(三)合营企业的期限

合营企业的合同期限,按不同行业、不同情况有不同的约定。有的行业的合营企业,应当约定合营期限;有的行业的合营企业,可以约定合营期限,也可以不约定合营期限。约定合营期限的合营企业,合营各方同意延长合营期限的,应在距合营期限届满6个月前向审查批准机关提出申请,审查批准机关应自接到申请之日起 1 个月内决定批准或不批准。

(四)合营企业的解散

具有下列情形之一的,合营企业解散,但要依法定程序并报审批机关批准:① 合营企业因合营期限届满;② 发生严重亏损,无力继续经营;③ 一方不履行合同和章程规定的义务,致使企业无法继续经营;④ 发生不可抗力,遭受严重损失,无力继续经营;⑤ 合营企业未达到其经营目的,同时又无发展前途;⑥ 企业合同和章程规定的其他解散原因出现等情况而终止。

合营企业的解散应经合营各方协商同意,报请审查批准机关批准后,向国家工商行政管理主管部门登记。如果因违反合同而对合营企业造成损失的,应由违反合同的一方负赔偿责任。

（五）合营企业的组织机构

1. 合营企业的最高权力机构

合营企业的董事会是合营企业的最高权力机关,根据平等互利的原则,讨论决定合营企业的一切重大问题。董事会的人数组成由合营各方协商,在章程中确定,并由合营各方委派和换撤,人数一般不得少于3人。董事长和副董事长由合营各方协商确定或由董事会选举产生。当中外合营者中的一方担任董事长的,由他方担任副董事长。

董事会的职权是按照合营企业章程的规定,讨论决定合营企业的一切重大问题,如企业发展规划、生产经营活动方案、收支预算、利润分配、劳动工资计划、停业,以及总经理、副总经理、总工程师、总会计师、审计师的任命或聘请及其职权和待遇等。董事会会议应定期召开,至少每年1次,在特殊情况下,经总数1/3以上董事提议,可由董事长召开董事会临时会议。董事会会议应有2/3以上董事出席方能举行。董事不能出席会议的可出具委托书,委托他人代表出席和表决。

董事会会议一般在合营企业的法定住址所在地举行,董事会的决议一般须经多数董事通过才能生效,但下列事项须由出席董事会会议的全体董事一致通过才能做出决定:① 合营企业章程的修改;② 合营企业的中止和解散;③ 合营企业注册资本的增加、转让;④ 合营企业与其他经济组织的合并。

2. 经营管理机构

合营企业设立经营管理机构,负责企业的日常经营管理工作。经营管理机构设总经理一人,副总经理若干人。总经理、副总经理由合营企业董事会聘任,由合营双方分别担任,董事长、副董事长可以兼任。

总经理的职责是执行董事会会议的各项决议,组织领导合营企业的日常经营管理工作。在董事会授权范围内,总经理对外代表合营企业,对内任免下属人员,行使董事会授予的其他职权;副总经理协助总经理工作。

总经理或副总经理不得兼任其他经济组织的总经理或副总经理,不得参加其他经济组织对本企业的商业竞争。

（六）合营企业的经营管理

1. 生产经营计划

合营企业按照合营合同规定的经营范围和生产规模制订生产经营计划,由董事会批准执行,报企业主管部门备案。企业主管部门和各级计划管理部门,不能对其下达指令性生产经营计划。

2. 采购物资

合营企业所需原材料、燃料、配套件等,应优先在中国购买,也可由合营企业自筹外汇,直接在国际市场上购买。

3. 产品销售

合营企业产品可以在国内、国际市场销售,中国政府鼓励合营企业向中国境外销售产品。出口产品可由合营企业直接或委托与其有关的委托机构向国外市场销售,也可以通过中国的外贸机构销售。

4. 财务与会计制度

合营企业根据中国有关的法律与财务会计制度的规定,结合合营企业的情况制定自己的财会制度,并报当地的财政部门、税务部门备案。

5. 利润分配

合营企业获得的毛利润,按中国税法规定缴纳所得税后,扣除合营企业章程规定的储备基金、职工奖励及福利基金、企业发展基金,净利润按合营各方注册资本的比例进行分配。合营企业上一年度的亏损未弥补前不得分配利润,上一年度未分配的利润,可并入本年度利润分配中。

6. 劳动用工制度

合营企业可以根据生产需要,自行确定其机构设置和人员编制,聘用或解聘高级经营管理人员,增加或辞退职工。

合营企业职工的工资水平,由董事会决定,并可以根据企业经济效益的好坏逐步调整。

(七) 合营企业争议的解决

1. 合营各方争议的解决

合营各方的纠纷由董事会协商解决,董事会不能解决时,可由中国的仲裁机构进行调解或仲裁,也可由合营双方协议在其他仲裁机构仲裁。

2. 合营企业劳动争议的解决

合营企业发生的劳动争议,由双方协商解决,或由一方或双方向企业所在地劳动管理部门申请仲裁,对仲裁裁决不服的可向企业所在地人民法院起诉。

3. 合营企业与国内企业争议的解决

合营企业与国内企业的争议可通过协商、调解、仲裁或诉讼的方式解决,仲裁或诉讼的机关为中国机关,适用的法律为中国法律。

4. 合营企业与国外企业争议的解决

合营企业与国外企业的争议解决的方式也为协商、调解、仲裁或诉讼。

根据双方约定,可以适用我国或外国的法律来解决,解决机关可以是中国的,也可以是外国的。

### 三、中外合作经营企业法

中外合作经营企业(以下简称合作企业)就是指中外合作者按照平等互利的原则,以合作合同为基础在中国境内设立的企业。我国目前用于调整合作企业的法律、法规主要有1979年通过的《中华人民共和国中外合作经营企业法》和1983年发布的《〈中华人民共和国中外合作经营企业法〉实施细则》以及2000年通过的《关于修改〈中华人民共和国中外合作经营企业法〉的决定》。与合营企业不同,合作企业是根据合作企业合同的约定来分配收益或产品,分担风险或亏损的。其中中国合作者包括中国的企业或者其他经济组织;外国合作者包括外国企业或者其他经济组织和个人。

与合营企业相比,合作企业具有其自身的法律特征:

(1)合作企业是契约式的企业。与合营企业属股权式企业不同,合作企业属契约式企业。双方的权利义务关系不按出资比例来分享和承担,而是由他们自愿协商,在合同中加以约定的。

(2)合作企业可以为法人型或非法人型企业。合作企业的组织形式有两种,一种为法人型企业;另一种为非法人型企业。而合营企业为有限责任公司,具有法人资格。

(3)出资和回收的灵活性。合作企业的投资没有数量限制,且各方的投资或提供的条件须折算成股金;合作企业的外国合作者可以在合作期限内先行回收投资。合营企业的投资有数量限制,且合营各方在合营期限届满前不能回收投资。

(4)经营管理方式的多样性。合作企业在组织机构上可设立董事会或联合管理机构,负责企业的重大问题。可以聘任总经理负责日常的经营管理,也可以委托中外合作者以外的人经营管理。

(一)合作企业的设立、变更和解散

1.合作企业的设立

申请设立合作企业,应当将中外合作者签订的协议、合同、章程等文件,报国务院对外经济贸易主管部门或者国务院授权的部门和地方政府审查批准。上述审查批准机关应当自接到规定的全部文件之日起45日内决定批准或不批准。当设立合作企业的申请经批准后,合作企业应当自接到批准通知书之日起 30 日内向工商行政管理机关申请登记,领取营业执照。合作企业的营业执照签发日期,为该企业的成立日期。合作企业应当自成立之日起 30 日内向税务机关办理税务登记。

2. 合作企业的变更

中外合作者在合作期限内协商同意对合作企业合同进行重大变更的,应当报审批机关批准,变更内容涉及法定工商登记项目、税务登记项目的,应当向工商行政管理机关、税务机关办理变更登记手续。

3. 合作企业的期限

合作企业的合作期限由中外合作者协商并在合作企业合同中说明。中外合作者同意延长合作期限的,应当在距合作期满 180 日前向审查批准机关提出申请。审查批准机关应当自接到申请之日起 30 日内决定批准或者不批准。

4. 合作企业的解散

当发生下列情形时,合作企业解散:

(1) 合作期限届满。

(2) 合作企业发生严重亏损,或者因不可抗力遭受严重损失,无力继续经营。

(3) 中外合作者一方或数方不履行合作企业合同、章程规定的义务,致使企业无法继续经营。

(4) 合作企业合同、章程中规定的其他解散原因出现。

(5) 合作企业违反法律、法规,被依法责令关闭。

合作企业期满或者提前终止时,应当按照法定程序对资产和债权进行清算;中外合作者应当按照企业合同的约定确定合作企业财产的归属。此外,还须向工商行政管理机关和税务机关办理注销登记手续。

(二) 合作企业的出资及利润分配

中外合作者的出资方式可以是现金、实物、土地使用权、工业产权、非专利技术和其他财产权利。双方的投资或提供的合作条件,由中国注册会计师或有关机构验证并出具证明。中外合作者应按照中国法律、法规的规定和合作企业合同的规定,如期履行缴足投资、提供合作条件的义务。对逾期不履行的,由工商行政机关规定其限期履行;限期届满仍未履行的,由审查批准机关和工商行政管理机关依照国家有关规定处理。

中外合作者可以采用分配利润、分配产品或者合作各方共同制定的其他方式分配收益。采用分配产品或其他方式分配利润的应当按照税法的有关规定,计算应纳税额。合作企业的风险分担由中外合作者在合作企业合同中规定,而不是根据双方的出资比例确定。

（三）外国合作者的投资回收

合作企业中的外国合作者可以在合作期限内,提前回收投资。回收的方式主要包括:① 扩大外国合作者收益分配比例;② 经我国财政税务机关审查批准,外国合作者在合作企业缴纳所得税前回收投资;③ 经我国财政税务机关和审查批准机关批准的合作企业的其他合法的回收投资方式。合作企业的亏损未弥补前,外国合作者不得先行收回投资。

（四）合作企业的组织机构

1. 董事会

合作企业包括依法取得法人资格的合作企业和不具备法人资格的合作企业。具备法人资格的合作企业,一般采用董事会来进行管理。董事会是企业的最高权力机关,对企业的重大问题做出决议。董事会及董事长、副董事长,由中外合作双方分别担任。总经理由董事会聘任,负责企业日常的生产经营管理工作。

2. 联合管理机构

不具备法人资格的合作企业,一般采用联合管理机构作为企业的最高权力机构,对企业的重大问题进行决议。联合管理机构由中外合作各方选派代表组成,分别由双方担任主任和副主任。联合管理机构可以决定任命或聘任总经理来负责企业的日常经营管理工作。

3. 委托第三人经营管理机构

合作企业在成立后,可以改为委托中外合作者以外的第三人来进行经营管理,但必须经董事会或联合管理机构的一致同意,报审查批准机关批准,并向工商行政管理机关办理登记手续。

### 四、外商独资企业法

外商独资企业（以下简称外资企业）是指依照中国有关法律,在中国境内设立的,全部资本由外国投资者投资的企业;不包括外国的企业和其他经济组织在中国境内的分支机构。这里的外国投资者,可以是外国的企业、其他经济组织或者个人。

外资企业与合营企业、合作企业不同,有其自身的法律特征:

（1）企业的全部资本都由外商投资。外商投资者以个人名义对企业进行投资，享有企业的权利，承担企业的义务。

（2）企业具有中国法人资格。外资企业是依中国法律在中国境内设立的，受中国法律、法规的约束。外资企业是独立核算、自主经营、自负盈亏的经济实体，它不同于外国的企业和其他经济组织在中国境内的分支机构，具有中国法人的法律地位。

（3）企业是独立的经济实体。

（一）外资企业的设立、变更和终止

1. 外资企业的设立

（1）设立条件。根据《外资企业法》第3条规定，设立外资企业，必须有利于中国国民经济的发展。国家鼓励举办产品出口或者技术先进的外资企业。有下列情形之一的，不予批准：① 有损中国主权或社会公共利益的；② 危及中国国家安全的；③ 违反中国法律、法规的；④ 不符合中国国民经济发展要求的；⑤ 可能造成环境污染的。

（2）设立程序。设立外资企业，首先应向拟设立企业所在地的县级或县级以上政府提交报告；报告经批准同意后通过地方政府向审查批准机关即国务院对外经济贸易主管部门或者国务院授权的机关提出申请，审查批准机关自接到申请之日起90日内决定批准或不批准；在设立外资企业的申请被批准后，外国投资者应在接到批准证书之日起30日内向工商行政管理机关申请登记，领取营业执照。外资企业的营业执照签发日期，即为该企业成立日期。外资企业应当在企业成立之日起30日内在税务机关办理税务登记。

2. 外资企业的变更

外资企业改变名称、住所、经营场所、法定代表人、经营方式、经营范围、注册资本、经营期限、增设或者撤销分支机构，应当报审查批准机关批准。

外资企业分立、合并、迁移或变更其他重要登记事项的，应当报审查批准机关批准。对于外资企业申请变更登记的，应当在审查批准机关批准后的30日内向登记主管机关申请办理变更登记。

3. 外资企业的终止

外资企业的经营期限由外国投资者申报，由审批机关批准。期满需要延长的，应当在期满180日前向审批机关提出申请。审批机关应当在接到申请之日起30日内决定批准或不批准。当外资企业出现下列情形之一的，应予终止：① 经营期限届满；② 经营不善，严重亏损，外国投资者决定解散；③ 因不可抗力遭受严重损失,无法继续经营;④ 破产;⑤ 违反中国法律、法规,危害社会公共利益被依法撤销;⑥ 外资企业章程规定的其他解散事由已经出现。

外资企业终止,应当及时公告,按照法定程序进行清算,在清算完结前,除为执行清算外,外国投资者对企业财产不得处理。

外资企业终止,应当向工商行政管理机关办理注销登记手续,缴销营业执照。

### (二) 外资企业的注册资本

**1. 注册资本、出资方式及期限**

外资企业的注册资本是指外国投资者为设立外资企业在工商行政管理机关登记的资本总额,即外国投资者认缴的全部出资额。外国投资者按其生产规模进行投资,注册资本要与生产规模相适应,其与投资总额的比例应当符合中国法律的规定。外资企业在经营期内不得减少其注册资本。

**2. 出资方式**

外国投资者可以用可自由兑换的外币出资,也可以用机器设备、工业产权、专有技术等作价出资。经审批机关批准,还可用其从中国境内举办的其他外资企业获得的人民币利润出资。外商以实物或知识产权出资的,须经有关法定验证机构检验、评估其价值,才能作为作价依据。外商用做出资的无形资产之和不得超过企业注册资本的20%。

**3. 出资期限**

外国投资者应当在设立的企业申请书和企业章程中写明出资期限。外国投资者可以分期缴付出资,但最后一期出资应当在营业执照签发之日起3 年内缴清。其中第一期出资不得少于投资者认缴出资额的25% ,并应当在外资企业营业执照签发之日起90 日内缴清。如果外国投资者未能在外资企业营业执照签发之日起90 日内缴付第一期出资,或第一期出资后的其他各期出资无正当理由逾期30 日不缴付的,外资企业批准证书自动失效。外国投资者应向工商行政管理机关办理注销登记手续,缴销营业执照;不办理注销登记手续和缴销营业执照的,由工商行政管理机关吊销其营业执照,并予以公告。如外国投资者要求延期出资并具有正当理由,应当经审批机关同意,并报工商行政机关备案。

### (三) 外资企业的经营管理

**1. 自主经营**

外资企业依照被批准的章程来进行经营管理活动,不受干涉,但其生产经营计划应当报主管部门备案。

2. 物资采购

外资企业在批准的经营范围内需要的燃料、原料等物资,可以在中国市场或国际市场购买;但在同等条件下,应当优先在中国市场购买。

3. 财会制度

外资企业必须在中国境内设立会计账簿,进行独立核算,按照规定报送会计报表,并接受财政税务机关的监督;外资企业拒绝在中国境内设置会计账簿的,财政税务机关可对其处以罚款,工商行政管理机关可以责令停止营业或吊销营业执照。

外资企业依照中国税法规定缴纳所得税后的利润,应当提取储备资金和职工奖励及福利基金,储备基金的提取比例不得低于税后利润的10%,职工奖励和福利基金的提取比例由企业自行确定,可不再提取。

4. 税收制度

外资企业依国家有关税收的规定纳税并可以享受减税、免税的优惠待遇;外资企业将缴纳所得税后的利润在中国境内再投资的,可以依照国家规定申请退还再投资部分已缴纳的部分所得税税款。

5. 劳动用工

外资企业雇佣中国职工应当依法签订合同,并在合同中订明雇佣、解雇、报酬、福利、劳动保护、劳动保障等事项。

# 项目五　破产法律制度与实训

### 项目情境

2011 年 9 月 30 日,人民法院受理了甲公司的破产申请,同时指定了管理人。管理人接管甲公司后,在清理其债权债务的过程中,发现如下事项:

(1) 2010 年 4 月,甲公司因向乙公司采购原材料而欠乙公司 80 万元货款未付。2011 年 3 月,甲、乙双方签订一份还款协议,约定:甲公司于 2011 年 9 月 10 日前偿还所欠乙公司货款及利息 87 万元,并以甲公司所属一间厂房作抵押。还款协议签订后,双方办理了抵押登记手续。乙公司在债权申报期内申报了上述债权。

(2) 2010 年 6 月,丙公司向 A 银行借款 120 万元,借款期限为一年。甲公司以其部分设备为丙公司提供抵押担保,并办理了抵押登记。借款到期后,丙公司未能偿还 A 银行贷款本息。

(3) 2010 年 7 月,甲公司与丁公司签订了一份广告代理合同,至甲公司破产申请被受理时,双方均各自履行了部分合同义务。

### 任务描述

一、管理人是否有权请求人民法院对甲公司将厂房抵押给乙公司的行为予以撤销?请说明理由。

二、A 银行能否就甲公司的抵押设备获得优先受偿权?

三、管理人是否有权决定解除甲公司与丁公司之间的广告代理合同?

### 任务分析

破产是指对丧失清偿能力的债务人,经人民法院审理并在其监督之下,强制清算其全部财产,公平清偿全体债权人的法律制度。破产一般是指对债务人的破产清算程序。

破产法是规定在债务人丧失清偿能力时,法院强制对其全部财产进行清算分配,公平清偿债权人,或通过债务人与债权人会议达成的和解协议清偿债务,或进行企业重整,避免债务人破产的法律规范的总称。

破产法是集实体与程序为一体的综合性法律,作用是通过其特有的调整手段保障在债务人丧失清偿能力时债权人债权的最终公平实现,避免有挽救希望与价值的债务人破产,以维护债权人的合法权益、社会利益与正常经济秩序。破产法还可以进一步完善市场经济优胜劣汰的竞争机制,利用破产压力促进企业提高经济效益;通过破产与重整等制度,优化社会资源的配置,调整产业结构等。

**一、破产法概述**

（一）破产的含义

破产是指债务人的全部财产不足以抵偿其债务,或债务人无能力清偿到期债务的一种事实上和法律上的状态,它表明债务人之经营活动已然失败。在这种情况下,依照法定程序对债务人财产实行强制清算,并令其退出正常的市场经济竞争环境或消灭其法人资格,对债务人来讲就是破产了。

2006年8月27日,我国的新《中华人民共和国企业破产法》(以下简称《企业破产法》)在第十届全国人大常委会第二十三次会议上被审议通过,这是中国转型时期的标志性事件。新的《企业破产法》填补了市场经济规则体系中关于退出法与再生法的一大缺口,是一个历史性的进步。《企业破产法》共12章136条,自2007年6月1日起施行,《中华人民共和国企业破产法(试行)》同时废止。

（二）破产法的适用范围

1. 对内效力

《企业破产法》适用于以下范围:

（1）国有企业法人。

（2）非国有企业法人。

（3）商业银行、证券公司、保险公司等金融机构。

《企业破产法》第134条规定:商业银行、证券公司、保险公司等金融机构有本法第2条规定情形的,国务院金融监督管理机构可以向人民法院提出对该金融机构进行重整或者破产清算的申请。国务院金融监督管理机构依法对出现重大经营风险的金融机构采取接管、托管等措施的,可以向人民法院申请中止以该金融机构为被告或者被执行人的民事诉讼程序或者执行程序。

（4）合伙企业。

《企业破产法》第135条规定:其他法律规定企业法人以外的组织的清算,属于破产清算的,参照适用本法规定的程序。合伙企业的债权人可根据不同情况做出选择,可以依法向法院提出破产申请,也可以直接向合伙人追债。合伙企业被依法宣告破产的,普通合伙人对合伙企业债务仍应承担无限连带责任。

2. 域外效力

《企业破产法》第 5 条规定:依照本法开始的破产程序,对债务人在中华人民共和国领域外的财产发生效力。对外国法院做出的发生法律效力的破产案例的判决、裁定,涉及债务人在中华人民共和国领域内的财产,申请或者请求人民法院承认和执行的,人民法院依照中华人民共和国缔结或者参加的国际条约,或者按照互惠原则进行审查,认为不违反中华人民共和国法律的基本原则,不损害国家主权、安全和社会公共利益,不损害中华人民共和国领域内债权人的合法权益的,裁定承认和执行。

（三）破产原因

破产原因是使用破产程序所依据的法律事实。由于它是衡量债务人是否陷入破产的界限,故又称为破产界限。

（1）清理债务:企业法人不能清偿到期债务,并且资产不足以清偿全部债务或者明显缺乏清偿能力的,依照《企业破产法》规定清理债务。

（2）重整:企业法人有上述规定情形的,或者有明显丧失清偿能力可能的,可以依照《企业破产法》规定进行重整。

（四）破产案件的管辖

1. 地域管辖

《企业破产法》规定:破产案件由债务人住所地人民法院管辖;《民事诉讼法》规定:企业法人破产还债案件,由该企业法人住所地人民法院管辖。所谓"债务人住所地"与"企业法人住所地"均指企业法人主要办事机构所在地。债务人无办事机构的,由其注册地人民法院管辖。

2. 级别管辖

破产案件的级别管辖依破产企业的工商登记情况而定:① 基层人民法院一般管辖县、县级市或者区的工商行政管理机关核准登记企业的破产案件;② 中级人民法院一般管辖地区、地级市(含本级)以上的工商管理机关核准登记企业的破产案件;③ 纳入国家计划调整的企业破产案件,由中级人民法院管辖。

（五）破产案件中的裁定和公告

1. 破产案件中的裁定

企业破产程序是民事特别程序,在破产案件中,法院对程序问题和实体问题做出的裁判,一律采用裁定的形式,主要有以下事项:① 驳回破产申请;② 确认债务人的破产无效行为;③ 认可和解申请;④ 认可和解协议;⑤ 终结和解程序;⑥ 终结企业整顿;⑦ 破产宣告;⑧ 清算组追索债务、解决财产中的争议及强制执行;⑨ 破产财产分配方案;⑩ 破产程序终结。对破产案件中的争议事项,也可以用裁定的形式做出裁判。

人民法院对破产案件做出的裁定,除驳回破产申请外,一律不得上诉。当事人对裁定有异议的,可以向做出裁定的原审人民法院申请复议。复议期间不停止原裁定的执行。

2. 破产案件中的公告

破产案件中的公告是指人民法院将破产案件的相关事实或决定公之于众。公告事项主要有:① 受理破产案件;② 债务人与债权人达成和解协议,破产程序中止;③ 破产宣告;④ 终结破产程序。

### 二、破产案件的申请与受理

破产案件的申请与受理流程如图 2-6 所示。

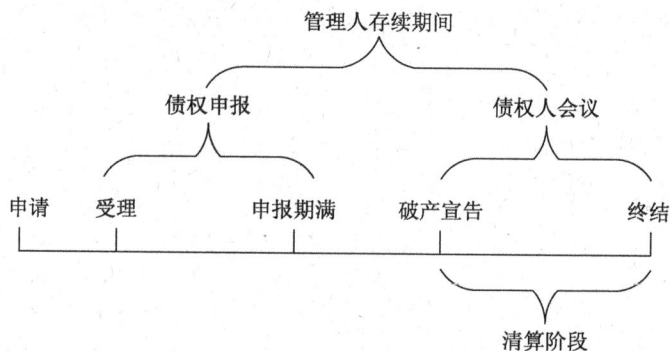

图 2-6  破产流程图

（一）申请

1. 破产申请意义与申请人

破产申请是破产程序开始的条件,但不是破产程序开始的标志。破产申请经人民法院受理才是破产程序开始的标志。

依据我国法律的规定,只有债权人、债务人以及依法负有清算责任的人才是合格的破产申请人。因此,破产案件的申请分为 3 类:① 债权人申请;② 债务人申请;③ 依法负有清算责任的人申请。

2. 债权人申请

债务人不能清偿到期债务的,债权人可以向人民法院提出对债务人进行重整或者破产清算的申请,但不能直接向法院申请与债权人破产和解。

（1）提出破产申请的债权人的请求权必须具备的条件:

① 须为具有给付内容的请求权;

② 须为法律上可强制执行的请求权;

③ 须为已到期的请求权。

（2）债权人不能申请债务人破产的情况:

① 基于物权或人身权提出的无给付内容的请求;

② 已超过诉讼时效的债权;

③ 丧失了申请执行权的债权;

④ 未到期的债权。

债权人申请债务人破产,债务人对债权人的债权提出异议,人民法院认为异议成立的,应当告知债权人先行提起民事诉讼,在这种情况下,破产申请不予受理。

3. 债务人申请

债务人依法可以向人民法院提出重整、和解或者破产清算申请。

4. 依法负有清算责任的人申请

企业法人已解散但未清算或者未清算完毕,资产不足以清偿债务的,依法负有清算责任的人应当向人民法院申请破产结算。

5. 破产申请的形式

提出的破产申请,应当采用书面形式。

6. 破产申请的效果

（1）对破产申请的要求:向人民法院提出破产申请的,应当提交破产申请书和有关数据。破产申请书应当载明下列事项:

① 申请人、被申请人的基本情况;

② 申请目的;

③ 申请的事实和理由;

④ 人民法院认为应当载明的其他事项。

债务人提出申请的,还应当向人民法院提交财产状况说明、债务清册、债权清册、有关财务会计报告、职工安置预案及职工工资的支付和社会保险费用的缴纳情况。

人民法院受理破产申请前,申请人可以撤回申请。申请人提出破产申请后,可以在法庭受审前请求撤回。是否准许,由法院决定。在人民法院受理破产案件后,申请人请求撤回破产申请的,应予驳回。

（2）诉讼时效中断。债权人提出破产申请,具有请求法院保护其民事权利的性质;债务人提出破产申请,具有承认一般债务的性质。因此,破产申请具有中断诉讼时效的效力。但是,在债权人申请的场合,诉讼时效中断的效力仅及于申请人的请求权;在债务人申请的场合,诉讼时效中断的效力及于申请人在当时已有的所有债权人的请求权。

（二）受理

1. 概念

受理,又称立案,是法院在收到破产申请后,认为申请符合法定条件而予以接受,并由此开始破产程序的司法行为。

2. 审查

经审查,破产申请不予受理的情形包括:① 债务人有隐匿、转移财产的行为,为了逃避债务而申请破产的;② 债权人借破产申请毁损债务人商业信誉,意图损害公平竞争的。

人民法院受理债务人的破产申请后,发现符合以下情形的,应当裁定驳回破产申请:① 不符合法律规定的受理条件;② 属于应当不予受理的情形;③ 债务人巨额财产下落不明且不能合理解释财产去向。

申请人对裁定不服的,可以自裁定送达之日起 10 日内向上一级人民法院上诉。人民法院受理破产申请后直至破产宣告前,经审查发现债务人不符合《企业破产法》第 2 条规定情形的,可以裁定驳回申请。申请人对裁定不服的,可以自裁定送达之日起 10 日内向上一级人民法院上诉。具体期限规定如图 2-7 所示。

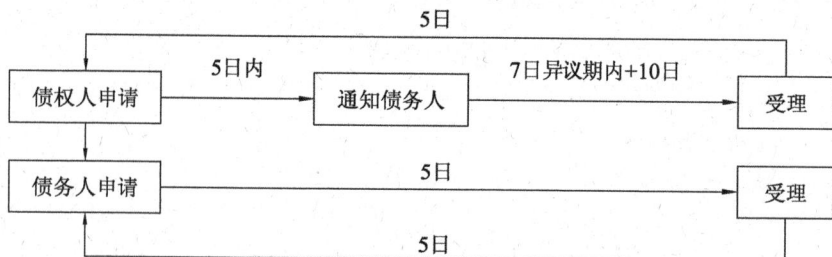

**图 2-7　破产申请期限**

### 三、债权申报

**(一) 债权申报的程序**

人民法院受理破产申请后,应当确定债权人申报债权的期限。债权申报期限自人民法院发布受理破产申请公告之日起计算,最短不得少于 30 日,最长不得超过 3 个月。债权人应当在人民法院确定的债权申报期限内向管理人申报债权。

在人民法院确定的债权申报期限内,债权人未申报债权的,可以在破产财产最后分配前补充申报;但是,此前已进行的分配,不再对其补充分配。为审查和确认补充申报债权所用费用,由补充申报人承担。债权人未依照《企业破产法》规定申报债权的,不得依照本法规定的程序行使权利。

管理人收到债权申报材料后,应当登记造册,对申报的债权进行审查,并编制债权表。债权表和债权申报材料由管理人保存,供利害关系人查阅。依照《企业破产法》第 57 条规定编制的债权表,应当提交第一次债权人会议核查。债务人、债权人对债权表记载的债权有异议的,可以向受理破产申请的人民法院提起诉讼。

**(二) 申报债权的注意事项**

(1) 附条件、附期限的债权和诉讼、仲裁未决的债权,债权人可以申报。未到期的债权,在受理破产申请时视为到期。附利息的债权自破产申请受理起停止计息。

(2) 债务人所欠职工的工资和医疗、伤残补助,抚恤费用,所欠的应当划入职工个人账户的基本养老保险、基本医疗保险费用,以及法律、行政法规规定应当支付给职工的补偿金,不必申报,由管理人调查后列出清单并予以公示。职工对清单记载有异议的,可以要求管理人更正;管理人不予更正的,职工可以向人民法院提起诉讼。

(3) 债权人申报债权时,应当书面说明债权的数额和有无财产担保,并提交有关证据。申报的债权是连带债权时,应当说明。

(4) 连带债权人可以由其中一人代表全体连带债权人申报债权,也可以共同申报债权。债务人的保证人或者其他连带债务人已经代替债务人清偿债务的,以其对债务人的求偿权申报债权。债务人的保证人或者其他连带债务人尚未代替债务人清偿债务的,以其对债务人的将来求偿权申报债权。

(5) 管理人或者债务人依照《企业破产法》规定解除合同的,对方当事人以因合同解除所产生的损害赔偿请求权申报债权。债务人是委托合同的委托人,被裁定适用《企业破产法》规定的程序,受托人不知该事实,继续处理委托事务的,受托人以由此产生的请求权申报债权。债务人是票据的出票人,被裁定适用《企业破产法》规定的程序,该票据的付款人继续付款或者承兑的,付款人以由此产生的请求权申报债权。

### 四、债权人会议的召开

(1) 第一次债权人会议由人民法院召集,自债权申报期限届满之日起15日内召开。以后的债权人会议,在人民法院认为必要时,或者管理人、债权人委员会、占债权总额1/4以上的债权人向债权人会议主席提议时召开。

(2) 召开债权人会议,管理人应当提前15日通知已知的债权人。债权人会议的决议,由出席会议的有表决权的债权人过半数通过,并且其所代表的债权额占无财产担保债权总额的1/2以上。但是,《企业破产法》另有规定的除外。

(3) 债权人认为债权人会议的决议违反法律规定,损害其利益的,可以自债权人会议做出决议之日起15日内,请求人民法院裁定撤销该决议,责令债权人会议重新做出决议。债权人会议的决议,对于全体债权人均有约束力。

(4) 债务人财产的管理方案、破产财产的变价方案经债权人会议表决未通过的,由人民法院裁定;破产财产的分配方案经债权人会议二次表决仍未通过的,由人民法院裁定。

**练 一 练**

(不定项选择题)郑州市中级人民法院受理了中原股份有限公司破产案件,在该案件的处理过程中郑州法院做法正确的有(　　　)。

A. 受理破产申请后,宣布债权人申报期限为 15 日

B. 由该法院召集第一次债权人会议

C. 某债权人认为债权人会议的决议违法,在决议做出 20 日后向法院申请撤销决议,该法院做出支持其请求的裁定

D. 中原股份公司破产财产分配方案在债权人会议首次表决通过后,该法院裁定认可该方案

(5) 债权人对人民法院做出的,关于债务人财产的管理方案或破产财产的变价方案的裁定不服的,债权额占无财产担保债权总额 1/2 以上的债权人对人民法院关于破产财产的分配方案做出的裁定不服的,可以自裁定宣布之日或者收到通知之日起 15 日内向该人民法院申请复议。复议期间不停止该裁定的执行。

**五、破产宣告和破产清算**

(一) 破产宣告

(1) 破产宣告是法院对债务人具有破产原因的事实做出有法律效力的认定。人民法院依照《企业破产法》规定宣告债务人破产的,应当自裁定做出之日起 5 日内送达债务人和管理人,自裁定做出之日起 10 日内通知已知债权人,并予以公告。

(2) 破产宣告的效果:

① 破产宣告后,破产案件进入破产清算程序。

② 对债务人产生以下几项效果:

a. 债务人成为破产人;

b. 债务人财产成为破产财产;

c. 债务人丧失对财产和事务的管理权;

d. 债务人的法定代表人承担与清算有关的法定义务。

③ 破产宣告后,债权人只能依破产程序接受清偿,《企业破产法》对破产宣告后的债权形式做出了一些特别规定:

a. 未到期的债权视为到期;

b. 有财产担保的债权人可以随时由担保物清偿;

c. 对破产企业负有债务的债权人享有破产抵消权;

d. 无担保债权人以破产分配方案获得清偿。

④ 破产宣告前,有下列情形之一的,人民法院应当裁定终结破产程序,并予以公告,不再破产:

a. 第三债务人提供足额担保或者为债务人清偿全部到期债务的;

b. 债务人已清偿全部到期债务的。

## (二) 破产清算

### 知识拓展

破产清算阶段的特征可以用口诀概括为"人格在,只还债,不经营"。

解释:清算阶段破产企业的法人资格仍然完整存在,但是这个阶段它的全部任务就是根据破产清算方案来还债,不再进行与清算无关的活动,不得经营。

破产财产以金钱分配为原则,以实物分配为例外,应尽量将非金钱的财产通过破产变价,转化为金钱进行分配。

1. 变价规则

管理人应当及时拟订破产财产变价方案,提交债权人会议讨论。管理人应当按照债权人会议通过的或者人民法院裁定的破产财产变价方案,适时变价出售破产财产。变价出售破产财产应当通过拍卖进行,但是债权人会议另有决议的除外。

破产企业可以全部或者部分变价出售。企业变价出售时,可以将其中的无形资产和其他财产单独变价出售。

按照国家规定不能拍卖或者限制转让的财产,应当按照国家规定的方式处理。

2. 分配规则

破产财产在优先清偿破产费用和公益债务后,依照下列顺序清偿:

（1）破产人所欠职工的工资和医疗、伤残补助，抚恤费用，所欠的应当划入职工个人账户的基本养老保险、基本医疗保险费用，以及法律、行政法规规定应当支付给职工的补偿金。

（2）破产人欠缴的除前项规定以外的社会保险费用和破产人所欠税款。

（3）普通破产债权。

### 六、破产程序的终结

（1）破产人无财产可供分配的，管理人应当请求人民法院裁定终结破产程序。管理人在最后分配完结后，应当及时向人民法院提交破产财产分配报告，并提请人民法院裁定终结破产程序。

人民法院应当自收到管理人终结破产程序的请求之日起15日内做出是否终结破产程序的裁定；裁定终结的，应当予以公告。

（2）管理人应当自破产程序终结之日起10日内，持人民法院终结破产程序的裁定，向破产人的原登记机关办理注销登记。管理人于办理注销登记完毕的次日终止执行任务。但是，存在诉讼或者仲裁未决情况的除外。

（3）追加分配：自破产程序依照《企业破产法》第43条第4款或者第120条的规定终结之日起2年内，有下列情形之一的，债权人可以请求法院按照破产财产分配方案进行追加分配：① 发现有依照《企业破产法》第31—第33条、第36条规定应当追回的财产；② 发现破产人有应当供分配的其他财产。有上述规定情形，但财产数量不足以支付分配费用的，不再追加分配，由人民法院将其上交国库。

破产人的保证人和其他连带债务人，在破产程序终结后，对债权人依照破产清算程序未受清偿的债权，依法继续承担清偿责任。

### 七、破产选择性程序

（一）重整

破产重整，指对可能或已经发生破产原因但又有挽救希望的法人企业，通过对各方利害关系人的利益协调，借助法律强制进行营业重组与债务清理，以避免企业破产清算的法律制度。重整在破产中的位置如图2-8所示。

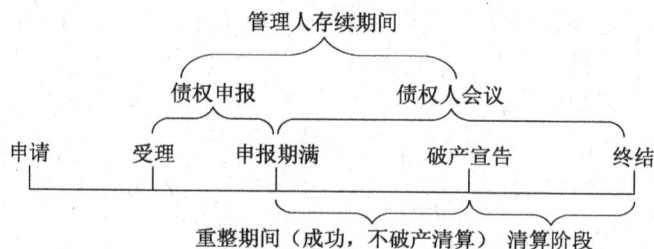

图2-8  重整在破产中的位置

破产重整最主要的目的是帮助债务人企业走出经营困境,避免企业清算。因此,破产重整的一系列规则都旨在为企业创造一个继续经营的制度环境,即"重在挽救,避免死亡"。

重整计划,包括针对债务人的经营方案和针对债权人的债权受偿方案等内容,是重整程序中最重要的法定文件。重整程序就是围绕重整计划的制订、通过、批准、执行、终止等问题展开的。重整的程序和所用法规见表2-18。

表2-18  重整程序和法则

| 程序 | 法则【第79 – 第88 条】 |
|---|---|
| 第一步:提出重整申请 | 债务人或债权人向人民法院申请对债务人(或特定情况下的出资人)进行重整 |
| 第二步:法院审查申请,裁定重整 | 法院经审查认为重整申请符合本法规定的,应当裁定债务人重整,并予以公告 |
| 自此,进入重整期间。重整期间,最重要的程序为"重整计划的讨论与通过",具体包括: | |
| 第一步:提交重整计划草案 | 债务人或者管理人应当自人民法院裁定债务人重整之日起6个月内,同时向人民法院和债权人会议提交重整计划草案 |
| 第二步:分组讨论重整计划草案 | 下列各类债权的债权人参加讨论重整计划草案的债权人会议,依照下列债权分类,债权人会议分组对重整计划草案进行表决:<br>(1)对债务人的特定财产享有担保权的债权<br>(2)债务人所欠职工的工资和医疗、伤残补助,抚恤费用,所欠的应当划入职工个人账户的基本养老保险、基本医疗保险费用,以及法律、行政法规规定应当支付给职工的补偿金<br>(3)债务人所欠税款<br>(4)普通债权 |

| 程序 | 法则【第79 - 第88 条】 |
|---|---|
| 第三步:各组通过重整计划草案 | 出席会议的同一表决组的债权人过半数同意重整计划草案,并且所代表的债权额占该组债权总额的2/3 以上的,即为该组通过重整计划草案 |
| 第四步:通过重整计划 | 各表决组均通过重整计划草案时,重整计划即为通过 |
| 第五步:法院批准重整计划 | 自重整计划通过之日起 10 日内,债务人或者管理人应当向人民法院提出批准重整计划的申请;人民法院经审查认为符合本法规定的,应当自收到申请之日起 30 日内裁定批准,终止重整程序,并予以公告(重整计划生效,破产程序终结) |
| 第六步:终止重整程序 | 情形 A　未按期提出重整计划草案的,人民法院应当裁定终止重整程序,并宣告债务人破产<br>情形 B　人民法院经审查认为重整计划符合本法规定,裁定批准的,终止重整程序,并予以公告<br>情形 C　重整计划未获得法院批准的,人民法院应当裁定终止重整程序,并宣告债务人破产 |

（二）和解

和解在破产流程中的位置如图 2-9 所示。

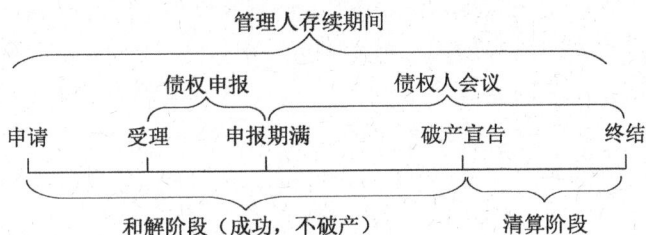

**图 2-9　和解在破产流程中的位置**

破产和解,是指债务人不能清偿债务时,为避免破产,经与债权人会议协商达成相互间谅解的一项制度。和解的达成,是依靠债权人的让步来实现的,这是一种消极的结束债务危机的方式。和解的程序和规则见表 2-19。

**表 2-19　和解的程序和规则**

| 程序 | 规则 |
| --- | --- |
| 第一步:债务人申请和解 | 见《企业破产法》第 95 条,注意:债务人申请和解,应当提出和解协议草案 |
| 第二步:法院审查和解申请,裁定和解 | 法院经审查认为和解申请符合本法规定的,应当裁定和解,予以公告,并召集债权人会议讨论和解协议草案 |
| 第三步:讨论、通过和解草案 | 债权人通过和解协议的决议,由出席会议的有表决权的债权人过半数同意,并且其所代表的债权额占无财产担保债权总额的 2/3 以上(双重多数决) |
| 第四步:法院裁定认可 | 债权人会议通过和解协议的,由法院裁定认可,终止和解程序,并予以公告(和解协议生效,破产程序终结) |
| 第五步:终止和解程序 | 和解协议草案未获得通过,或者未获得法院认可的,法院应当裁定终止和解协议,并宣告债务人破产 |

## 巩固提升

### 一、单项选择题

1. 按企业法律形式的不同,可以将企业分为(　　)。

A. 个人独资企业、合伙企业、公司企业

B. 工业企业、商业企业、金融企业、科技企业

C. 国有企业、集体企业、私营企业

D. 法人企业和非法人企业

2. 按公司信用标准不同,可将公司分为(　　)。

A. 母公司和子公司

B. 人合公司、资合公司、人合兼资公司

C. 总公司和分公司

D. 中国公司和外国公司

3. 公司法定代表人依照公司章程的规定,由(　　)担任,并依法登记。

A. 董事长　　　　　　　　　　B. 执行董事

C. 经理　　　　　　　　　　　D. 董事长、执行经理或经理

4. 2006 年 1 月,甲、乙、丙共同出资设立了有限责任公司,2007 年 5 月,丙与丁达成协议,丙准备将其在公司的出资份额全部转让给丁,甲和乙均不同意。下列解决方案中,不符合《公司法》规定的是(　　)。

A. 由甲或乙购买丙的出资份额

B. 由甲和乙共同购买丙的出资份额

C. 如果甲和乙均不愿意购买,则丙无权将出资份额转让给丁

D. 如果甲和乙均不愿意购买,则丙有权将出资份额转让给丁

5. 设立股份有限公司,应有(　　　)的发起人。

A. 50 人以下　　　　　　　　B. 2~50 人

C. 5 人以上　　　　　　　　　D. 2 人以上 200 以下

6. 设立股份有限公司,在中国境内有住所的发起人应占发起人总数的(　　　)以上。

A. 1/4　　　　　　　　　　　B. 1/3

C. 2/3　　　　　　　　　　　D. 半数

7. 一般情况下,以募集方式设立股份有限公司,发起人认购的股份不得少于公司股份总数的(　　　)。

A. 35%　　　　　　　　　　　B. 50%

C. 65%　　　　　　　　　　　D. 70%

8. 股份有限公司设立董事会,其成员有(　　　),由股东大会选举和更换,对股东大会负责。

A. 5~19 人　　　　　　　　　B. 3~13 人

C. 5~9 人　　　　　　　　　　D. 不少于 3 人

9. 根据《公司法》的规定,股份有限公司董事会做出的决议应由(　　　)。

A. 出席会议的董事过半数通过　　B. 出席会议的董事 2/3 以上通过

C. 全体董事过半数通过　　　　　D. 全体董事 2/3 以上通过

10. 某有限责任公司拟发行公司债券。该公司净资产为 8 000 万元,2 年前曾发行 3 年期公司债券 500 万元,则该公司本次发行公司债券的最高限额为(　　　)万元。

A. 3 200　　　　　　　　　　B. 2 700

C. 2 000　　　　　　　　　　D. 800

11. 公司解散时财产分配顺序为(　　　)。

① 缴纳所欠税款　② 支付清算费用　③ 职工的工资、社会保险费用和法定补偿金　④ 清偿公司债务

A. ①②③④　　　　　　　　　B. ②③①④

C. ③①②④　　　　　　　　　D. ①③②④

12.《合伙企业法》仅适用于其规定的合伙形态,下列各项中,适用该法的

是(     )。

    A. 自发组织的乒乓球协会

    B. 小区业主组织成立的业主委员会

    C. 甲、乙、丙 3 人共同出资开设的网吧

    D. 企业法人之间的合伙联营

13. 普通合伙企业的合伙人向合伙人以外的人转让其合伙企业中的全部或者部分财产份额时,(     )。

    A. 须经其他合伙人一致同意

    B. 须经其他合伙人过半数同意

    C. 须经 2/3 以上合伙人同意

    D. 通知其他合伙人即可

14. 合伙企业对执行事务合伙人对外代表合伙企业权利的限制不得对抗(     )。

    A. 债权人             B. 债务人

    C. 第三人             D. 善意第三人

15. 某合伙企业的合伙人 A 在被授权单独执行企业事务时,未经其他合伙人同意,独自决定实施下列行为,其中(     )违反了《合伙企业法》规定。

    A. 为该合伙企业购置机动车

    B. 为扩大生产而向金融机构贷款

    C. 以合伙企业名义为他人提供担保

    D. 聘请会计师对企业财产状况进行审查

16. 根据《合伙企业法》的规定,合伙协议未规定合伙人之间利润分配和亏损分担比例的,其利润分配和亏损分担的原则首先是(     )。

    A. 由各合伙人平均分配利润和分担亏损

    B. 按各合伙人实际出资比例分配利润和分担亏损

    C. 根据各合伙人对合伙企业的贡献大小分配利润和分担亏损

    D. 合伙人协商决定

17. 张某、王某、孙某和田某共同设立了一家普通合伙企业,王某被委托单独执行合伙企业事务。王某因重大过失给合伙企业造成了较大的损失,但自己并未牟取私利。为此,张某、孙某和田某一致同意将王某除名,并做出除名决议,书面通知王某本人。对于该除名决议的下列表述中,正确的是(     )。

    A. 张某、孙某和田某不能做出决议将王某除名,但可以终止对王某单独

执行合伙事务的委托

　　B. 如果王某对除名决议没有异议,除名决议自做出之日起生效

　　C. 如果王某对除名决议有异议,可以在接到除名决议通知之日起 30 日内,向人民法院起诉

　　D. 如果王某对除名决议有异议,可以在接到除名决议通知之日起 30 日内,请求工商行政管理机关做出裁决

　　18. 下列有关有限合伙企业的说法正确的是(　　　)。

　　A. 有限合伙企业合伙人至少为 2 人以上,对于合伙企业合伙人数的最高限额,我国《合伙企业法》未作规定

　　B. 国有独资公司可以成为有限合伙企业的普通合伙人

　　C. 有限合伙人不执行合伙事务,不得对外代表有限合伙企业

　　D. 有限合伙企业可以使用劳务作为出资

　　19. 根据有关规定,有限合伙人承担合伙企业债务的责任方式是(　　　)。

　　A. 以其认缴的出资额为限承担责任

　　B. 对内外均承担连带责任

　　C. 对外承担无限连带责任,对内承担按份责任

　　D. 对内承担连带责任,对外承担按份责任

　　20. 个人独资企业的投资人承担责任的方式是(　　　)。

　　A. 以出资额为限对企业负责

　　B. 以其个人财产对企业负责

　　C. 以其个人财产对企业债务承担无限责任

　　D. 以其个人财产对企业债务承担无限连带责任

　　21. 个人独资企业的成立日期为(　　　)。

　　A. 营业执照签发日期　　　　　B. 提出设立申请之日

　　C. 开始营业之日　　　　　　　D. 拿到营业执照之日

　　22. 小张打算申请设立一家个人独资企业,该企业可以使用的名称有(　　　)。

　　A. 某某厂　　　　　　　　　　B. 某某公司

　　C. 某某中心　　　　　　　　　D. 某某工作室

　　23. 以个人财产出资设立的个人独资企业解散后,其财产不足清偿所负债务的,对未清偿的债务,以下叙述中,(　　　)违反了《个人独资企业法》的

规定。

A. 不再清偿

B. 以投资人家庭共有财产承担无限责任

C. 以投资人个人的其他财产予以清偿,仍不足清偿的,如果债权人在2年内未提出偿债要求的,则不再清偿

D. 以投资人个人的其他财产予以清偿,仍不足清偿的,如果债权人在5年内未提出偿债要求的,则不再清偿

24. 人民法院受理破产申请前1年内,涉及债务人的财产的行为,管理人有权请求人民法院予以撤销,这些行为包括(    )。

A. 有偿转让财产

B. 以明显不合理的价格进行交易

C. 放弃债权

D. 对没有财产担保的债务提供财产担保

25. 根据《企业破产法》的规定,向债务人所在地人民法院提出破产清算申请的当事人有(    )。

A. 债务人                    B. 债权人

C. 人民法院                  D. 对债务人负有清算责任的人

26. 下列属于破产费用的是(    )。

A. 破产案件的诉讼费用

B. 管理、变价和分配债务人财产的费用

C. 管理人执行职务的费用、报酬和聘用工作人员的费用

D. 债务人财产受无因管理所产生的债务

27. 根据企业破产法律制度的规定,在第一次债权人会议召开之前,管理人实施下列行为时,应当经人民法院许可的是(    )。

A. 管理人决定继续或者停止债务人的营业

B. 全部库存或者营业的转让

C. 设定财产担保的事项

D. 履行债务人和对方当事人均未履行完毕的合同

28. 根据企业破产法律制度的规定,下列各项中,应当召开债权人会议的情形有(    )。

A. 人民法院认为必要时

B. 管理人提议召开时

C. 债权人委员会提议召开时

D. 占债权总额 1/4 以上的债权人向债权人会议主席提议时

29. 根据《企业破产法》的规定,下列各项中,可以作为破产费用从破产财产中优先拨付的有(　　)。

A. 破产案件的诉讼费用　　　　B. 管理人聘任工作人员的费用

C. 管理人执行职务的费用　　　D. 破产财产的拍卖费用

## 二、案例分析

1. 2006 年 5 月 20 日,某大学毕业生张帆从父母手里借了 10 万元,成立了个人独资企业——靓影美发中心,因张帆大学刚毕业,缺乏经验,遂聘请李晓管理企业事务,并约定,凡李晓对外签订金额超过 1 万元以上的合同需经张帆的同意。当年 10 月,李晓到韩国旅行,发现韩国的美容美发产品种类繁多、质量上乘,未经张帆同意,就同一家公司签订了一份价值人民币 5 万元的合同。2007 年 3 月,靓影美发中心因经营管理不善出现亏损,不能支付房东的房租。张帆决定解散该企业,对该企业进行清算,靓影美发中心和张帆的资产、债权债务情况如下:

(1) 靓影美发中心拖欠税款 1 500 元,欠李晓及其他员工工资 18 000 元,欠社会保险金 3 000 元。

(2) 靓影美发中心欠某美发用品商店货款 28 000 元,欠史某房租 10 万元。

(3) 靓影美发中心现有存款 5 000 元,实物折价 4 万元。

(4) 张帆其他个人财产价值 12 000 元。

请回答下列问题:

(1) 李晓未经张帆同意,同韩国某公司签订的价值人民币 5 万元的合同是否有效,请说明理由。

(2) 靓影美发中心负债,债权人可否要求以张帆家庭财产偿还其债务?

(3) 请说明靓影美发中心财产清偿顺序。

(4) 靓影美发中心解散后仍欠史某房租未还清,史某是否有权继续要求张某偿还?

2. 甲公民、乙企业、丙公司、丁公民、戊公民 5 位合伙人共同出资成立有限合伙企业,签订合伙协议如下:

(1) 5 位合伙人中甲以货币出资 10 万元,乙以商标权作价出资 8 万元,丙以厂房使用权作价出资 6 万元,丁和戊为有限合伙人,丁以专利技术和劳务出资,作价 3 万元,戊以提供家传秘方作价 3 万元出资。

(2) 确定甲为合伙企业事务的执行人,并规定甲对外代表合伙企业签订合同时,凡是标的超过 4 万元的,均应经全体合伙人一致同意。

(3) 合伙企业名称为"珠峰食品销售公司"。在进行注册时,工商局指出原协议有违法之处,经整改后,企业成立。该合伙企业成立经营一段时间后,乙提出将其持有的合伙企业的全部财产份额转让给杨某,经全体合伙人同意,并在如实告知企业财产状况和经营情况的前提下杨某入伙。杨某入伙前该企业资产总额为 10 万元,负债总额 5 万元。杨某入伙后,企业又经营了一年,亏损严重,决定清算。清算前企业总资产 12 万元,新发生的负债为 15 万元。总资产中含对刘某的债权 2 万元。

在清算偿债的过程中,出现以下争议:

(1) 甲认为自己欠刘某 2 万元,刘某欠合伙企业 2 万元,彼此可以相互抵消。

(2) 丙认为合伙企业全部负债中,欠宋某的 4 万元是因为甲违反合伙协议规定,私自签订合同标的为 60 万元的经济合同而形成的,虽然宋某不知道合伙企业内部限制性规定,但甲的行为属于超越权限,该债务应由甲个人承担,与合伙企业无关。

(3) 乙认为自己已经退伙,不再承担任何责任和义务。

(4) 丁认为甲是合伙事务执行人,且出资额最大,合伙企业资产不足以偿还全部债务所形成的差额部分应由甲个人承担,与其他合伙人无关。

(5) 杨某认为自己入伙时与乙签订有个人协议,自己只对入伙后的债务承担责任,对其合伙前合伙企业的债务不承担责任。

请回答下列问题:

(1) 原合伙协议有哪些违法之处?

(2) 合伙企业清算时,各位合伙人的观点是否正确?为什么?

(3) 若甲个人偿还合伙企业资产不足抵债的差额部分后,还能否向其他合伙人追索多偿还的部分?为什么?

3. 甲、乙、丙共同出资设立一家有限责任公司,并共同制定了公司章程草案,该公司章程草案要点如下:

(1) 公司注册资本总额为 60 万元。各方出资数额、出资方式以及缴付出资的时间分别为:甲出资 18 万元,其中货币出资 7 万元、著作权作价出资 11 万元,首次货币出资 2 万元,其余货币出资和著作权出资自公司成立之日起 1

年内缴足;乙出资 15 万元,其中设备作价出资 10 万元、特许经营权出资 5 万元,自公司成立之日起 6 个月内一次缴足;丙以货币 5 万元、厂房作价 22 万元出资,首次货币出资 3 万元,其余出资自公司成立之日起 3 年内缴足。

(2) 经理由董事会聘任,经理作为公司的法定代表人。在公司召开股东会会议时,出资各方行使表决权的比例为:甲按照注册资本 40% 的比例行使表决权;乙、丙分别按照注册资本 30% 的比例行使表决权。

(3) 公司分配红利时,出资各方依照以下比例进行分配:甲享有红利 30% 的分配权;乙享有红利 35% 的分配权;丙享有红利 35% 的分配权。

请回答下列问题:

(1) 公司章程草案中的出资方式、出资数额、出资时间是否符合《公司法》的有关规定? 说明理由。

(2) 经理作为公司的法定代表人是否符合《公司法》的有关规定? 说明理由。

(3) 公司章程规定的出资各方在公司股东会会议上行使表决权的比例是否符合《公司法》的有关规定? 说明理由。

(4) 公司章程规定的出资各方分红比例是否符合《公司法》的有关规定? 说明理由。

4. 2006 年 2 月,甲、乙两公司经多次协商,达成共同出资设立一新的有限责任公司(丙公司)的协议。该协议约定:① 甲公司出资 100 万元,其中货币 50 万元,著作权作价 50 万元;② 乙公司出资 200 万元,其中专利权作价 150 万元,商业信誉作价 50 万元;③ 丙公司在 A 地设立具有法人资格的分公司,独立进行经营活动;④ 丙公司设立 3 年后,双方按出资比例抽回各自出资的 30%。丙公司最终得以设立,2007 年 2 月,甲公司欲转让自己持有的丙公司股权的 50%,经多次谈判其与丁公司达成股权转让协议。依协议约定,丁公司将转让款 50 万元交付给甲公司,但丁公司到丙公司办理股权转让手续时,股东乙公司提出其不知道甲公司股权转让事宜,如甲公司转让其持有的丙公司股权,乙公司有权优先购买。

回答下列问题:

(1) 甲、乙签订的协议在内容上有哪些违法之处?

(2) 有限责任公司股东转让股权有哪些法律规定? 在本案中甲公司转让股权的做法是否符合相关法律规定?

5. 2006 年 5 月 1 日,甲、乙、丙、丁 4 公司经协商签订了一份协议,约定 4

方共同出资改造归甲所属的空调器厂,并把厂名定为宏达空调器有限责任公司,注册资本为20 000万元。其中:甲以旧厂房作价4 000万元,并以红星牌空调器商标折价1 000万元出资;乙以现金2 750万元出资,并以空调器生产技术折价2 250万元出资;丙、丁各以现金5 000万元出资;在合同生效后10日内4方资金必须到位,由甲负责办理公司登记手续。2006年6月1日,经在工商局注册登记,宏达公司成立,2006年8月1日,丙提出自己的公司因技术改造缺乏资金,要求抽回自己的出资,同时愿意赔偿其他股东的经济损失各50万元,宏达公司股东会经研究后没有同意丙的要求。2006年11月5日,甲公司提出将自己所持有股权的1/3转让给戊。

请回答下列问题:

(1)甲、乙、丙、丁约定的出资方式是否符合法律规定?为什么?

(2)对丙的要求,宏达公司股东会的决议是否正确?为什么?

(3)对甲的要求,应如何处理?

6. 某有限公司甲,因资不抵债,拟向法院申请破产。聘请你为律师,代理破产中的法律事务。经过一段时间工作,你掌握了以下情况:

(1)甲公司系在省工商行政管理局注册登记的工业企业。

(2)甲公司的债权人之一乙公司因追索250万元的货款而在一个月前起诉该企业,此案尚在审理中。

(3)甲公司欠当地工商银行贷款2 200万元,贷款时曾以该企业一套进口成套设备作为抵押,该套设备现值1 500万元。

(4)丙公司欠甲公司工程款180万,在甲公司破产申请受理后,某企业将其对甲公司的80万元债权转让给丙公司,丙公司主张其与甲公司的债务互相抵消。

(5)3个月前,甲公司放弃了对丁公司50万元的债权。

(6)戊公司在一年前将属本公司所有的一套机器设备租赁给甲公司。

(7)该企业资不抵债已达4 500万元。

回答下列问题:

(1)甲公司是否可以申请破产?应由谁受理?

(2)乙公司与甲公司之间尚未审结的追索货款之诉应如何处理?

(3)当地工商银行能否参加破产程序,申报破产债权?理由是什么?

(4)丙公司是否可以主张抵消?

(5)50万元如何处理?戊公司的设备如何处理?

### 三、热点新闻阅读

## 三鹿集团第一大股东石家庄乳业有限公司向
## 北京市第二中级人民法院申请安力嘉乳品(北京)有限公司破产案(节选)

石家庄乳业有限公司申请称,安力嘉乳品(北京)有限公司(以下称安力嘉公司)是石家庄三鹿集团股份(以下简称三鹿集团)在北京设立的全子公司,成立于2006年11月20日,注册资本3 000万元,公司类型为有限责任公司(法人独资),登记机关为北京市工商行政管理局。2008年2月,安力嘉公司与石家庄乳业有限公司签订一份借款协议,约定石家庄乳业有限公司向安力嘉公司提供1 000万元人民币流动资金贷款,贷款的利息为7.47%,贷款期限为一年。石家庄乳业有限公司已于2008年2月20日将款项支付给安力嘉公司。2008年9月,三鹿集团因涉嫌生产、销售伪劣产品被责令停止生产、销售,被申请人安力嘉公司作为三鹿集团的全资子公司也随即全面停产、停业。

2009年2月10日,石家庄中级人民法院依法裁定宣告三鹿集团破产。审计报告显示,截至2008年12月31日,被申请人安力嘉公司的资产总额为1 673.58万元,负债总额为9 774.59万元,资产负债率584.05%,所有者权益-8 101.01万元。至2009年,安力嘉公司依然处于停业状态,且未能履行还款义务。

现申请人石家庄乳业有限责任公司以安力嘉公司不能清偿债务且将丧失清偿能力为由,依《中华人民共和国企业破产法》规定,向二中院申请安力嘉公司破产。

据悉,三鹿公司的全资子公司包括石家庄三鹿贸易有限公司、石家庄群冠科贸有限公司、安力嘉乳业有限公司。安力嘉公司由于注册地在北京朝阳区,故在北京二中院申请破产。

自"三聚氰胺"奶粉事件发生以来,社会呼吁司法介入的声音就从未停歇。2009年以后,三鹿案件的善后工作进行了程序性转折,从最初的"政府主导型"逐渐转换为司法主导型,大量破产和赔偿案件也相继进入到诉讼程序中。

# 模块三

## 市场规制法

　　市场规制法是调整在国家权力直接干预市场、调节市场结构、规范市场行为、维护市场秩序、保护和促进公平竞争的过程中产生的各种经济关系的法律规范的总称。

　　对市场主体行为的引导和保护，可以加强对市场主体的约束，协调个体利益和整体利益、社会利益的矛盾，防范和制止市场机制作用与宏观调控作用的冲突。经济法通过发挥市场规制法的作用，实现对市场主体行为的引导和保护，促进市场机制与宏观调控机制的耦合。市场规制法是调整生产经营规制关系、市场竞争关系和市场监管关系的法；市场规制法应尊重价值规律、供求规律和竞争规律，遵循依法适度管理的原则，统一规制、分级监管的原则，维护公平竞争的原则，保护弱者和消费者合法权益的原则和违法行为法定原则等。市场规制法在我国市场经济建设中具有极为重要的地位。

### 学习目标

#### 一、知识目标

1. 掌握消费者的概念和特征。
2. 了解消费者的基本权利及经营者的基本义务。
3. 熟悉消费者权益争议的解决途径和赔偿责任主体。
4. 熟悉不正当竞争和垄断行为的概念和种类。
5. 了解相关监督检查部门的权力和程序。

#### 二、能力目标

1. 能够运用消费者权益保护法解决实际消费纠纷，确定各方的权利和义务。
2. 掌握8种不正当竞争行为和4种垄断行为的法律界定的规定。
3. 养成正当竞争的法律意识，能够运用法律手段应对不正当竞争行为和非法垄断行为。

# 项目一　消费者权益保护法律制度与实训

**项目情境**

1998年9月,王海起诉至一审法院,称其在该市华联商厦购买的40台电话台灯无电话入网证,灯具部分有4项不符合国家强制性规定,要求华联商厦退货、道歉,并双倍赔偿。华联商厦辩称:王海购买10分钟后即持检测报告及发票来索赔,说明其行为不是为了生活消费,故只同意退货还款。一审法院判决华联商厦退货还款。王海不服上诉,二审法院认为,王海是在得知有关部门对该电话台灯的检验结果不符合国家标准,禁止生产和销售的情况下去购买的,故不适用《中华人民共和国消费者权益保护法》(以下简称《消费者权益保护法》,2014年3月15日,由全国人大修订的新版《消费者权益保护法》实施,此前的双倍赔偿条款在新法第55条中做了修改)。

请讨论分析:

(1)非为本人消费需要而只为获得赔偿而实施购买行为的是否属于消费者?

(2)"知假买假"能否适用《消费者权益保护法》第55条?

**任务描述**

(1)非为本人生活需要而只为获得赔偿的购买者不属于消费者。因为在法律规定上消费者是指为生活消费需要而购买商品或者接受服务的个人。

(2)我国《消费者权益保护法》第55条规定:经营者提供商品或者服务有欺诈行为的,应当按照消费者的要求增加赔偿其受到的损失,增加赔偿的金额为消费者购买商品的价款或者接受服务的费用的三倍,增加赔偿的金额不足500元的,为500元。

首先,根据上述,知假买假的人不属于消费者。知假买假者购买商品的目的不是基于其生存的满足而是营利,而营利已可归入人的发展权的范畴,与《消费者权益保护法》所要保护的不是一个层次上的权利。另外,消费者与经营者试图建立的是买卖合同关系,而买卖合同属转移财产所有权的合同,这就要求双方当事人应当具有转移财产所有权的意思。而"知假买假"者的目的显然不是为取得该假冒伪劣商品所有权,所以他们虽有购买的意思表示,但该意思表示因请求退赔而表明与消费者取得商品所有权的意思并不一致。因而,知假买假者不但不符合《消费者权益保护法》关于消费者的定义,也不符合立法的本意。

其次,知假买假因不符合对消费者倾斜保护的立法本意而不应适用赔偿条款。《消费者权益保护法》规定赔偿条款的目的在于对消费者进行倾斜性保护。消费者相对于经营者来说是弱势群体,他们保护自己的手段、识别商品的知识和手段、鉴别商品质量缺陷和追究责任原因的方法等,一般都是难以具有的。消费者个人的财力常不及经营者的"零头",因此出现问题给消费者带来的损失和损害,常常是消费者及其家庭所难以承受的。《消费者权益保护法》之所以规定了经营者要三倍赔偿这一惩罚性条款,正是基于消费者相对于经营者处于弱势这一事实,这是给予消费者专门立法给予倾斜保护的理论根据。然而,知假买假者故意买假后索赔,表明他们与经营者具有相同的盈利目的和大致相等的认识力和交涉力,而不是像消费者一样处于相对弱势,这样,就使三倍赔偿失去了其适用的法理基础。

由以上可看出,知假买假现象不仅不符合《消费者权益保护法》关于消费者的规定,也不符合设立"三倍赔偿"的弱势保护的立法目的,因而对于知假买假者不应适用《消费者权益保护法》第55条的规定。

## 任务分析

消费者权益保护法是一个"新兴"的法种。有关消费者、消费者问题、消费者运动及该部门法自身都是社会发展到商品经济阶段的产物。在商品经济社会,消费者是弱者。所以,在消费者权益保护法的结构、内容及程序等方面,都突出了保护弱者的现代立法趋势,也体现着经济立法的社会化倾向。消费者权益保护法不仅保护着消费者个体的权益,而且保障着社会经济秩序和社会整体利益。由于消费者的弱势及消费者权益保护法的宗旨,消费者权益保护法确立了特别保护、国家支持、社会监督、诚实信用等基本原则。对消费者权利的保护是消费者权益保护法的基本内容,其一方面从法律上规定了消费者的众多权利,另一方面又规定了经营者的义务。在现实经济生活中,消费者权益争议十分普遍,消费者权益保护法确立了多种渠道解决消费者与经营者之间的争议。在消费者权益受到损害时,无论是生产者还是销售者、仓储者都有可能成为赔偿责任的主体,但为了消费者利益的保护,法律规定了在一定的情况下经营者之间承担连带责任。

## 一、消费者的概念

消费者是指为生活消费需要而购买、使用商品或者接受服务的个人。对《消费者权益保护法》中的消费者的理解,应注意以下几个方面:

(1)消费性质必须是生活消费,包括商品的消费和服务的消费。

(2)消费的客体是商品或服务。商品既包括工业品,也包括农产品,而且应是进入流通领域的商品。

(3)消费的方式包括购买、使用和接受。购买和使用针对的对象是商品,接受针对的对象是服务。《消费者权益保护法》将购买和使用分开,意味着,如果不是购买者而是使用者在使用中权益受到损害,则并不影响其消费者的身份。

(4)消费的主体仅限于个人,企业、事业单位与社会团体等被排除在消费者之外。

此外,农民购买使用直接用于农业生产的生产资料,参照《消费者权益保护法》执行。如农民王某从某种子站购买了5种农作物良种,正常耕作后有3种农作物分别减产30%,40%,50%。经鉴定,这3种种子分别属于假良种。该纠纷可以参照适用《消费者权益保护法》,王某可以选择向消费者协会投诉的方式解决争议。

## 二、消费者的权利

### 1. 消费者的安全权

安全是一种人们最基本的心理需要,国家和社会有义务为人们提供一个安全的生活环境。由此,获得安全保障就成为人们一项最基本的权利。

这里所称的消费者安全权,是指消费者在购买、使用商品和接受服务时享有的人身、财产安全不受损害的权利。

### 2. 消费者的知悉真情权

知情权是指消费者享有知悉其购买、使用商品或接受服务的真实情况的权利。运用这一权利,消费者可以要求经营者提供商品的价格、产地、生产者、性能、用途、等级、主要成分、生产日期、有效期限、检验合格证明、使用方法、说明书等,从而有选择地与经营者进行交易。但消费者不可滥用这一权利,如要求经营者提供商业秘密或技术秘密,经营者有权拒绝回答。

3. 消费者的选择权

选择权是指消费者享有自主选择商品或者服务的权利,该权利包括以下几个方面:

(1)有权自主选择提供商品或者服务的经营者。

(2)有权自主选择商品品种或者服务方式。

(3)有权自主决定购买或者不购买任何一种商品、接受或不接受任何一项服务。

(4)有权对商品或者服务进行比较、鉴别和挑选。

4. 消费者的公平交易权

公平交易权是指消费者在购买商品或接受服务时所享有的获得质量保障、价格合理、计量正确等公平交易条件的权利。此外,消费者还有拒绝经营者的强制交易行为的权利,这与消费者权益保护法的基本原则也是一致的。

公平交易是市场经济的一项准则。在市场交易过程中,相对于经营者而言,受各种因素的影响,消费者明显处于弱者地位,最易受到不公平待遇。因此,赋予消费者以公平交易权,对维护消费者权益是至关重要的。

5. 消费者的求偿权

依法求偿权是指消费者在因购买、使用商品或接受服务受到人身、财产损害时,依法享有的要求并获得赔偿的权利。依法求偿权是弥补消费者所受损害必不可少的救济性权利。

6. 消费者的结社权

依法结社权是指消费者为维护自己的权益,成立消费者团体的权利。这是宪法规定的结社权在消费领域的具体体现。

结社权作为法律赋予消费者的一项重要权利,消费者应该十分珍惜。消费者通过结社可形成自己有组织的力量,与不法经营者相抗衡,形成完备的对消费者的保护机制。

7. 消费者的受教育权

受教育权是指消费者享有获得消费和消费者权益保护方面的知识以及获得所需商品或服务的知识和使用技能的权利。这项权利具有双重性,既是消费者的权利,也是消费者的义务。

8. 消费者的尊严权

尊严权是消费者在购买、使用商品、接受服务时享有的人格尊严、民族风俗习惯受到尊重的权利,主要指公民的姓名、名誉、荣誉、肖像等方面的权利。我国是一个多民族的国家,由于政治、经济、地理、历史等环境不同,各少数民族在自己长期的生产、生活过程中,逐渐形成各具特色的民族风俗习惯,这些民族风俗习惯在消费过程中应得到尊重。

9. 消费者的监督权

监督权是指消费者享有对商品和服务以及保护消费者权益工作进行监督和督导的权利,即消费者有权检举、控告侵害消费者权益的行为和国家机关及其工作人员在保护消费者权益工作中的违法、失职行为,有权对保护消费者权益工作提出批评、建议。

### 三、经营者的义务

1. 依法定或约定履行义务

经营者向消费者提供商品或服务时,应当履行法律、法规规定的经营者应承担的义务。如不履行,将承担相应的法律后果。这种法定义务除《消费者权益保护法》有规定的外,还散见于其他法律、法规中。此外,经营者和消费者有约定的,应当按照约定履行义务,但双方的约定不得违背法律、法规的规定。

经营者提供商品或服务,按照国家规定或与消费者的约定,承担包修、包换、包退或其他责任的,应当按照国家规定或约定履行,不得故意拖延或无理拒绝。

2. 听取意见和接受监督

这是与消费者的监督批评权相对应的经营者的义务。经营者应当听取消费者对其提供的商品或者服务的意见,接受消费者的监督。

经营者可以通过与消费者面对面的交流、书面征询消费者对商品或服务的意见或建议、从新闻媒介处了解消费者对商品和服务的看法等方式听取消费者意见。经营者可以通过设立意见箱、意见簿以及投诉电话等方式接受消费者的监督,及时处理消费者的投诉。

3. 保障人身和财产安全

这是与消费者的保障安全权相对应的经营者的义务。它要求经营者应当保证其提供的商品或者服务符合保障人身、财产安全的要求,对可能危及人身财产安全的商品和服务,应当向消费者做出真实的说明和明确的警示,并说明和标明正确使用商品或者接受服务的方法以及防止危害发生的方法。

经营者发现其提供的商品或者服务存在严重缺陷,即使正确使用商品或者接受服务仍然可能对人身、财产安全造成伤害的,应当立即向有关行政部门报告和告知消费者,并采取防止危害发生的措施。

4. 提供真实信息

这是与消费者的知悉真情权相对应的经营者的义务。经营者应当向消费者提供有关商品或服务的真实信息,并不得作引人误解的虚假宣传。经营者对消费者就其提供的商品或者服务质量和使用方法等问题提出的询问,应当做出真实、明确的答复。商店提供的商品应当明码标价。

5. 标明真实名称和标记

经营者提供商品或者服务,应当标明其真实名称和标记。租赁他人柜台或者场地的经营者,应当标明其真实名称和标记。这项义务要求经营者在进行经营活动中,必须如实标明自己的名称或者标记,而不得假冒其他经营者的名称或标记,以便消费者能对其准确识别,做出正确选择。

6. 出具相应的凭证单据

经营者提供商品或者服务,应当按照国家有关规定或者商业惯例向消费者出具发票等购买凭证或服务单据。

7. 提供符合要求的商品或服务

经营者应当保证在正常使用商品或者提供服务的情况下说明其提供的商品或服务应当具有的质量、性能、用途和有效期限;但消费者在购买该商品或接受该服务前已经知道其存在瑕疵的除外。此外,经营者以广告、产品说明、实物样品或其他方式表明商品或者服务质量状况的,应当保证其提供的商品或服务的实际质量与表明的质量状况相符。

8. 不得从事不公平、不合理的交易

这是与消费者的公平交易权相对应的经营者的义务。经营者不得以格式条款、通知、声明、店堂告示等方式做出对消费者不公平、不合理的规定,或者减轻、免除经营者损害消费者合法权益所应当承担的民事责任。

此外,格式条款、通知、声明、店堂告示等含有对消费者做出的不公平、不合理的规定或减轻、免除经营者损害赔偿责任等内容的,其内容无效。

9. 不得侵犯消费者的人格尊严和人身自由

人身自由和人格尊严是我国公民的一项基本权利。消费者的人身自由、人格尊严不受侵犯。经营者不得对消费者进行侮辱、诽谤,不得搜查消费者的身体及其携带的物品,不得侵犯消费者的人身自由。

### 四、消费者权利的法律保护

**（一）国家和社会对消费者合法权益的保护**

依据我国《消费者权益保护法》第4章的规定，国家对消费者的合法权益的保护主要体现在以下几个方面。

**1．立法机关的保护**

国家在制定有关消费者权益的法律、法规时，应当听取消费者和消费者协会的意见和要求。对消费者的正确意见要在消费者保护法中予以反映，使其成为国家意志。

**2．行政机关的保护**

各级人民政府应当加强领导，组织、协调、督促有关行政部门做好保护消费者合法权益的工作。各级人民政府应当加强监督，预防危害消费者人身、财产安全的行为。

各级人民政府工商行政管理部门和其他有关行政部门应当依照法律、法规的规定，在各自的职责范围内，采取措施，保护消费者合法权益。其他相关行政部门的监督包括技术监督部门对产品质量的监督，计量部门对计量工作的监督，进出口卫生监督部门对食品卫生、药品的生产经营的监督，物价管理部门对物价的监督，进出口商品检验部门对商品的质量、规格、重量和包装等的监督。此外，有关行政部门应当听取消费者及其社会团体对经营者交易行为、商品和服务质量问题的意见，及时调查处理。

**3．司法机关的保护**

这是指人民法院依照法律、法规的规定，对经营者在提供商品和服务中侵害消费者合法权益构成犯罪的行为进行惩罚，对消费者的合法权益进行保护。

**（二）社会对消费者合法权益的保护**

《消费者权益保护法》第6条明确规定，保护消费者的合法权益是全体社会的共同责任。国家鼓励、支持一切组织和个人对损害消费者合法权益的行为进行社会监督。大众传播媒介应当做好维护消费者合法权益的宣传，对损害消费者合法权益的行为进行舆论监督。在这方面消费者组织起着极为重要的作用。

消费者组织是指依法成立的对商品和服务进行社会监督的保护消费者合法权益的社会团体。各级人民政府对消费者组织履行的职能应当予以支持。消费者协会的职能：① 向消费者提供消费信息和咨询服务；② 参与制定有关消费者权益的法律、法规、规章和强制性标准；③ 参与有关行政部门对商品、服务的监督、检查；④ 就有关消费者合法权益的问题，向有关行政部门反映、查询，提出建议；⑤ 受理消费者的投诉，并对投诉事项进行调查、调解；⑥ 投诉事项涉及商品、服务质量问题的，可以提请鉴定部门鉴定，鉴定部门应当告知鉴定结论；⑦ 就损害消费者合法权益的行为，支持受损害的消费者提起诉讼；⑧ 对损害消费者合法权益的行为通过大众传播媒介予以揭露、批评。

**五、争议的解决**

消费者权益争议是指在消费领域发生的，消费者在购买、使用商品或接受服务的过程中，因经营者不依法履行或者不适当履行义务，使消费者的合法权益受到损害而引起的争议。

（一）争议的解决途径

根据我国《消费者权益保护法》的规定，消费者和经营者发生消费者权益争议的可以通过下列途径解决。

1. 与经营者协商和解

这是指经营者和消费者双方在平等、自愿、互谅的基础上就与争议有关的问题达成和解协议，使纠纷得以解决的活动。这是一种最快速、最方便的解决方式。

2. 消费者协会调解

依据我国《消费者权益保护法》的有关规定，消费者协会具有调解消费者权益争议的职能。当经营者和消费者就消费者权益争议不能通过和解方式解决时，消费者可请求第三人——消费者协会调解，消费者协会的调解应在自愿、合法的基础上进行。

3. 行政申诉

当经营者和消费者就消费者权益争议不能通过和解方式解决时，消费者也可以直接向有关行政部门申诉。申诉时应根据商品和服务的性质向执行有关职能的行政部门提出。有关行政机关对受理的消费争议，应及时审查，获取证据，分清责任，可在自愿、合法的前提下，组织双方调解，达成协议。如发现经营者违反法律、行政法规，应承担行政责任时，可依法对其予以行政处罚；发现有犯罪嫌疑的，应移交司法机关处理。

4. 仲裁

仲裁是指双方当事人在争议发生之前或之后达成协议,自愿将争议交由第三方做出裁决,以解决争议的法律制度。消费者与经营者产生消费争议后,如果双方协商和解不成,可凭事前或事后达成的仲裁协议向仲裁机关申请仲裁。

5. 提起诉讼

消费争议发生后当事人在没有仲裁协议的情况下,可以向人民法院提起诉讼,其中包括民事诉讼、刑事诉讼和刑事附带民事诉讼,但主要是民事诉讼。

(二) 赔偿责任主体的确定

1. 由生产者、销售者、服务者承担

(1) 消费者在购买、使用商品时,其合法权益受到损害的,可以向销售者要求赔偿。销售者赔偿后,属于生产者的责任或者属于其他销售者的责任的,销售者有权向生产者或者其他销售者追偿。

(2) 消费者或者其他受害人因产品缺陷造成人身、财产损害的,可以向销售者要求赔偿,也可以向生产者要求赔偿。属于生产责任的,销售者赔偿后,有权向生产者追偿。

(3) 消费者在接受服务时,其合法权益受到损害的,可以向服务者要求赔偿。

(4) 消费者在展览会、租赁柜台购买商品或接受服务,其合法权益受到损害的,可以向销售者或服务者要求赔偿。展览会结束或柜台租赁期满的,也可以向展览会的举办者、柜台的出租者要求赔偿。展览会的举办者、柜台的出租者赔偿后,有权向销售者或者服务者追偿。

2. 由变更后的企业承担

消费者在购买、使用商品或接受服务时,其合法权益受到损害,因原企业分立、合并的,可以由变更后承担权利义务的企业赔偿。

3. 由营业执照的使用人或者持有人承担

使用他人营业执照的违法经营者提供的商品或者服务,损害消费者合法权益的,消费者可以向其要求赔偿,也可以向营业执照的持有人要求赔偿。

4. 由从事虚假广告行为的经营者和广告的经营者承担

消费者因经营者利用虚假广告提供商品或者服务,其合法权益受到损害的,可以向经营者要求赔偿。广告的经营者发布虚假广告的,消费者可以请求行政主管部门予以惩处。广告的经营者不能提供经营者的真实名称、地址的,应当承担赔偿责任。

## 六、法律责任

### (一)民事承担的责任

1. 因提供的商品式服务质量问题应承担民事责任的规定

经营者提供商品或者服务有下列情形之一的,除《消费者权益保护法》另有规定外,应当按照《中华人民共和国产品质量法》(以下简称《产品质量法》)和其他有关法律、法规的规定,承担民事责任。

(1)商品或服务存在缺陷的。

(2)不具备商品应当具备的使用性能而在出售时未作说明的。

(3)不符合在商品或者其包装上注明采用的商品标准的。

(4)不符合商品说明、实物样式等方式表示的质量状况的。

(5)生产国家明令淘汰的产品或者销售失效、变质的商品的。

(6)销售的商品数量不足的。

(7)服务的内容和费用违反约定的。

(8)对消费者提出的修理、重作、更换、退货、补足商品数量、退还货款和服务费用或者赔偿损失的要求,故意拖延或无理拒绝的。

(9)法律、法规规定的其他损害消费者权益的情形。

2. 侵犯人身权承担民事责任的专门规定

(1)经营者提供商品或者服务,造成消费者或者其他受害人人身伤害的,应当支付医药费、治疗期间的护理费、因误工减少的收入等费用;造成残疾的,还应当支付残疾者生活自助用具费、生活补助费、残疾赔偿金以及由其抚养的人所必需的生活费等费用。

(2)经营者提供商品或者服务,造成消费者或者其他受害人死亡的,应当支付丧葬费、死亡赔偿金以及由死者生前抚养的人所必需的生活费等费用。

(3)经营者侵害消费者的人格尊严或者侵犯消费者人身自由的,应当停止侵害、恢复名誉、消除影响、赔礼道歉,并赔偿损失。

3. 侵犯财产权承担民事责任的专门规定

(1)经营者提供商品或者服务,造成消费者财产损害的,应当按照消费者的要求,以修理、重作、更换、退货、补足商品数量、退还货款和服务费用或者赔偿损失等方式承担民事责任。消费者与经营者另有约定的,按照约定履行。

(2)对国家规定或者经营者与消费者约定包修、包换、包退的大件商品,消费者要求经营者修理、重作、更换、退货的,经营者应当承担运输等合理费用。

（3）经营者以邮购方式提供商品的,应当按照约定提供。未按照约定提供的,应当按照消费者的要求履行约定或者退回货款,并应当承担消费者必须支付的合理费用。

（4）经营者以预收款方式提供商品或者服务的,应当按照约定提供。未按照约定提供的,应当按照消费者的要求履行约定或者退回预付款,并应承担预付款的利息和消费者必须支付的合理费用。

（5）依法经有关行政部门认定为不合格的商品,消费者要求退货的,经营者应当负责退货。

（6）经营者提供商品或服务有欺诈行为的,应当按照消费者的要求增加赔偿其受到的损失,增加赔偿的金额为消费者购买商品的价款或者接受服务的费用的 3 倍;增加赔偿的金额不足五百元的,为五百元。

（二）行政责任的承担

经营者有下列情形之一,除承担相应的民事责任外,其他相关法律、法规对处罚机关和处罚方式有规定的,依照法律、法规的规定执行;法律、法规未作规定的,由工商行政管理部门或其他有关行政部门责令改正,可以根据情节单处或者并处警告、没收违法所得、处以违法所得 1 倍以上 10 倍以下的罚款,没有违法所得的,处以 50 万元以下的罚款;情节严重的,责令停业整顿、吊销营业执照。

（1）商品或服务不符合保障人身、财产安全要求的。

（2）在商品中掺杂、掺假、以假充真、以次充好,或者以不合格商品冒充合格商品的。

（3）生产国家明令淘汰的商品或者销售失效、变质的商品的。

（4）伪造商品的产地,伪造或者冒用他人的厂名、厂址,篡改生产日期,伪造或者冒用认证标志、名优标志等质量标志的。

（5）销售的商品应当检验、检疫而未检验、检疫或者伪造检验、检疫结果的。

（6）对商品或者服务作虚假或引人误解的宣传的。

（7）拒绝或者拖延有关行政部门责令对缺陷商品或者服务采取停止销售、警示、召回、无害化处理、销毁、停止生产或者服务等措施的。

（8）对消费者提出的修理、重作、更换、退货、补足商品数量、退还货款和服务费用或者赔偿损失的要求,故意拖延或者无理拒绝的。

（9）侵害消费者人格尊严、侵犯消费者人身自由或者侵害消费者个人信息,依法得到保护的权利的。

（10）法律、法规规定的对损害消费者权益应当予以处罚的其他情形。

（三）刑事责任的承担

依照我国《消费者权益保护法》的有关规定,追究刑事责任的情况主要包括以下几方面:

（1）经营者提供商品或者服务,造成消费者或者其他受害人人身伤害构成犯罪的。

（2）经营者提供商品或者服务造成消费者或者其他受害人死亡,构成犯罪的。

（3）以暴力、威胁等方式阻碍有关行政部门工作人员依法执行职能的。

（4）国家机关工作人员玩忽职守或者包庇经营者侵害消费者合法权益的行为情节严重、构成犯罪的。

# 项目二　产品质量法律制度与实训

**项目情境**

2004 年 12 月 27 日,华昌宝马公司向国家质量监督检验检疫总局递交召回报告,计划召回 2004 年 5 月 15 日至 12 月 17 日期间生产的 BMW520 和 BMW521 两个型号轿车 1 685 辆,因其车门一侧加热器存在缺陷,可能造成伤害,虽尚未有人投诉,亦决定予以召回。

自我国 2004 年 3 月公布《缺陷产品的管理规定》起至 2005 年 9 月,已有 21 家国内外汽车制造厂,实施 29 次主动召回,涉及车型 33 种,召回车辆 339 696 辆。

请讨论分析:

(1) 产品召回制度的概念、特征和意义。

(2) 为什么汽车厂商愿意主动召回有缺陷的汽车?

**任务描述**

(1) 缺陷产品召回制度是指对于流通中存在缺陷的产品,在可能导致损害发生的情况下,产品生产经营者采取发布公告、通知等措施敦促消费者交回缺陷产品,经营者采取有效措施消除缺陷、防止损害发生的一种事先救济措施,以求防患于未然或将损失最小化。

该制度具有如下特点:

首先,缺陷产品召回制度是一种针对具有同一性、系统性缺陷的产品采取的事先救济措施。在产品造成损害的事实尚未发生前采取召回措施,目的在于防止损害发生。这也是其与"三包"制度的主要区别,因为"三包"制度主要针对个别产品出现的个别问题,主要解决的是非系统性缺陷。

其次,缺陷产品召回制度是质量担保的补充形式,并不是经营者承担的附加产品义务。因为经营者对产品质量负有的担保义务是持续的、多环节的,对于存在缺陷但尚未造成损害发生的产品,理应负有担保义务。

再次,缺陷产品召回制度具有明显的社会利益导向。因为产品召回面向众多消费者,这无疑会增加企业的额外经营成本。可是,缺陷产品的召回必然有利于消费者的身体健康和财产安全以及社会整体利益。

最后,缺陷产品召回制度有主动召回和强制召回两种方式。前者主要基于经营者的商业道德和经营环境,后者则具有立法的强制力。

(2)汽车生产商愿意主动召回其生产的缺陷产品,主要是《缺陷汽车产品召回管理规定》所要求的,而且实施缺陷汽车产品召回有利于汽车生产商的长远发展。

在现代社会,市场的竞争已经发展到质量和服务(特别是售后服务)的竞争,产品质量的好坏直接关系到厂商的发展。汽车在我国已经越来越普及,其市场潜力十分巨大,对于有缺陷的汽车,生产厂家主动召回,不仅体现了厂商对产品质量的责任,更体现了厂商对消费者权益的尊重及厂商的社会责任,这是厂商赢得消费者信赖、与消费者建立长期友好关系的重要保证。同时,对于缺陷汽车的召回也是我国国务院行政法规明确规定的,厂商的这种做法也体现了其合法经营、守法经商的诚意,同样也会赢得社会的认同,无论对社会还是对厂商自身的发展都是有益无害的。

### 任务分析

我国产品质量法律制度包括产品质量监督管理制度与产品质量责任制度两个方面。产品质量监督管理制度由一系列互相联系、互相依存、自成体系的各项制度组成,如工业产品生产许可证制度、产品质量标准制度、企业质量体系认证制度、产品质量认证制度、产品质量监督制度、产品质量检查制度、缺陷产品召回制度等。在产品质量管理中,法律强调了生产者和销售者的产品质量责任和义务。我国产品质量责任制度不同于西方产品责任制度。该制度提出了独有的"产品质量责任"的概念,并对生产者和销售者的产品责任适用不同的归责原则,这亦是我国产品质量法的一大特色。

### 一、产品的概念

产品质量法中的产品是指经过加工、制作,用于销售的物品。

(1)天然的物品、非用于销售的物品,不属于本法所说的产品。

(2)由于建设工程、军工产品在质量监督管理方面的特殊性,所以它们被排除在该法所称的产品范围之外,另有专门的法律予以调整。

(3)建设工程所用的建筑材料、建筑构配件和设备、军工企业生产的民用产品,适用该法的规定。

（4）因该设施、该产品造成损害的赔偿责任，法律、行政法规另有规定的，依照其规定。

**练一练**

甲公司是一家建筑公司，与乙建材公司签订了水泥和原砂的买卖合同。在合同履行时，水泥不符合合同约定的标号，原砂也不符合合同约定的压强标准，双方因此发生争议。关于此争议适用的法律，以下说法正确的是（    ）。

A．这两种建材都适用《产品质量法》

B．这两种建材都不适用《产品质量法》

C．原砂适用《产品质量法》

D．水泥适用《产品质量法》，原砂适用其他法律

### 二、产品质量的监督与管理

《产品质量法》第 2 章主要规定了国家对产品质量的监督、管理。但从产品质量法体系看，必须加强企业对产品质量的全方位、全过程的管理和监督，实行全面质量管理，包括自检、互检、外检、内检、先检、后检。此外，还应强调社会监督，包括用户、消费者的监督。

《产品质量法》第 8 条规定了我国产品质量监督、管理体制。国务院产品质量监督部门（即国家质量监督检验检疫总局）主管全国产品质量监督工作。国务院有关部门在各自的职责范围内负责产品质量监督工作。县级以上地方产品质量监督部门主管本行政区域内的产品质量监督工作。县级以上地方人民政府有关部门在各自的职责范围内负责产品质量监督工作。

（一）产品质量管理制度

1. 认证制度

《产品质量法》规定了企业质量体系认证和产品质量认证两种认证制度。

（1）国家根据国际通用的质量管理标准，推行企业质量体系认证制度。企业根据自愿原则，可以向国务院产品质量监督部门认可的或者国务院产品质量监督部门授权的部门认可的认证机构申请企业质量体系认证。经认证合格的，由认证机构颁发企业质量体系认证证书。

（2）国家参照国际先进的产品标准和技术要求，推行产品质量认证制度。

企业根据自愿原则,可以向国务院产品质量监督部门认可的或者国务院产品质量监督部门授权的部门认可的认证机构申请产品质量认证。经认证合格的,由认证机构颁发产品质量认证证书,准许企业在产品或者其包装上使用产品质量认证标志。

2003年国务院通过并公布了《中华人民共和国认证认可条例》(以下简称《认证认可条例》),原有关条例废止。《认证认可条例》统一了认证制度,并分别确立了认证和认可两种制度。其第2条规定,认证是指认证机构证明产品、服务、管理体系符合相关技术标准、相关技术规范的强制性要求或者标准的合格评定活动。可见,认证包括产品、服务(以往认证条例无此内容)和管理体系。该条例还规定,认可是指认可机构对认证机构、检查机构、实验室以及从事评审、审核等认证活动的人员的能力和执业资格,予以承认的合格评定活动。

2. 生产许可证制度

2002年4月,国家质量监督检验检疫总局发布了《工业产品生产许可证管理办法》。其第2条规定,国家对保护国家安全、保护人类健康安全、保护动植物生命健康、保护环境等重要工业产品实施生产许可证制度。国家统一制定并公布《实施工业产品生产许可证制度的产品目录》(以下简称《目录》)。

凡在我国境内生产、销售列入《目录》的产品,其生产许可证的申请、审查、发证和换证以及标记的使用,都应遵守《工业产品生产许可证管理办法》。任何企业、单位和个人未取得生产许可证不得生产《目录》中的产品。

3. 产品质量监督制度

产品质量监督,从广义上讲,是指国家、社会、用户、消费者以及企业自身等,对产品质量和产品质量认证体系所做的检验、检查、评价、措施等一系列活动的总称。

(1) 产品抽查制度

国家对产品质量实行以抽查为主要方式的监督检查制度,对可能危及人体健康和人身、财产安全的产品,影响国计民生的重要产业产品以及消费者、有关组织反映有质量问题的产品进行抽查。抽查的样品应当在市场上或者企业成品仓库内的待销产品中随机抽取。监督抽查工作也由国务院产品质量监督部门规划和组织,县级以上地方产品质量监督部门在本行政区域内也可以组织监督抽查。

国家监督抽查的产品,地方不得另行重复抽查,上级监督抽查的产品,下级不得另行重复抽查。

根据监督抽查的需要,可以对产品进行检验。检验抽取样品的数量不得超过检验的合理需要,并不得向被检查人收取检验费用。监督抽查所需检验费用按照国务院规定列支。生产者、销售者对抽查检验的结果有异议的,可以自收到检验结果之日起 15 日内向实施监督抽查的产品质量监督部门或者其上级产品质量监督部门申请复检,由受理部门做出复检结论。

监督抽查的产品质量不合格的,由实施监抽查部门责令生产者或销售者改正;逾期不改正的,由省级政府产品质量监督部门予以公告;公告后复查仍不合格的,责令停业,限期整顿;整顿期满后经复查仍不合格的,吊销营业执照。

(2)产品召回制度

产品召回制度是指由于生产者的原因造成某批或者某类别的产品为不安全的缺陷产品,生产者按照规定程序,通过换货、退货、补充或修正等方式,及时消除或减少产品安全危害的活动。

产品召回制度是企业社会责任感最直接、最切实的具体体现,其在市场经济发达国家已是一项相当普遍的制度。我国以往的和现行的法律、法规中关于"三包"的规定已经体现出召回制度的立法精神。进入 21 世纪,我国更加快了召回制度立法的步伐,如 2004 年的《缺陷汽车产品召回管理规定》、2007 年的《食品召回管理规定》以及《儿童玩具召回管理规定》,《家用电器产品召回管理规定》等也在制定中。我国的产品召回制度正在逐步形成和完善。

从已有的产品召回法规可以看出有关产品召回制度的基本规定,包括召回的概念和种类、缺陷产品的危害调查、风险评估、召回级别和召回的实施、召回评估和监督,以及法律责任(罚则)。

《食品召回管理规定》的立法宗旨是为了加强食品安全监管,避免和减少不安全食品的危害,维护消费者的身体和生命安全。所称"不安全食品",是指有证据证明对人体健康已经或者可能造成危害的食品。所称"召回",是指食品生产按照规定的程序,对其生产原因造成的某一批或某类别的不安全食品,通过换货、退货、进货、补充或修正消费说明等方式消除或减少食品安全危害的活动。

召回分主动召回和指令召回(责任召回)。两种召回制度都要履行必要程序,如报告、发布信息、停止经营、销售、实施产品召回、召回评估和监督、召回后的处理和法律责任等。《食品召回管理规定》将召回分为 3 个级别,并分别规定了不同的召回日期。食品召回并不能免除生产者应承担的其他法律责任,但主动召回的可依法从轻或减轻处罚。

缺陷产品召回制度是为了紧急消除和及时预防缺陷产品给人们造成健康损害、生命危害和财产损失的一种预防为主、防治结合的现代经营管理制度。召回过程中对已经造成的损失和损害,应该依侵权制度处理;但多数大批量的缺陷产品只是存在不安全的风险,往往尚未造成实际损失,召回过程中如给消费者带来不便和损失,也只能以合同违约的责任处理。

召回制度是培育生产者、经营者的社会责任心的一种制度。生产者、经营者通过召回制度不仅能够避免和减少对消费者利益造成的损失,维护消费者的权益,而且能够帮助企业自救,避免自身遭受更大损失。召回制度使企业的个体利益与社会责任(社会整体利益)结合起来,尤其在企业主动召回时更能有所体现。这种现代经营管理制度在企业界应该更为扩展和加强。

### 三、生产者对产品质量负有的责任和义务

(一)产品内在质量符合法定要求

(1)不存在危及人身、财产安全的不合理的危险,有保障人体健康和人身、财产安全的国家标准、行业标准的,应符合该标准。

此款是要求生产者不得生产"缺陷"产品。缺陷产品是具有"不合理危险"或者不符合保障安全的国家标准、行业标准的产品。

(2)具备产品应当具备的使用性能,但是,对产品存在使用性能的瑕疵做出说明的除外。

此款是要求生产者尽合同义务、担保义务。保证产品的适用性能,是最基本义务的要求。

这里只规定了对"瑕疵"产品说明可除外的情况。应注意,对"缺陷"产品未规定"说明"即可除外的情况。

(3)符合在产品或者其包装上注明采用的产品标准,符合以产品说明、实物样品等方式表明的质量状况。

以上 3 项是法律对生产者产品指令的要求,属法定要求。3 项义务必须同时做到,缺一不可。

(二)产品包装标志符合法定要求

(1)有产品质量检验合格报告。

（2）有中文标明的产品名称、生产厂厂名和厂址。

（3）根据产品的特点和使用要求,需要标明产品规格、等级,所含主要成分的名称和含量等事务,用中文相应地予以标明,需要事先让消费者知晓的,应当在外包装上标明或者预先向消费者提供有关资料。

（4）限期使用的产品,应当在显著位置清晰标明生产日期和安全使用日期或者失效日期。

（5）使用不当,容易造成产品本身损害或者可能危及人身、财产安全的产品,应有警示标志或中文警示标志。此条是对所有产品的包装标志的要求,违者可能构成瑕疵产品,也可能是缺陷产品。

但并非所有的产品的包装均需同时符合以上 5 项要求。裸露食品和难以附加标志的裸露产品,可不附加产品标志。

（三）特殊产品包装符合要求

特殊产品是指易碎、易燃、有毒、有腐蚀性、有放射性等危险物品以及在储运中不能倒置以及有特殊要求的产品。这些特殊产品的包装必须符合相应要求,有警示标志或中文警示说明,标明储运注意事项。

（四）不得违反《产品质量法》禁止性规定(《产品质量法》第 29 条至 32 条)

生产者违反这些禁止性规定的,不仅要对用户、消费者承担违约责任、产品责任,而且要向国家承担行政责任。这些禁止性规定包括:

（1）生产者不得生产国家明令淘汰的产品。

国家明令淘汰的产品,有的是危害社会整体利益的,如浪费资源、能源或污染环境的产品;有的是威胁或危及社会个体人身健康和财产安全的产品,如一些具有潜在危险的药品。

国家明令即指国家以明确的意志公开宣告的一种具有宏观调整和微观禁止的举措,具有普遍的约束力,生产者理应严格遵守,不得违反,违者将被依法追究刑事责任。

（2）生产者不得伪造产地,不得伪造或冒用他人的厂名、厂址。

（3）生产者不得伪造或冒用认证标志等质量标志。

（4）生产者生产产品,不得掺杂、掺假,不得以假充真,不得以不合格产品冒充合格产品。

上述(2)、(3)、(4)项均属经济欺诈行为。

#### 四、销售者对产品质量负有的责任和义务

（1）销售者应当建立并执行进货检查验收制度，验明产品合格证明和其他标志。

此条是销售者对国家的义务和对用户、消费者的潜在义务。检查、验收货物本属消费者基于利益而必须做、必然做的行为。法律之所以予以规定，是因为考虑到中国的特殊国情和需要。产品质量要求造成的经济纠纷，除故意违法、违约的外，也有许多是由于疏忽和不负责任造成的。故《产品质量法》作此规定，将销售者本来应为上升为义务性规范，以加强销售者的"注意义务"，减少纠纷，明确责任。

若从生产者角度看，销售者的此项义务，其实是他的权利。再一次体现了由于角度不同，同一行为可能既是权利，也是义务的"权利义务一体化"的现象和理论。

（2）销售者应当采取措施，保证销售产品的质量。

生产者生产的产品通过销售者到达用户、消费者前，中间常有一段"时间差"。在此期间，可能因销售者未采取应有的保质措施而导致产品发生瑕疵或者缺陷，故《产品质量法》第34条规定了销售者的此项义务。这一条其实也是销售者从本身利益考虑所应采取的措施，《产品质量法》将之上升为法律规范也有着与前一条同样的性质和目的，是为了加强销售者的注意义务和行为义务，减少纠纷，维护经济秩序，保护那些"未来"的用户和消费者的利益。这一条也体现了销售者、用户、消费者与国家根本利益是一致的。

（3）销售者销售的产品的标志符合法定要求。

《产品质量法》第36条要求销售产品的标志应当符合本法第27条的规定，即销售者与生产者有同样的义务（共5项）。但销售者还有自己应注意的问题，如应"严把产品标志关"，应向生产者索要合法、齐全的标志和说明，不可妥协接受不合格甚至假冒的产品标志。销售者尤其不可"另起炉灶"，搞假冒的产品标志。销售者对用户、消费者更负有直接的告知产品警示标志和说明的义务。

（4）不得违反《产品质量法》禁止性规定。

① 销售者不得销售失效、变质的产品。失效、变质两个概念不能等同。失效指超过产品质量保证期或安全使用期。它可能导致产品变质，但也可能只是使产品价值下降。变质则是指产品不能再用。它可能由于失效而产生，

但也可能在产品的质量保证期和安全期内发生。

失效、变质产品会给用户、消费者带来无益、不利或有害的后果,导致其财产损失甚至人身损害。故《产品质量法》和有关法律、法规,如《食品安全法》等,都对其作了严格的禁止性规定。

② 销售者不得伪造产地,不得伪造或者冒用他人的厂名、厂址;销售者不得伪造或者冒用认证标志等质量标志;销售者销售产品不得掺杂、掺假,不得以假充真、以次充好,不得以不合格产品冒充合格产品。此3条与规定生产者义务的第30条、第31条、第32条的义务内容完全相同,只是主体有别,故不另述。

**五、产品质量责任制度**

产品质量责任制度是指关于生产者、销售者以及对产品质量负有直接责任的责任者,因违反产品质量法所规定的产品质量义务所应承担的法律责任的制度。

产品质量责任是各种有关产品质量义务和责任的综合概念,包括有关产品质量的民事责任、有关产品质量的行政责任和有关产品质量的刑事责任。民事责任又分为因产品瑕疵而发生的合同责任、因产品缺陷而发生的产品责任。

产品质量的瑕疵担保责任和产品责任的区别见表3-1。

表3-1　产品质量的瑕疵担保责任和产品责任区别

| 归责原则 | 责任类型 | 责任性质 | 损害结果 | 责任承担形式 | 救济途径 | 求偿权主体 | 举证责任 |
|---|---|---|---|---|---|---|---|
| 产品质量瑕疵担保责任 | 违约责任 | 不需要现实损害结果 | 主要为修理、更换、退换 | 一般先向合同相对人要求补救或赔偿 | 合同当事人 | 谁主张谁举证 | 过错责任 |
| 产品责任 | 侵权责任 | 要有现实损害 | 主要是损害赔偿 | 可以直接向法院起诉 | 扩大到受害人 | 举证责任倒置 | (生产者)无过错责任,(销售者)过错责任 |

(一)产品质量民事责任

1. 我国产品质量法中的归责原则

(1)我国产品质量法采用过错责任原则与无过错责任原则并存的立法模式。这不仅体现在《产品质量法》第42条允许对销售缺陷产品造成人身、他人财产损害的销售者适用过错责任原则(《产品质量法》第42条第2款)上，而且也体现于销售者不能指明缺陷产品的生产者也不能指明缺陷产品的供货者的，均适用无过错责任原则(《产品质量法》第42条第2款)。

但是，对销售者的这种不同对待，与《消费者权益保护法》第35条的规定又不够一致。

实行过错责任原则与无过错责任原则并存模式，有助于协调、平衡经营者与用户、消费者事务权益关系，既能充分保障受害人的权益，又不致影响经济、科技的发展和产品创新。

(2)《产品质量法》第42条第2款对销售者适用的是"无过错责任原则"还是"过错推定原则"，法律界对此有不同见解。有人认为销售者不能举证证明缺陷产品的生产者，故推定为有过错，因而才承担赔偿责任。而过错推定原则仍属于过错责任范畴。

(3)实行过错责任原则应具备2个或4个要件，但都须有过错；实行严格责任原则，一般认为应具备3个要件：① 产品缺陷；② 损害事实；③ 产品缺陷与损害事实之间存在因果关系，没有过错要件。但应注意，作为受害者的原告，虽然应该提供有关构成要件，但不可能要求他们提供得过细和特别准确，特别是在因果关系问题的认证上。有些产品结构、成分都很复杂，消费者很难充分、准确地分析和论证致害原因。此种举证责任应移于经营者。

2. 产品质量民事责任

(1)生产者产品责任。产品缺陷责任即产品责任。《产品质量法》第41条规定：因产品存在缺陷造成人身损害以及缺陷产品以外的其他财产(以下简称他人财产)损害的，生产者应当承担赔偿责任。对此条的理解是：

第一，此条是为生产者设置的条款，实行无过错责任原则，但第42条也同时规定了除外(免责)情况，即未将产品投入流通的；产品投入流通时，引起损害的缺陷尚不存在的；将产品投入流通时的科学、技术水平尚不能发现缺陷存在的。

第二，缺陷是一个具有特定法律含义的概念，是指产品存在危及人身、他人财产安全的不合理的危险；产品有保障人体健康和人身、财产安全的国家标准、行业标准的，是指不符合该标准(《产品质量法》第46条)。

因此，产品缺陷不仅指在经济意义上，即在生产过程中已形成和存在的事实上的不合理危险(这是主要的)，而且也包括在法律意义上违反有关保障产品安全的质量标准，以及违反有关法律、法规和质量标准所确定的告知义务,因而使本属合理的危险转化为不合理危险。

还须明确,只有在这些不合理危险产品经交换关于进入使用、消费过程时,才会产生产品缺陷责任问题。

产品缺陷应包括设计缺陷、制造缺陷、指示缺陷等。

第三,产品责任应在缺陷产品导致用户、消费者的人身、财产损害时发生,即当产品缺陷与事实之间有因果关系时,才能确立。

损害事实包括用户、消费者的人身伤害和缺陷产品以外的其他财产损失。

(2)销售者产品责任。如前所述,《产品质量法》第42条设置了产品缺陷责任条款,但该两款实行的不是同一种归责原则。第1款实行过错责任原则,第二款实行无过错责任原则,即:

第一,由于销售者的过失使产品存在缺陷,造成人身、他人财产损害的,销售者应当承担赔偿责任。

第二,销售者不能指明缺陷产品的生产者,也不能指明缺陷产品的供货者的,销售者应当承担赔偿责任。

(3)产品责任处理。产品责任处理即对已发生的产品责任的追究程序和具体责任形式。《产品质量法》第43条、第44条等对此做了规定。

第一,产品责任追究程序。《产品质量法》第43条规定:因产品存在缺陷造成人身、他人财产损害的,受害人可以向产品的生产者要求赔偿,也可以向产品的销售者要求赔偿。此条与《消费者权益保护法》第35条第2款的规定一致。生产者、销售者履行赔偿责任后,其相互之间的责任追究问题,实行过错责任原则,非过错方可向过错方追偿。

第二,责任形式。一是人身伤害责任。《产品质量法》第44条第1款规定:因产品缺陷造成受害人人身伤害的,侵害人应当赔偿医疗费、治疗期间的护理费、因误工减少的收入等费用;造成残疾的,还应当支付残疾者的生活自助具费、生活补助费、残疾赔偿金以及由其扶养的人所必需的生活费等费用;造成受害人死亡的,并应当支付丧葬费、死亡赔偿金以及由死者生前扶养的人所必需的生活费等费用。二是财产损失责任。该条第2款规定:因产品存在缺陷造成受害人财产损失的,侵害人应当恢复原状或者折价赔偿。受害人因此遭受其他重大损失的,侵害人应当赔偿损失。

(3)产品责任时效。第一,诉讼时效。《产品质量法》第45条第1款规定了产品责任的诉讼时效为2年,自当事人知道或应当知道其权益受到损害时起计算,因此,超过2年受害人即丧失上诉权。《民法通则》第136条第2项规定了产品质量不合格的诉讼时效为 1 年,《产品质量法》第 45 条的规定与之不矛盾,因为该第 45 条的规定是因为产品缺陷造成损害的特殊侵权诉讼。第二,请求权时效。《产品质量法》第 45 条第 2 款规定了要求赔偿的请求权期限为 10 年。但是,超过明示的安全使用期的除外。

(4) 严格责任原则应用中的问题。严格责任原则在其他一些国家司法实践的应用中产生了问题,主要是如何恰当、适度地平衡经营者与用户、消费者的利益问题。具体说来:① 经济方面。第一,发展风险问题。发展风险即某种产品从一开始就存在的,但因为科技水平、条件的限制,在生产该种产品时无法发现的缺陷或者危险性。制造商们认为让他们完全承担这类在设计、制造时都无法发现的风险的后果是不合理的。美国的法官们已意识到应在产品的使用与尽可能避免设计缺陷之间作适当的平衡。第二,代价太大问题。包括保险代价太大和赔偿金额太大两个方面。因实行严格责任制,大幅度提高了保险费和赔偿金额,使产品成本增加,产品丧失竞争力,制造商们望而却步,不再开发新产品,导致供应不足,物价上扬,最终反倒损害了消费者的利益。② 法律方面。第一,产品责任诉讼案件剧增。第二,原告(受害人)责任被淡化、放松,只需“坐等赔偿”,产生了副作用。因此,需要在立法、司法上适当地协调、平衡,既要坚定地保护用户、消费者的权益,又要适度地兼顾经营者的利益。

(二) 产品质量行政责任

产品质量行政责任是指生产者、销售者因违反产品质量监督和管理法律、法规,而应承担的法律后果。产品质量责任的“客体”包括瑕疵产品、缺陷产品以及违反产品质量标准和违反产品质量监督和管理法律、法规的行为。产品质量行政责任由技术监督部门、工商行政管理部门追究和制裁。产品质量行政责任只适用过错责任原则。

1. 产品质量行政责任的种类

(1) 生产、销售不符合保障人体健康和人身、财产安全的国家标准、行业标准的产品。

(2) 生产者、销售者在产品中掺杂、掺假,以次充好,或者以不合格产品冒充合格产品。

(3) 生产国家明令淘汰的产品。

(4) 销售失效、变质的产品。

(5) 生产者、销售者伪造产品产地,伪造、冒用他人厂名、厂址,冒用认证标志等质量标志。

（6）产品标志、有包装的产品标志不符合《产品质量法》的有关规定。

2．生产者、销售者的产品质量行政责任形式

生产者、销售者的产品质量行政责任形式主要有责令停止生产；责令停止销售；没收违法生产或销售的产品；没收违法所得；罚款；责令公开更正；吊销营业执照等。

执行行政处罚的机关应为产品质量监督部门或公司行政管理部门（法律、行政法规另有规定的行使处罚权的主体除外），但吊销营业执照处罚，只能由工商行政管理部门执行。

（三）产品质量刑事责任

1．生产者、销售者的刑事责任条款

《产品质量法》第49条、第50条、第52条、第61条共4条，规定了生产者、销售者的刑事责任。

但对于生产国家明令淘汰的产品（第51条），伪造产品产地，伪造、冒用厂名、厂址，伪造、冒用质量标志（第53条），产品标识不符（第54条）的行为，这3条只给予行政处罚，未规定刑事责任。

2．国家工作人员法人刑事责任条款

《产品质量法》第65条（各级人民政府工作人员和其他国家机关工作人员有包庇、放纵违法行为等3种情形之一者）和第68条（产品质量监督部门或者工商行政管理部门的工作人员滥用职权、玩忽职守、徇私舞弊）共2条，规定了国家工作人员的刑事责任。

3．其他刑事责任

《产品质量法》第69条规定：以暴力、威胁方法阻碍产品质量监督部门或者工商行政管理部门的工作人员依法执行职务的，依法追究刑事责任。

未使用暴力、威胁方法阻碍上述人员执行公务的，按《治安管理处罚法》的规定处罚。

# 项目三　竞争法律制度与实训

## 项目情境

据新华社武汉 2006 年 4 月 7 日报道,湖北省汉川市政府办公室下发红头文件,给市直机关和各乡镇农场下达"喝酒任务"。这份"喝酒文件"全名为汉川政办发〔2006〕11 号《关于倡导公务接待使用小糊涂仙系列酒的通知》。通知称:各乡、镇人民政府,各农、养殖场,办事处、开发区,市政府各部门,湖北云峰酒业有限公司是最早来我市落户的引进企业之一,其生产的"小糊涂仙"酒去年跻身"中国白酒品牌 20 强"。2005 年,该企业纳税超过 1 300 万元,是我市纳税超过千万元的 6 家企业之一。而目前该酒在我市的市场份额却很低,为此,我市公务接待倡导使用湖北云峰酒业有限公司生产的"小糊涂仙"系列酒。全市各部门全年喝"小糊涂仙"系列酒价值总目标为 200 万元,完成任务的按照销售额的 10% 奖励,完不成的通报批评。这份文件还附有"各地各单位使用和促销小糊涂仙系列酒分解表"。

思考:如何从反垄断法的视角分析该事件的违法性? 该事件的深层根源何在?

## 任务描述

（1）从反垄断法的角度看,该案件属于滥用行政权力排除、限制竞争的案件。该案中,政府作为行政机关,对于各行政机关和其他相关单位的用酒做出了指定,这是不符合法律规定的。食用酒在市场上十分普遍,并不是特殊产品,行政机关和其他单位完全可以从市场上选购,而政府的指定行为不仅限制了行政机关和其他单位的购买自主权,还严重影响了其他酒和"小糊涂仙"系列酒的正常竞争,人为地造成了市场竞争秩序的紊乱,属于滥用行政权力排除、限制竞争的行为。《中华人民共和国反垄断法》（以下简称《反垄断法》）第 32 条规定:行政机关和法律、法规授权的具有管理公共事务职能的组织不得滥用行政权力,限定或者变相限定单位或者个人经营、购买、使用其指定的经营者提供的商品。第 51 条规定:行政机关和法律、法规授权的具有管理公共事务职能的组织滥用行政权力,实施排除、限制竞争行为的,由上级机关责令改正;对直接负责的主管人员和其他直接责任人员依法给予处分。反垄断执法机构可以向有关上级机关提出依法处理的建议。

（2）滥用行政权力排除、限制竞争主要是指行政机关和法律、法规授权的具有管理公共事务职能的组织滥用行政权力实施的限定交易、地区封锁等排除、限制竞争的行为。学者多称此为"行政性垄断"。

不管在中国还是国外，也不管在过去、现在还是将来，滥用行政权力排除、限制竞争都是对竞争损害最甚的行为，这是古典经济学派早已指出的。政府部门之所以会出现滥用行政权力排除、限制竞争的可能，主要是因为在政府行政管理活动中存在个别官员与个别私人企业"共谋"的可能性，甚至存在某些政府机构与个别私人企业在利益上的"一致性"，即政府有可能会越过它的权限范围，以不合理的方式影响市场竞争。特别是因为和其嫡系企业的特殊经济利益，政府可能会妨碍、限制或者排斥其他企业参与竞争，从而使政府滥用行政权力限制竞争的行为成为市场经济体制下见怪不怪的现象。因此，各国反垄断法都不同程度地含有禁止滥用行政权力排除、限制竞争的内容，不管是成文法，还是判例法。否则，反垄断法在维护市场竞争秩序中就不会有很大的效力。与此同时，国家还应依法加强和完善对行政权力运行的规范和监督，并通过深化改革，转变政府职能，防止和消除滥用行政权力排除、限制竞争的行为。

### 任务分析

市场竞争，也称为商业竞争，是指两个或两个以上的经营者在市场上以较有利的价格、数量、质量或其他条件争取交易机会的行为。竞争是市场经济的灵魂，是推动经济发展的根本动力。但是竞争和垄断是相伴而生的，竞争发展到一定程度，就会产生集中，从而形成垄断，排除、限制竞争。当前我国经济生活中的垄断现象突出表现在两个方面：① 市场垄断行为，如串通定价、限制产品、划分市场和滥用市场支配地位等;② 实行国家管制或带有自然垄断特点的领域和行业利用行政权力并通过市场方式形成垄断，此外，地区封锁和行业垄断也很严重。竞争法是指国家在协调经济运行中调整市场竞争关系和市场竞争管理关系的法律规范的总称。竞争法旨在形成有效竞争、有序竞争，以维护合法竞争者利益，维护消费者利益和社会公共利益。竞争法包括反垄断法和反不正当竞争法。

## 一、反垄断法概述

"垄断"一词意思包括经济学意义上的垄断和法学意义上的垄断。从经济学意义上讲,垄断是指少数企业凭借雄厚的经济实力对生产和市场进行控制,并在一定的市场领域内从实质上限制竞争的一种市场状态。从法学意义上讲,垄断是指垄断主体违反反垄断法规定,对市场经济运行进行排他性控制或者对市场竞争进行实质的限制,妨碍公平竞争的行为。法律意义上的垄断一般具有违法性和危害性两个特征。

反垄断法是通过规范垄断和限制竞争行为来调整经营者相互竞争关系的法律规范的总称。反垄断法是市场经济国家确立政治、经济和社会制度,调整各种社会关系的"经济宪法"。通过反垄断法对失灵的市场进行调整和干预,扼制达成垄断协议、滥用支配地位和以不合理集中方式排除或限制竞争的行为,保护和促进市场有序竞争,使市场真正建立统一、开放、竞争、有序的良性市场体系。

## 二、经营性垄断行为

### (一)达成垄断协议

垄断协议,是指排除、限制竞争的协议、决定或者其他协同行为。根据参加协议的主体不同,可以将垄断协议分为横向垄断协议和纵向垄断协议。前者是指在生产或者销售过程中处于同一阶段经营者之间(生产商之间、批发商之间、零售商之间等)达成的协议;后者指生产或者销售过程中处于不同阶段的经营者之间(如生产商与批发商之间、批发商与零售商之间等)达成的协议。

1. 垄断协议的处理原则

(1)本身违法原则。经营者之间的一些协议、决议或者协同一致的行为,一旦形成,必然会产生排除或者限制竞争的后果,因此对这类协议采取本身违法原则,即只要经营者的协议、决议或者协同一致的行为被证实,就构成垄断协议。

(2)合理分析原则。除了适用本身违法原则的协议外,对其他协议是否会排除、限制竞争进行分析,考虑协议所涉及的市场具体情况、协议实施前后的市场变化情况,以及协议性质和后果等因素。只有在分析后确认该协议确实排除、限制了市场竞争,才能认定为垄断协议。

2. 垄断协议的豁免

垄断协议的豁免，是指经营者之间的协议、决议或者其他协同行为，虽然排除、限制了竞争，构成垄断协议，但该协议在其他方面所带来的好处要大于其对竞争秩序的损害，因此法律规定对其豁免，即排除适用反垄断法的规定。

（1）豁免情形。根据《反垄断法》第15条规定，下列情形不构成该法禁止的垄断协议：① 为改进技术、研究开发新产品的；② 为提高产品质量、降低成本、增进效率，统一产品规格、标准或者实行专业化分工的；③ 为提高中小经营者经营效率，增强中小经营者竞争力的；④ 为实现节约能源、保护环境、救灾救助等社会公共利益的；⑤ 因经济不景气，为缓解销售量严重下降或者生产明显过剩的；⑥ 为保障对外贸易和对外经济合作中的正当利益的；⑦ 法律和国务院规定的其他情形。

（2）豁免程序。以前一些国家对垄断协议的豁免规定了申请程序，即由协议当事人向反垄断执法机构申请，由反垄断执法机构决定是否允许豁免。由于申请程序烦琐，为了减轻企业申报的负担、减轻主管部门的工作量，近年来欧盟及一些国家正在逐步取消垄断协议豁免的申请制度，即垄断协议只要符合条约规定的豁免条件，就自动得到豁免。我国《反垄断法》对此予以借鉴，也未规定豁免的申报制度，完全由经营者自行判断其协议是否符合法律、法规规定的豁免条件，并承担相应的法律后果。

（二）滥用市场支配地位

1. 市场支配地位的概念与认定

市场支配地位，又称控制市场的地位，是指经营者在相关市场内具有能够控制商品价格、数量或其他交易条件，或者能够阻碍、影响其他经营者进入相关市场能力的市场地位。

认定经营者是否具有市场支配地位，应当依据下列因素：① 经营者在相关市场的市场份额，以及相关市场的竞争状况；② 经营者自身的条件，如财力、技术条件及控制销售市场或者原材料采购市场的能力；③ 其他经营者进入相关市场的难易程度；④ 其他经营者对该经营者在交易上的依赖程度；⑤ 可能出现的其他原因。

根据《反垄断法》的规定，推定经营者具有市场支配地位采用下列标准：① 1个经营者在相关市场的市场份额达到1/2的；② 2个经营者在相关市场的市场份额合计达到2/3的；③ 3个经营者在相关市场的市场份额合计达到3/4的；④ 在推定2个经营者或3个经营者的市场支配地位时，其中有的经营者市场份额不足 1/10 的,不应推定该经营者具有市场支配地位;⑤ 被推定具有市场地位的经营者,有证据证明不具有市场支配地位的,不应认定其有市场支配地位。

2. 滥用市场支配地位的具体行为

滥用市场支配地位就是在相关市场具有支配地位的经营者利用其市场支配地位实施的垄断行为。

我国《反垄断法》并不禁止经营者具有市场支配地位,而只是禁止经营者实施滥用市场支配地位的行为。

根据《反垄断法》的规定,滥用市场地位的表现形式有:

(1) 以不公平的高价销售商品或者以不公平的低价购买商品。

(2) 掠夺性定价,即没有正当理由,以低于成本的价格销售商品。

(3) 拒绝交易,即没有正当理由,拒绝与交易相对人进行交易。

(4) 独家交易,即没有正当理由,限定交易相对人只能与其进行交易或者只能与其指定的经营者进行交易。

(5) 搭售或附加不合理条件,即没有正当理由搭售商品,或者在交易时附加其他不合理的交易条件。

(6) 差别待遇,即没有正当理由,对条件相同的交易相对人在交易价格等交易条件上实行区别待遇。

(7) 国务院反垄断执法机构认定的其他滥用市场支配地位的行为。

（三）经营者集中的监督管理

1. 经营者集中的概念

经营者集中,是指经营者通过合并及购买股权或资产等方式进行的企业经营行为,其直接后果是可能导致同一竞争领域的经营者数量减少,集中后的企业更加庞大。由于经营者集中导致的市场结构改变、相关市场竞争程度降低,有可能排除和限制竞争,损害消费者利益,所以各国反垄断法都将对经营者集中的管制作为其重要内容之一。

2. 经营者集中的形式

(1) 经营者合并。经营者合并是指 2 个或 2 个以上的企业通过订立合并协议,根据相关法律合并为一家企业的法律行为。

(2) 经营者通过取得股权或者资产的方式取得对其他经营者的控制权。

(3) 经营者通过合同等方式取得对其他经营者的控制权或者能够对其他经营者施加决定性影响。

3. 经营者集中的申报审查制度

我国采用事前申报的强制申报制度,只要经营者集中达到国务院规定的申报标准,就应当事先向国务院反垄断法执法机构申报,未申报的不得实施集中。

(1)申报标准。经营者集中的申报标准,是参与集中的经营者是否申报并接受反垄断审查的法律依据,世界各国均有规定,但标准不尽一致。我国《反垄断法》没有明确规定申报标准,而是授权国务院对经营者集中的申报标准做出规定。

(2)申报豁免,即在以下两种情况下,经营者集中即使达到申报标准,也不必向反垄断法执法机构申报:① 集中参与的一个经营者拥有其他每个经营者50%以上有表决权的股份或者资产的;② 参与集中的每个经营者50%以上有表决权的股份或者资产被同一未参与集中的经营者拥有。

(3)申报材料。经营者向国务院反垄断法执法机构申报集中,应当提交法律规定的文件、资料,便于国务院反垄断法执法机构进行审查。申报材料具体包括申请书;集中对相关市场竞争状况影响的说明;集中协议;参与集中的经营者经会计师事务所审计的上一会计年度财务会计报告;国务院反垄断执法机构规定的其他文件、资料。申报书应当载明参与集中的经营者的名称、住所、经营范围、预定实施中的日期和国务院反垄断法执法机构规定的其他事项。

4. 经营者集中的审查标准

国务院反垄断法执法机构审查经营者集中,关键是审查该集中是否具有或者可能具有排除、限制竞争的效果,从而对经营者集中做出禁止或者不予禁止的决定,从各国立法和执法实践看,其标准有二:① 以是否实质减少市场竞争为判断标准;② 以企业的市场份额大小,或是否形成市场支配地位为判断标准。

我国《反垄断法》在参考各国立法及执法实践基础上,对审查经营者集中应考虑的因素作了具体规定:① 参与集中的经营者在相关市场的市场份额及其对市场的控制力;② 相关市场的市场集中度;③ 经营者集中对市场进入、技术进步的影响;④ 经营者集中对消费者和其他有关经营者的影响;⑤ 经营者集中对国民经济发展的影响;⑥ 国务院反垄断执法机构认为应当考虑的影响市场竞争的其他因素。

### 三、行政性垄断行为

（一）行政性垄断行为的概念

行政性垄断行为是指行政机关和法律、法规授权的具有管理公共事务职能的组织滥用行政权力，排除或限制市场竞争的行为。同经营性垄断相比，行政性垄断除具有一般特点外，其保护的对象多位于本地区或本部门，对竞争具有更大的危害性。主要表现在：① 阻碍全国统一市场的形成；② 削弱企业的竞争力；③ 损害消费者权益；④ 容易滋生腐败。

（二）行政性垄断行为的具体形式

1. 滥用抽象行政行为

1993 年制定的《中华人民共和国反不正当竞争法》（以下简称《反不正当竞争法》）第 7 条规定，政府及其所属部门不得滥用行政权力，限定他人购买其指定的经营者的商品，限制其他经营者正当的经营活动；或限制外地商品进入本地市场，或者本地商品流向外地市场。我国《反垄断法》也将行政机关不得滥用行政权力，以抽象行政行为方式排除、限制竞争的规定纳入法律中来，以进一步约束有关行政机关的行为。

2. 滥用具体行政行为

（1）指定交易。它是指行政机关和其他依法具有管理公共事务职能的组织滥用行政权力，限定或者变相限定单位或者个人经营、购买、使用其指定的经营者提供的商品的行为。

（2）限制商品自由流通。它是指行为主体采取对外地商品设定歧视性价格，规定与本地商品不同的技术要求、检验标准，采取专门针对外地商品的行政许可，设置关卡以及其他行政措施限制商品在地区间自由流通的行为。

（3）排斥或者限制招标、投标。排斥或者限制招标、投标是指行为主体滥用行政权力，以设定歧视性资质要求、评审标准或者不依法发布信息等方式，排斥或者限制外地经营者参加本地的招标、投标活动的行为。

（4）排斥或限制投资或者设立分支机构。排斥或者限制投资或者设立分支机构是指行为主体滥用行政权力，采取与本地经营者不平等的待遇等方式，排斥或者限制外地经营者在本地投资或者设立分支机构的行为。

（5）强制经营者从事垄断行为。强制经营者从事垄断行为是指行为主体滥用行政权力，强令经营者达成垄断协议，强令具有市场支配地位的经营者滥用市场支配地位，或者滥用行政权力干预经营者集中，从而扭曲市场竞争的行为。

（6）制定含有排除、限制竞争内容的规定。它是指行为主体制定以排除、限制竞争为目的或含有排除、限制竞争内容的各种文件、通知、条例、规章等，以抽象行政行为排除、限制竞争。

### 四、垄断行为的法律责任

#### （一）经营性垄断行为的法律责任

经营者违反《反垄断法》的规定，达成并实施垄断协议或滥用市场支配地位的，由国务院反垄断法执法机构责令停止违法行为，没收违法所得，并处上一年销售额1%以上10%以下的罚款；尚未实施所达成的垄断协议的，可处以50万元以下的罚款。

#### （二）行政性垄断行为的法律责任

行政机关和其他法律、法规授权的具有管理公共事务职能的组织滥用行政权力，实施排除、限制竞争行为的，由上级机关责令改正；对直接负责的主管人员和其他直接责任人员依法给予处分。反垄断执法机构可以向上级机关提出依法处理的建议。

### 五、反不正当竞争法的概述

反不正当竞争法是调整在维护公平竞争、制止不正当竞争行为过程中发生的社会关系的法律规范的总称。在现实经济生活中，不正当竞争行为大量存在，需要完善的法律制度对各种不正当竞争予以禁止和制裁。反不正当竞争法调整的是在制止不正当竞争行为过程中发生的社会关系，主要包括经营者之间的竞争关系、不正当竞争行为的受害人与行为人之间的民事赔偿关系、监督管理机构与经营者之间的监督管理关系等。

不正当竞争行为具有以下特征：

（1）主体的特定性。不正当竞争行为是经营者行为，所谓的经营者是指从事商品经营或营利性服务的法人、其他经济组织和个人。

（2）行为的违法性或违反商业道德性。经营者的不正当竞争行为是一种违反法律、法规的行为，在某些情况下，经营者的某些行为虽然难以被确认为法律明确规定的不正当竞争行为，但是只要违反了自愿、平等、公平、诚实信用原则或公认的商业道德，也应被认定为不正当竞争行为。

（3）社会的危害性。不正当竞争行为不但会对竞争对手造成损害，而且会损害消费者的利益,扰乱和破坏社会经济秩序。

（4）应受责罚性。对不正当竞争行为,理应追究行为人的法律责任,包括民事责任、行政责任和刑事责任。

## 六、不正当竞争行为类型

### （一）仿冒行为

仿冒行为又称"欺骗性交易行为",是指经营者采用假冒、擅自使用和其他虚假表示的手段提供商品或服务,损害竞争对手、用户和消费者合法利益的行为。

根据《反不正当竞争法》的规定,仿冒行为具体表现有:① 假冒他人的注册商标;② 擅自使用知名商品特有的名称、包装、装潢,或者使用与知名商品近似的名称、包装、装潢,造成和他人的知名商品相混淆,使购买者误认为是该知名商品;③ 擅自使用他人的企业名称或者姓名,引人误认为是他人的商品;④ 在商品上伪造或者冒用认证标志、名优标志等质量标志,伪造产地,对商品质量作引人误解的虚假表示。

### （二）商业贿赂行为

商业贿赂行为是指经营者在市场交易活动中采用财物或者其他手段暗中收买交易对象或者有关人员而争取交易机会或者有利交易条件的行为。商业贿赂具有以下特征:主体种类繁多;主观上存在故意;行为的秘密性;形式的多样性。

商业贿赂是市场竞争过程中经常出现的一种消极现象。在认定这一行为时,要注意区分合法费用支出或返还与贿赂的界限,即要明确回扣、折扣、佣金的关系。

回扣是指经营者一方从交易所得价款中提取一定比例的现金,额外以定额的现金、实物,或其他方式在账外暗中给予对方单位或个人的不正当竞争行为。

折扣即价格折扣,又称让利,是指在商品购销中活动卖方在所成交的价款上给买方以一定比例的减让而返还给对方的交易上的优惠。

佣金是指商业活动中的一种劳务报酬。佣金是在市场交易活动中,具有独立地位的中间商、代理商等在商业活动中为他人提供服务、介绍、撮合交易或代卖商品所得的报酬。佣金以明示方式进行,并且必须入账。

《反不正当竞争法》规定:在账外暗中给予对方单位或者个人回扣的,以行贿论处;对方单位或个人在账外暗中收受回扣的,以受贿论处。

（三）引人误解的虚假宣传行为

引人误解的虚假宣传是指经营者利用广告或其他方法,对商品的质量、制作成分、性能、用途、生产者、有效期限、产地等作引人误解的宣传的行为。引人误解的虚假宣传,既包括虚假宣传,也包括引人误解的宣传两种类型。

（四）侵犯商业秘密的行为

侵犯商业秘密的行为是指经营者或者相关人员不正当获取、披露、使用或允许他人使用采取了保密措施的技术信息和经营信息。

经营者侵犯商业秘密的不正当竞争行为有以下几种表现形式:

（1）经营者以盗窃、利诱、胁迫或者其他不正当手段获取权利人的商业秘密。

（2）经营者披露、使用或允许他人使用以盗窃、利诱、胁迫或其他不正当手段获取的权利人的商业秘密。

（3）经营者违反约定或者违反权利人有关保守商业秘密的要求,披露、使用或者允许他人使用其所掌握的商业秘密,这是合法掌握商业秘密的行管人员对商业秘密的不正当披露和不正当使用。

（4）第三人在明知或应知以上3种违法行为,而获取、使用或者披露他人商业秘密,视为侵犯商业秘密的行为。这样规定有利于全方位禁止侵犯商业秘密的不正当竞争行为。

（五）不正当有奖销售行为

根据《反不正当竞争法》的规定,下列均为不正当有奖销售行为:① 欺骗性有奖销售,即采用谎称有奖或者故意让内定人员中奖的欺骗方式进行有奖销售;② 利用有奖销售摊销质次价高的商品;③ 巨奖销售行为,是指抽奖式的有奖销售,最高金额超过5 000元。

（六）商业诽谤行为

商业诽谤行为也称商业诋毁行为,是指经营者故意捏造、散布虚假事实,损害竞争对手的商业信誉和商品声誉的行为。其表现形式大体可以归纳为产品宣传中的商业诽谤;产品交易过程中的商业诽谤;向公众散布虚假事实进行商业诽谤;通过组织、唆使、利用他人进行商业诽谤等。

（七）串通招投标行为

串通招投标行为是指投标者之间串通投标,抬高或压低价格,或者排挤竞争对手的公平竞争,投标者与招标者相互勾结的行为。

（八）其他不正当竞争行为

1. 限定购买行为

限定购买行为是指公用企业或其他具有独占地位的经营者，限定他人购买其指定的经营者的商品，以排斥其他经营者的公平竞争行为。

2. 政府及其所属部门限制竞争的行为

政府及其所属部门限制竞争的行为，具体表现为：① 限制外地商品进入本地市场，或本地商品流向外地市场；② 在行政辖区内销售外地产品必须搭售本地市场质次价高、缺乏竞争力的滞销品；③ 在行政辖区内某些商品只能向指定企业购买，或以明示、暗示方式，要求他人与行为主体有关的企业交易或接受服务等。

3. 搭售或附加不合理交易条件的行为

经营者销售商品时，违背购买者的意愿搭售或附加其他不合理的条件。

4. 低价倾销行为

低价倾销行为是指经营者以排挤竞争对手为目的，以低于成本的价格销售商品。但根据《反不正当竞争法》的规定，有下列情形之一的，不属于不正当竞争行为：① 销售鲜活商品；② 处理有效期限即将到期的商品或者其他积压的商品；③ 季节性降价；④ 因清偿债务、转产、歇业降价销售商品。

## 七、不正当竞争行为的法律责任

（一）经营者的民事责任

经营者违反《反不正当竞争法》的规定，给被侵害的经营者造成损害的，应当承担损害赔偿责任。若被侵害的经营者的损失难以计算，则赔偿额为侵权人在侵权期间因侵权所获得的利润；此外，侵权人还应当承担被侵害的经营者因调查该经营者侵害其合法权益的不正当竞争行为所支付的合理费用。

（二）经营者的行政责任

《反不正当竞争法》对 11 种不正当行为分别规定了行政制裁措施，主要包括责令停止违法行为、消除影响；没收违法所得；吊销营业执照；罚款；责令改正等。

（三）经营者的刑事责任

不正当竞争行为造成严重后果，情节严重，触犯刑法时，应该承担相应的刑事责任。这是对不正当行为的最严厉的处罚措施。

## 一、单选题

1. 钟某为其 3 岁儿子购买某品牌的奶粉,小孩喝后上吐下泻,住院 7 天才恢复健康。钟某之子从此见任何奶类制品都拒食。经鉴定,该品牌奶粉属劣质品。为此,钟某欲采取维权行动。钟某亲友们提出的下列建议中缺乏法律依据的是( )。

A. 请媒体曝光,并要求工商管理机关严肃查处

B. 向出售该奶粉的商场索赔,或向生产该奶粉的厂家索赔

C. 直接提起诉讼,要求商场赔偿医疗费、护理费、误工费、交通费等

D. 直接提起仲裁,要求商场和厂家连带赔偿钟某全家所受的精神损害

2. 消费者李某在购物中心购买了一台音响设备,依法经有关行政部门认定为不合格商品,李某找到购物中心要求退货。下列处理方法正确的是( )。

A. 该购物中心认为可以通过更换使李某得到合格产品,因而拒绝退货

B. 该购物中心认为该产品经过修理能达到合格,因而拒绝退货

C. 该购物中心应按照消费者的要求无条件负责退货

D. 该购物中心可以依法选择修理、更换、退货中的任一方式

3. 经营者的下列行为中,未违反《消费者权益保护法》规定的义务的是( )。

A. 店堂告示"商品一旦售出概不退换"

B. 店堂告示"未成年人须由成人陪伴方可入内"

C. 顾客购买两条毛巾索要发票,经营者以"小额商品,不开发票"为由加以拒绝

D. 出售的蛋类食品的价格经常变化

4. 2005 年 5 月 2 日,李某家中吊扇扇叶掉下将其砸伤,经鉴定,原因为吊扇设计不合理,扇叶不够稳固而落下。本案中,可以判定生产者承担责任的依据是( )。

A. 产品存在的缺陷　　　　B. 产品买卖合同的约定

C. 产品默示担保条件　　　　D. 产品明示担保条件

5. 某居民因热水器爆炸受到重伤。经查,此热水器为某厂处于研发阶段的样品中丢失的一件且存在严重缺陷。如果该户居民要求赔偿,热水器厂可因( )而抗辩。

A. 该热水器尚未投入流通

B. 该居民如何得到热水器事实不清

C. 该居民偷盗样品，应责任自负

D. 该居民应向为其提供热水器的人索赔

6. 依照《产品质量法》的规定，下列产品属于该法所称产品的是(　　)。

A. 芝麻油　　　　　　　　　　　B. 大坝

C. 冰毒　　　　　　　　　　　　D. 电力

7. 李某从甲商场买了一瓶乙肉厂生产的熟食罐头，吃后中毒住院，花去住院费等共计2 000元。经查，该批罐头由甲商场委托丙运输公司运回，丙运输公司未采取冷藏措施，致使罐头有一定程度的变质。运回后罐头又被交由丁储存公司储存，丁公司也未采取冷藏措施，致使罐头进一步变质。本案中李某应向(　　)请求赔偿。

A. 甲商场或丙运输公司　　　　　B. 甲商场或丁公司

C. 甲商场或乙肉厂　　　　　　　D. 丁公司或丙运输公司

8. 一日，张女士在家中做饭时高压锅突然爆炸，张女士被炸飞的锅盖击中头部，经抢救无效死亡。后据质量检测专家鉴定，高压锅发生爆炸的直接原因是高压锅设计不尽合理，使用时排气孔堵塞而发生爆炸，本案中，可以以(　　)依据判定生产者承担责任。

A. 产品存在的缺陷　　　　　　　B. 产品买卖合同约定

C. 产品默示担保条件　　　　　　D. 产品明示担保条件

9. 因产品存在缺陷造成人身、他人财产损失的，产品生产者可以免责的情况不包括(　　)。

A. 生产者能够证明自己无过错

B. 生产者能够证明未将产品投入流通

C. 生产者能够证明产品投入流通时，引起的损害的缺陷尚不存在

D. 生产者能够证明产品投入流通时的科学技术水平尚不能发现缺陷存在

10. 某酒厂用食用酒精兑制成白酒，使用本厂制作的粮食白酒"幸福特曲"的包装及标贴向社会销售。该种勾兑制成的白酒理化、卫生指标均符合标准，每瓶售价仅为"幸福特曲"的1/4，销售状况甚好。该厂的上述做法(　　)。

A. 属于以假充真行为

B. 有关指标符合国家标准，不属以假充真行为

C. 勾兑酒与"幸福特曲"差价显著,不属以假充真行为

D. 国家允许生产代粮白酒,不属以假充真行为

11. 根据我国《反不正当竞争法》和相关法律的规定,下列关于诋毁商誉行为的表述正确的是(　　)。

A. 新闻单位被经营者唆使对其他经营者从事诋毁商誉行为的,可与经营者构成共同的不正当竞争行为

B. 经营者通过新闻发布会形式发布影响其他同业经营者商誉的信息,只要该信息是真实的,不构成诋毁行为

C. 诋毁行为只能是针对市场上某一特定竞争对手实施的

D. 经营者对其他竞争者进行诋毁,其主观心态既可以是故意,也可以是过失

12. 甲欲买"全聚德"牌的快餐包装烤鸭,临上火车前误购商标不同而外包装十分近似的显著标志名称为"仝聚德"的烤鸭,遂向"全聚德"公司投诉。"全聚德"公司发现,"仝聚德"烤鸭的价格仅为"全聚德"的1/3。如果"全聚德"起诉"仝聚德",其纠纷的性质应当是属于(　　)。

A. 诋毁商誉的侵权纠纷　　　　　B. 低价倾销的不正当竞争纠纷

C. 欺骗性交易的不正当竞争纠纷　　D. 企业名称侵权纠纷

13. 甲市某酒厂酿造的"蓝星"系列白酒深为当地人所喜爱。甲市政府办公室发文指定该酒为"接待用酒",要求各机关、企事业单位、社会团体在业务用餐时,饮酒应以"蓝星"系列为主。同时,酒厂公开承诺:用餐者凭市内各酒楼出具的证明,可以取得消费100元返还10元的奖励。下列关于此事的说法不正确的是(　　)。

A. 甲市政府办公室的行为属于限制竞争行为

B. 酒厂的做法尚未构成商业贿赂行为

C. 上级机关可以责令甲市政府改正错误

D. 监督检查部门可以没收酒厂的违法所得,并处以罚款

14. 下列不属于不正当竞争行为的是(　　)。

A. 经营者散布无根据的事实,损害了竞争对手的声誉

B. 投标者事先与招标者达成协议,最后由其中标

C. 煤气公司要求其用户购买某品牌的煤气炉

D. 某公司不知其职员提供的技术信息是某企业商业秘密的泄露,已使用于其产品制造中

15. 下列关于反垄断法的说法不正确的是( )。

A. 反垄断法属于经济法体系的组成部分

B. 反垄断法是国家干预经济的重要手段

C. 为实现实质公平,反垄断法要反对一切形式的垄断

D. 反垄断法是有关禁止阻碍、限制或妨害竞争的企业间协议、合谋、联合行动和滥用经济优势的行为,借以保护市场公平竞争,维护市场秩序的法律规范体系

二、多选题

1. 某村10余户农民从甲供销公司购得乙农药厂生产的"立杀净"杀虫药,并按说明喷洒于农作物上,但虫害有增无减,以致错过灭虫时机,当年农作物歉收,损失4万余元。经查,该杀虫药系乙农药厂未按标准生产的劣质农药。下列关于此案的判断,正确的是( )。

A. 该10余户农民应以乙农药厂为被告要求赔偿损失

B. 该10余户农民应以甲供销公司为被告要求赔偿损失

C. 该10余户农民既可以甲供销公司为被告,也可以乙农药厂为被告要求赔偿损失

D. 若该10余户农民起诉则既可以推举代表人参加诉讼,也可以单独另行起诉

2. 甲在商场购买电脑一台,使用3个月后发生故障,在"三包"有效期内经两次修理,仍不能正常使用。该商场解决这一问题的方法应为( )。

A. 可以要求甲支付折旧费后调换同型号产品

B. 若甲要求,应无条件调换同型号产品

C. 可以要求甲支付折旧费后退货

D. 若甲要求,应无条件退货

3. 经营者的下列行为违反了《消费者权益保护法》的规定的是( )。

A. 商家在商场内多处设置监控录像设备,其中包括服装销售区的试衣间

B. 商场的出租柜台更换了承租商户,新商户进场后,未更换原商户设置的名称标牌

C. 顾客以所购商品的价格高于同城其他商店的同类商品的售价为由要求退货,商家予以拒绝

D. 餐馆规定,顾客用餐结账时,餐费低于5元的不开发票

4. 下列关于产品责任的表述中正确的是( )。

A. 缺陷产品的生产者应对因该产品造成的他人人身、财产损害承担无过错责任

B. 缺陷产品造成他人人身、财产损害的,该产品的销售者和生产者承担连带责任

C. 因缺陷产品造成损害要求赔偿的诉讼时效为1年

D. 销售者不能指明缺陷产品的生产者也不能指明其供货者的,应承担赔偿责任

5. 某医院给病人高某开的治疗湿疹的药物,使用后反而加重了病情。经检验,这批药因在医院库房存放过久已经变质。下列有关该案处理的表述中正确的是(　　)。

A. 对医院应依据《产品质量法》进行处罚

B. 对医院应依据《药品管理法》进行处罚

C. 医院应赔偿给高某带来的损失

D. 药品生产者应承担赔偿责任

6. 下列产品的包装不符合《产品质量法》的要求的是(　　)。

A. 某商场销售的"三星"彩电只有韩文和英文的说明书

B. 某厂生产的火腿肠没有标明厂址

C. 某厂生产的香烟上没有标明"吸烟有害身体健康"

D. 某厂生产的瓶装葡萄酒没有标明酒精度

7. 张某从甲商场购买了一条电热毯,电热毯为乙厂所产。使用中电热毯发生漏电,致使房间着火,烧毁价值5 000元的财产,张某本人也被烧伤致残。下列表述中正确的是(　　)。

A. 甲商场和乙厂应对张某的损失承担连带责任

B. 张某因身体伤害要求赔偿的诉讼时效为1年

C. 张某可以向被告请求精神损害赔偿

D. 张某遭受的财产损失不属于产品责任,而属于违约责任

8. 下列行为中属于侵犯商业秘密行为的是(　　)。

A. 甲公司擅自利用乙公司的专利技术生产产品

B. 丙公司与某技术研究院签订了技术开发合同,该技术研究院未经丙公司同意,将开发的技术卖给了丁公司

C. 甲公司以高薪利诱乙公司的李某盗取本公司的商业秘密并使用之

D. 丙公司将盗取的商业秘密高价出售

9. 下列关于垄断的说法正确的有(　　)。

A. 法律规定禁止和反对的垄断,是指违反法律或社会公共利益的行为

B. 垄断往往通过合谋性协议,安排或协同行动,或者通过滥用经济优势地位,排斥或控制其他正当的经济活动,在一定的生产领域或流通领域内实行实质上限制竞争的经济行为

C. 法律未规定禁止的垄断不属于垄断行为

D. 法律上的垄断概念的外延要比经济学上的垄断概念的外延小得多

10. 我国《反垄断法》对经营者集中进行了规定,经营者集中包括的情形有(　　)。

A. 经营者合并

B. 经营者通过取得股权或者资产的方式取得对其他经营者的控制权

C. 企业结合

D. 经营者通过合同等方式取得对其他经营者的控制权或者能够对其他经营者施加决定性影响

### 三、案例分析

1. 基本材料《京城开瓶费案,餐厅终审败诉》。

消费者自带酒水,餐厅收取开瓶服务费,消费者与餐厅经营者对簿公堂,这起曾引起社会广泛议论的京城开瓶费案,26 日北京市第一中级人民法院做出终审宣判:判令湘水之珠酒楼返还消费者开瓶服务费 100 元。2012 年 9 月的一天晚上,王某等人前往湘水之珠酒楼就餐时自带了一瓶白酒,王某等人用餐后,餐厅向王某收取餐费 296 元,其中服务费(即开瓶服务费)为 100 元。王某认为,湘水之珠酒楼收取开瓶费的行为违反法律规定,严重侵害其公平交易权及合法权益,故向法院起诉要求湘水之珠酒楼公开赔礼道歉、返还开瓶费 100 元。

据了解,在湘水之珠酒楼提供的菜谱中确有这样的记载:客人自带酒水按本酒楼售价的 50% 另收取服务费,本酒楼没有的酒水按 100 元／瓶收取服务费。

一审法院认为,湘水之珠酒楼菜谱中关于自带酒水收费的规定系格式条款,应为无效。酒楼收取开瓶服务费,有悖于《消费者权益保护法》的规定,剥夺了王某享有自主选择商品或服务的权利,侵害了王某公平交易权,属于不当得利,判令湘水之珠酒楼返还开瓶服务费 100 元。一审宣判后,湘水之珠酒楼不服,认为一审判决适用法律是错误的,不应认定格式合同条款无效,且法

律对于收取开瓶费没有禁止性的规定。于是向一中院提出上诉。

二审中,一中院确定湘水之珠酒楼没有证据证明事前明示消费者收取开瓶服务费,审理法官认为,酒楼行为侵犯了消费者知情权及公平交易权,应当就此承担相应的侵权责任。

根据材料,简述消费者的知悉真情权。

2. 2011年3月,原告赵某(甲方)在被告北京某卫生洁具公司(乙方)购买了一台丙公司(丙方)生产的华清牌电热水淋浴器。同年同月10日,甲方又购买了一台北京丁公司(丁方)生产的三水牌多功能漏电保护器。该月中旬,甲方在家中安装了该两件电器。4月4日晚,甲方在使用该淋浴器时,突被按键漏电击中,整个右手烧伤,送医院抢救,被截除小拇指。为此,甲方先与乙方交涉,要求赔偿。乙方称:责任应由生产者承担,乙方无过错,拒绝赔偿。甲方遂向法院起诉,状告乙方、丙方、丁方,要求维护消费者的权益,三方负连带责任,赔偿损失。

乙方辩称,本公司只负责该电热水淋浴器的销售,赔偿责任应由生产者承担,与销售者无关。丙方辩称,本公司生产的产品符合国家标准,以往从未发生过产品责任事故,无证据证明生产者有过错而可以认定生产者应承担责任。丁方的漏电保护器可能是事故的主要原因。丁方辩称,甲方无视有关说明书的警示说明,违反安装说明,擅自安装超大功率电器,致使漏电保护器失效酿成事故,但漏电保护器失灵亦不至于造成电器伤人,应是丙方的产品存在质量问题。

法院在调查中,经技术监督局对华清牌电热水淋浴器、三水牌多功能漏电保护器进行质量检验,鉴定结论认定:① 华清牌电热水淋浴器的制造工艺存在缺陷,特定情况下淋浴器开关按键可能漏电;② 三水牌多功能漏电保护器已被烧毁无法鉴定,但对同样商品检测没有发现质量问题;③ 甲方安装淋浴器与漏电保护器连接时未按丁方的说明书正确安装,以致使用时漏电保护器不能正常工作。

问题:
(1) 乙方作为销售者是否应予赔偿、承担责任?为什么?
(2) 丙方作为生产者应承担什么责任?为什么?
(3) 丁方是否要承担责任?为什么?
(4) 甲方有无过错?对本案处理有何影响?

3. 四川甲厂生产的"不倒翁"牌的白酒行销本省及西南地区。该酒自

1990 年起销售,广告力度较大,在西南各省乡镇、农村都可见到此酒的广告及销售点。此酒物美价廉,在西南农村地区广受欢迎。该酒的包装装潢是将酒瓶设计成葫芦形,并贴有黑底及金色字体的"不倒翁"名称。贵州乙厂从 2010 年起生产"醉翁"牌酒,酒瓶也设计成葫芦形,并贴有黑底金字瓶贴,该酒也在西南地区销售。

甲厂向执法部门投诉,诉乙厂行为属假冒行为。乙厂辩称:甲厂生产使用的是"不倒翁"商标,乙厂使用的是"醉翁"商标,购买者不会误认;将两种酒摆在一起,细细观察,差别是明显的,所以不能认定为假冒或仿冒。

请回答下列问题:

(1) 乙厂的行为是否构成不正当竞争行为? 为什么?

(2) 乙厂辩称的理由是否成立? 为什么?

## 四、材料阅读

### 国际反垄断成效

在亚洲,日本政府为了赶超英美德等发达国家,集中财产参与国际竞争,先是鼓励和保护垄断。但是在第二次世界大战以后,凭借美国政府的干预,日本依照美国的反托拉斯法于 1947 年 4 月颁布了严厉的反垄断法《禁止私人垄断及确保公正交易法》,成功地肢解了三井、三菱、住友和安田四大财阀,并在以后多次对该法律进行了修改。除此以外,日本政府还为该法律的执行特别设立了公正交易委员会。

从第一部真正意义上的反垄断法出台到现在已经超过一百年的历史。尽管因国情不同,各国的反垄断立法以及司法实践存在差异,但因为反垄断法基于的经济学原理相同,因此近年各国反垄断法在内容上体现出很大的趋同性。

各国反垄断法一个根本的原则就是:反对经济活动中的垄断行为,而不是反对企业的垄断地位。

**国际反垄断成效之一:资源重组**

波音公司在 1996 年宣布收购麦道后,遭到了欧盟方面的巨大压力,但此案在波音公司做出巨大让步后最终获得通过,其博弈过程显示了反垄断案件的复杂性。

1996 年 12 月 15 日,世界航空制造业第一巨头美国波音公司宣布收购世界航空制造业排行第三的美国麦道公司,在全球飞机制造业引起轩然大波。

按照 1996 年 12 月 13 日的收盘价,波音公司完成这项收购共需出资 133 亿美元。在波音公司和麦道公司合并之后,新波音公司的资产总额达 500 亿美元,净负债为 10 亿美元,员工总数 20 万人。1997 年,新波音公司的总收入达到 480 亿美元,成为目前世界上最大的民用和军用飞机制造企业。

在二战之后,波音公司以原有的 B-52 型轰炸机的生产设备和厂房为基础大量生产波音 707 大型民用客机,奠定了其在世界大型民用客机生产领域的垄断地位。1996 年,该公司赢得了 346 架订货,是之前 6 年内订货最多的一年。

而波音公司和空中客车公司的竞争对手麦道公司的竞争实力则正在不断下降,其占世界民用客机市场的份额已从原有的 22% 下降到兼并前的不足 10%。从军工产品来看,尽管麦道公司曾经是世界最大的军用飞机制造商,生产了著名的 F-15、FA-18 等战斗机,但在 1994 年,美国的洛克希德与马丁·玛瑞塔合并,组成了洛克希德·马丁公司与麦道公司展开了激烈的竞争。1996 年,洛克希德·马丁公司又斥资 91 亿美元,兼并了另一家军工大企业——劳若。三家公司联合之后的年销售额达到 300 亿美元,是麦道公司年销售额的 2 倍,极大地削弱了麦道公司的竞争实力。现实表明,波音公司需要通过兼并麦道扩大生产能力,增加生产技术人员,而陷入困境的麦道也需要通过被兼并来寻找生机。

此案争议的焦点在于,根据美国的有关法律,如此大规模的合并必须经过美国反垄断当局的批准。关于兼并的允许范围,美国法律中明确规定,如果两家公司合并以后市场份额的平方和大于 1 800,公平交易部的反垄断处或联邦贸易委员会就有权立案调查。照此规定计算,波音所占的市场份额为 60%,仅其一家的平方就是法律条文规定的 2 倍,麦道所占的市场份额为 15%,两家市场份额平方和为 3 825,是立案调查标准的 2 倍多,虽如此该合并案最终还是获得了美国政府的放行。

由于这起合并事件使世界航空制造业由原来波音、麦道和空中客车三家共同垄断的局面变为波音和空中客车两家之间进行超级竞争,因此波音公司兼并麦道公司事件对欧洲飞机制造业构成极大的威胁,在欧洲各国政府和企业各界引起强烈的反响。1997 年 1 月,欧洲委员会开始对波音兼并麦道案进行调查;5 月,欧洲委员会正式发表不同意这起兼并的照会;7 月 16 日,来自欧盟 15 个国家的专家强烈要求欧洲委员会对这项兼并予以否决。美国和欧洲各主要国家的政府首脑纷纷卷入这场兼并和反兼并的冲突之中。

一时间,美国与欧洲出口企业之间酝酿着引发贸易大战的危机。最后,为了完成兼并,波音公司在1997年7月22日不得不对欧盟做出让步,其代价是:① 波音公司同意放弃三家美国航空公司今后20年内只购买波音飞机的合同;② 接受麦道军用项目开发出的技术许可证和专利可以出售给竞争者(空中客车)的原则;③ 同意麦道公司的民用部分成为波音公司的一个独立核算单位,分别公布财务报表。

经15个欧盟国家外长磋商之后,7月24日,欧洲正式同意波音兼并麦道;7月25日,代表麦道75.8%的股份,持有2.1亿股的股东投票通过麦道公司被波音公司兼并。1997年8月4日,新的波音公司开始正式运行。至此,世界航空制造业三足鼎立的局面不复存在,取而代之的是两霸相争的新格局。

**国际反垄断成效之二:终遭肢解**

标准石油作为美国历史上最为强大的托拉斯,受到了美国政府长达20多年的起诉和打击,并最终遭到分拆,这一案例为美国乃至全球的反垄断提供了重要的参考。

作为全球第一家托拉斯(以高度联合形式组成的综合性企业集团),标准石油的解散无疑是全球反垄断史上一个标志性事件,其所造成的影响在一个多世纪后的今天依然意义非凡。

1870年1月10日,洛克菲勒在俄亥俄州创建了标准石油这家有史以来最为强大的垄断企业,其定名是为了标榜该公司出产的石油是顾客可以信赖的"符合标准的产品"。到1879年底,标准公司作为一个合法实体成立刚满9年,就已控制了全美90%的炼油业。美国自有史以来,还从来没有一个企业能像标准石油一样如此完全地独霸过市场。

1882年,洛克菲勒在他的律师多德首度提出的"托拉斯"这个垄断组织的概念指导下合并了40多家厂商,垄断了全国80%的炼油工业和90%的油管生意。1886年,标准石油公司又创建了天然气托拉斯,并最后定名为美孚石油公司。1888年,公司开始进入上游生产,收购油田。1890年,标准石油公司成为美国最大的原油生产商,垄断了美国95%的炼油能力、90%的输油能力、25%的原油产量。标准石油公司对美国石油工业的垄断一直持续到1911年。

以标准石油为首,美国历史上一个独特的时代——垄断时代就此到来。托拉斯迅速在全美各地、各行业蔓延开来,在很短的时间内,这种垄断组织形式所创造的经济量就占了美国经济总量的90%。

在国际市场上,标准石油也迅速取得了支配性的地位。19世纪80年代,由于美国的先进工艺已使标准公司的产品优于欧洲人的产品,因而标准公司赢得了欧洲大部分地区的煤油市场。在 19 世纪 70 年代和 80 年代,其煤油出口占到全部美国石油产量的一半以上。从价值上说煤油占美国出口货物的第四位;在工业制品中是第一位。欧洲则是它的最大市场,而其中至少有90%的出口煤油是经标准石油公司之手出去的。

随着标准石油的不断膨胀,它也成为美国政府反托拉斯的头号打击对象,被作为"进行欺诈、高压、行使特权"的代表,首当其冲受到批判。1890 年,美国政府颁布《谢尔曼法》,美孚石油托拉斯不得不解散。但事实上,洛克菲勒的石油帝国仍然存在,各分公司仍然步调一致,协同作业;各公司的收入还是通过以洛克菲勒为中心的委托人来管理。1899 年 6 月,洛克菲勒改组美孚石油公司,以新泽西州的美孚公司重新登记,美孚石油公司的石油霸主地位再次得以确立。但在 1908 年,西奥多·罗斯福出任美国总统,开始了托拉斯与反托拉斯之间最为激烈的对抗。罗斯福提出要将垄断市场、勾结铁路的美孚石油公司彻底铲除。1911 年 5 月,美国最高法院宣判美孚石油公司解散,洛克菲勒为之辛苦经营 40 年、耗尽毕生精力的石油王国轰然倒塌。美孚石油公司被分成 38 个独立的企业,各自成立董事会。

尽管被分拆已超一个世纪,但今天人们依然能看出当年这个石油帝国的庞大。如今全球排名前两位的石油公司埃克森-美孚和德士古-雪佛龙均来自于当年的标准石油公司,其中的埃克森-美孚公司更为《财富》杂志 2006 年度财富 500 强的首位。

**国际反垄断成效之三:霸权受限**

在全球 PC 机操作系统等软件市场占有巨大的市场份额的微软在 2000 年险遭美国政府分拆。尽管最终幸运地逃过了一劫,但微软在世界各地长期陷入反垄断诉讼的漩涡,微软的案例在经济学界也引起了巨大的争议。

身为全球最大的软件商,1975 年成立的微软公司在全球 PC 机操作系统等软件市场占有巨大的市场份额,经常被推上反垄断法庭。但其中最为危险的,莫过于 1998 年 5 月 18 日美国司法部向微软发起的反垄断诉讼。

在裁决书中,联邦法官托马斯·杰克逊在宣布微软是垄断机构。在其调查报告中称:微软在 Intel 个人电脑操作系统市场中,享有至高无上的权利。

此后形势立刻向不利于微软的方向发展。1999 年 12 月 8 日,美国 19 州和司法部再一次起诉微软公司违背反垄断法《谢尔曼法》。随后 Intel 宣布解除其与微软多年的同盟关系。主审法官杰克逊出具了《微软垄断明证》,进一步证实微软垄断是事实。媒体和政府不断提出拆分微软公司的可能性。

在 2000 年 4 月 4 日，法庭宣判微软违反了美国反垄断法《谢尔曼法》，使用阻碍竞争的手段维持微软的垄断地位，杰克逊称微软违反了反垄断法《谢尔曼法》的核心部分。微软的 3 项罪名是：通过反竞争行为维持垄断、企图垄断浏览器市场和将其浏览器与操作系统捆绑。

2000 年 6 月，杰克逊法官做出将微软一分为二的判决，一个专营电脑操作系统，另一个则经营除去操作系统外微软目前所经营的其他内容，包括 Office 系列应用软件、IE 浏览器等，微软随后以法官杰克逊的司法公正性有问题提出上诉。2001 年 6 月，美国哥伦比亚特区联邦上诉法院做出裁决，驳回地方法院法官杰克逊做出的将微软一分为二的判决，但维持有关微软从事了违反反垄断法的反竞争商业行为的判决，判决微软利用在操作系统市场上的垄断力量打击竞争对手，与电脑制造商和软件开发商签订的一些排他性合同违法，微软最终艰难渡过风波。

# 模块四

## 金融法

　　金融法是调整金融关系的法律规范的总称。金融关系包括金融监管关系与金融交易关系。所谓"金融监管关系",主要是指政府金融主管机关对金融机构、金融市场、金融产品及金融交易的监督管理关系。所谓"金融交易关系",主要是指在货币市场、证券市场、保险市场和外汇市场等各种金融市场、金融机构之间,金融机构与大众之间,大众之间进行的各种金融交易的关系。

　　金融是国民经济的核心,金融活动能否正常进行直接关系到国家经济的健康发展。我国经济体制改革发展和国际金融发展的趋势使金融法学习成为当务之急,本模块主要介绍与日常生活关系密切的证券法、保险法和票据法。

### 学习目标

#### 一、知识目标

1. 掌握证券发行、交易的程序与条件。

2. 掌握保险的基础理论、保险基本业务,对保险市场基本运行方式有较全面的认识和了解。

3. 掌握票据关系,票据行为,票据权利,票据抗辩,票据的伪造和变造,汇票的出票、背书、承兑、保证、付款和追索权,本票的出票和付款及支票的出票和付款。

#### 二、能力目标

1. 系统、全面掌握我国现行的证券法律制度,关注当代证券改革的理论和实践,培养学生的法律分析和解决问题的能力。

2. 培养学生运用所学的知识,分析和解决保险活动的实际问题的能力,提高学生保险法的理论水平和实践能力。

3. 通过学习,熟悉票据法的基本原理、具体制度和相关的业务基础知识,培养具有熟悉业务、通晓法律的复合型金融人才。

# 项目一　证券法律制度与实训

宏达网络股份有限公司是一家从事 IT 业的著名企业,其发起设立的注册资本为 4 000 万元。公司开业 1 年来经营业绩节节攀升,为抓住机遇,扩大公司规模,公司董事会决定,向国务院授权部门及证券管理部门申请公司上市发行新股,拟发行新股总额为人民币 6 000 万元,每股面额 2 元。为吸引投资,其中 2 000 万元股份为优先股,优先股股东享有下列权利:① 优先股股东可以用 8.5 折购买股票;② 预先确立优先股股利 11%,且不论盈亏保证支付;③ 优先股股东在股东大会上享有表决权,其余 4 000 万元股份为普通股,溢价发行,并将股票发行溢价收入列入公司利润中。

## 任务描述

根据上述内容回答一下问题:

一、宏达网络股份有限公司申请公司上市及发行新股的行为,能否获得批准? 为什么?

二、宏达网络股份有限公司对优先股的规定合法吗?

三、新股发行方案中存在什么问题?

## 任务分析

### 一、证券的概念和种类

证券是代表一定权利的书面凭证,即记载并代表一定权利的文书。广义的证券包括货币证券、资本证券和货物证券,《中华人民共和国证券法》(以下简称《证券法》)所规范的证券仅为资本证券。

我国《证券法》适用的范围是股票、公司的债券和国务院依法认定的其他证券;政府债券、证券投资基金份额的上市交易,也适用本法。

1. 股票

股票是股份有限公司签发的证明股东权利的要式的有价证券。根据股东所享有的权利、股票分为普通股、优先股、后配股;根据票面上及股东名册是否记有股东姓名,分为记名股票和不记名股票;根据股票发行的对象不同,分为发起人股、国家授权投资股、法人股和社会公众股;以股票的购买币种和持有人地域不同,分为 A 种股票、B 种股票和 H 股。

2. 债券

债券是发行人为了筹集资金向社会发行的保证在规定时间内向债券持有人还本付息的有价证券。债券根据发行人的不同,可分为政府债券、金融债券和企业债券;按照发行的对象是否是特定的投资者,可分为公募债券、私募债券;按照发行的方式不同,可分为直接发行证券、间接发行证券;按是否记载持有人姓名,可分为记名债券、不记名债券。

股票和债券的对比见表 4-1。

表 4-1　股票和债券的异同

| 概念 | 区别 | | | | 相同点 |
| --- | --- | --- | --- | --- | --- |
| | 发行的主体不同 | 持有人投资风险不同 | 法律性质和形成的法律关系不同 | 持有人享有的权利不同 | |
| 股票 | 是公司股权的表现形式,也是股份有限公司签发的证明股东所持股份的凭证(证明股东权的有价证券) | 股票的发行主体仅限于股份有限公司 | 股票的投资收益受公司盈利的影响,并且没有盈余不得向股东分配公司利润,投资风险较大 | 股票是股权凭证,持有人为公司的股东,募集的资金为公司的资本金 | 股票持有人享有股东权,如投资收益权、选举董事权、监事权等 | (1) 都是有价证券、要式证券、流通证券、融资债券、证权债券; (2) 都可以向不特定的社会主体发行(股票可以向特定主体募集,这是筹资的一种方式,并不影响股票可以公开发行的性质) |
| 债券 | 是企业、金融机构或政府为募集资金向社会公众发行的,保证在规定时间向债券持有人还本付息的有价证券(是一种到期还本付息的有价证券) | 公司的债券发行主体可以是有限责任公司也可以是股份有限公司 | 对公司债券而言,公司应当按约定的期限和利率还本付息,不受公司经营业绩的影响,投资风险较小 | 公司债券表明的是债权债务关系,持有人为公司债权人,所募集的资金形成公司的负债 | 债权持有人享有债权 | |

**练 一 练**

根据《证券法》规定和证券法原理,下列说法正确吗?

(1) 有限责任公司和股份有限公司都可以发行股票和债券。

(2) 股票和债券具有相同的风险性。

(3) 债券的流通性强于股票的流通性。

(4) 证券代表的权利可以是债权。

(5) 所有证券投资均具有风险性。

## 二、证券市场主体

一般而言,参与证券市场活动的各类主体为证券发行者、投资者、证券监管机构、证券服务机构等,下面作简要介绍。

(一) 证券发行者、投资者

(1) 证券发行者,是依法发行证券的人。这里的人主要包括发行政府债券的国家、发行公司债券的公司、发行股票的股份公司、发行证券投资基金的证券投资基金管理公司等。

(2) 证券投资者,是指购买证券进行投资的人,这里的人可为自然人、法人和非法人组织等。其中自然人应具备完全民事行为能力,而且证券交易所、证券公司和证券登记结算机构的从业人员、证券监督管理机构的工作人员以及法律、行政法规禁止参与股票交易的其他人员,在任期或者法定限期内,不得直接或者以化名、借他人名义持有及买卖股票,也不得收受他人赠送的股票。

(二) 证券监管机构

中国证券监理管理委员会及其授权派出机构——证监局,是我国的证券监督管理机构。

**【特别提醒】** 证券监管机构是国务院直属事业单位,非国家机关。

证券监管机构的职责主要有以下几点:

(1) 依法制定有关证券市场监督管理的规章、规则,并依法行使审批或者核准权。

(2) 依法对证券的发行、上市、交易、登记、存管、结算,进行监督管理。

（3）依法对证券发行人、上市公司、证券公司、证券投资资金管理公司、证券服务机构、证券交易所、证券登记结算机构的业务活动,进行监督管理。

（4）依法制定从事证券业务人员的资格标准和行为准则,并监督实施。

（5）依法监督检查证券发行、上市和交易的信息公开情况。

（6）依法对证券业协会的活动进行指导和监督。

（7）依法对违反证券市场监督管理法律、行政法规的行为进行查处。

（8）法律、行政法规规定的其他职责。

另外,国务院证券监督管理机构可以和其他国家或者地区的证券监督管理机构建立监督管理合作机制,实施跨境监督管理。

（三）证券公司

证券公司,是经证券监管机构批准设立的,依法设立经营证券业务的有限责任公司或股份有限公司,在实践中又被称为券商。

1.证券公司的设立条件

（1）有符合法律、行政法规规定的公司章程。

（2）主要股东具有持续盈利能力,信誉良好,最近三年无重大违法违规记录,净资产不低于人民币2亿元。

（3）有符合法律规定的注册资本。

（4）董事、监事、高级管理人员具备任职资格,从业人员具有证券从业资格。

（5）有完善的风险管理与内部控制制度。

（6）有合格的经营场所和业务设施。

（7）法律、行政法规规定的和经国务院批准的证券监督管理机构规定的其他条件。

2.证券公司的业务范围

（1）注册资本为5 000万元以上的证券公司:① 证券经纪;② 证券投资咨询;③ 与证券交易、证券投资有关的财务顾问。

（2）注册资本为1亿元以上的证券公司:除可从事以上3项业务外,还可在以下4项业务中任选一项:① 证券承销与保荐;② 证券自营;③ 证券资产管理;④ 其他证券业务。

（3）注册资本为5亿元以上的证券公司可从事上述所有7项业务。

（4）证券公司从事任何业务所需注册资本必须为实缴资本。

（5）证券监督管理机构根据审慎监管原则和各项业务的风险程度,可以调整注册资本限额,但不得少于前面规定的限额。

3．证券公司的监管

(1) 公司设立监管。国务院证券监督管理机构应当自受理证券公司设立申请之日起6个月内,依照法定条件和法定程序并根据审慎监管原则进行审查,做出批准或者不予批准的决定,并通知申请人;不予批准的应说明理由。

证券公司应当自领取营业执照之日起15日内,向国务院证券监督管理机构申请经营证券业务许可证。未取得经营证券业务许可证的,证券公司不得经营证券业务。

(2) 公司运作监管。证券公司设立、收购或者撤销分支机构,变更业务范围或者注册资本,变更持有5%以上股权的股东、实际控制人,变更公司章程中的重要条款,合并、分立、变更公司形式、停业、解散、破产,必须经国务院证券监督管理机构批准。

证券公司在境外设立、收购或者参股证券经营机构,必须经国务院证券监督管理机构批准。

(四) 证券交易所

证券交易所,是为证券集中交易提供场所和设施,组织和监督证券交易,实行自律管理的法人。

1．交易所的外在监管

(1) 证券交易所的设立和解散,由国务院决定。

(2) 证券交易所章程的制定和修改,必须经国务院证券监督管理机构批准。

(3) 证券交易所设理事会,其总经理由国务院证券监督管理机构任免。

2．交易所的职权

(1) 即时行情独家发布权。证券交易所应公布证券交易即时行情,并按交易日制作证券市场行情表,予以公布。未经证券交易所许可,任何单位和个人不得发布证券交易即时行情。

(2) 技术性停牌或临时停市权。因突发性事件而影响证券交易的正常进行时,证券交易所可以采取技术性停牌的措施;因不可抗力的突发性事件或者为维护证券交易的正常秩序,证券交易所可以决定临时停市。不管停牌或停市,都必须及时报告国务院证券监督管理机构。

(3) 实时监控或限制交易权。证券交易所对证券交易实行实时监控,并按照国务院证券监督管理机构的要求,对异常的交易情况提出报告。证券交易所根据需要,可以对出现重大异常交易情况的证券账户限制交易,并报国务院证券监督管理机构备案。

(4)风险基金管理权。证券交易所应当从其收取的交易费用和会员费、席位费中提取一定比例的金额设立风险基金。风险基金由证券交易所理事会管理,应当将收存的风险基金存入开户银行专门账户,不得擅自使用。

### (五)证券登记结算机构

#### 1.定义

证券登记结算机构,是为证券交易提供集中登记、存管与结算服务,不以营利为目的的法人。设立和解散证券登记结算机构必须经国务院证券监督管理机构批准。

#### 2.证券登记结算机构的义务

(1)相关资料保存义务。证券登记结算机构应当妥善保存登记、存管和结算的原始凭证及有关文件和资料,其保存期限不得少于20年。

(2)货银对付义务。证券登记结算机构为证券交易提供净额结算服务时,应当遵循货银对付要求,足额交付证券和资金,并提供交收担保。在交收完成之前,任何人不得动用用于交收的证券、资金和担保物。

### 三、证券的发行

证券发行,是指发行主体以筹集资金为目的,将证券直接或间接销售给证券投资人的活动,包括募集、制作、支付、直接销售或委托中介机构承销、代销证券等一系列活动。

发行人是指通过发行证券来筹集资金的法人组织,包括股份有限公司、有限责任公司、一人有限责任公司、国有独资公司、其他企业法人。此外,金融机构可以直接成为金融债券的发行主体,国家是国家公债的发行主体。

证券发行方式有直接发行和间接发行之分,前者指发行人不通过承销机构而直接将证券销售给投资人,后者指发行人通过承销机构代为发行。证券发行交易流程如图4-1所示。

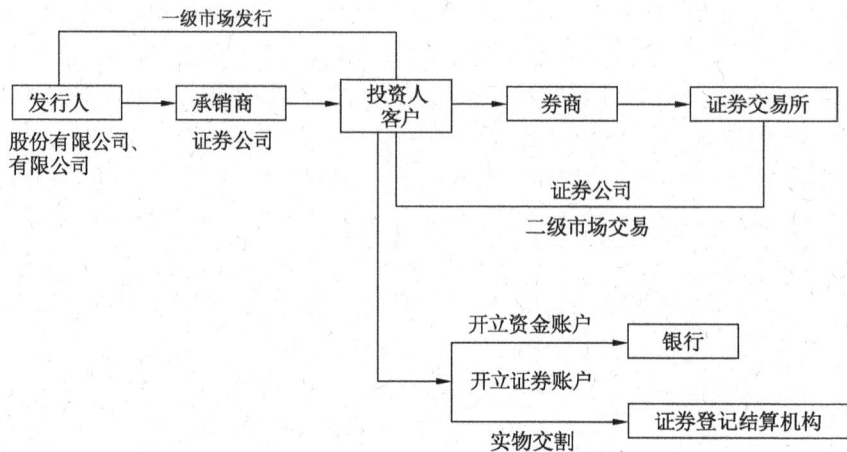

图4-1　证券发行交易流程

（一）证券发行的基本条件

股票发行有两种情况：一是设立发行，即为设立新公司而首次发行股票；二是增资发行，即为扩大已有的公司规模而发行新股。

1．公开发行证券的条件

公开发行证券，必须符合法律、行政法规规定的条件，并依法报经国务院证券监督管理机构或者国务院授权的部门核准；未经依法核准，任何单位和个人不得公开发行证券。

有下列情形之一，为公开发行：

（1）向不特定对象发行证券的。

（2）向特定对象发行证券累计超过200人的。

（3）法律、行政法规规定的其他发行行为。

2．保荐制度及其适用范围

发行人申请公开发行股票，可转换为股票的公司债券，依法采取承销方式的，或者公开发行法律、行政法规规定实行保荐制度的其他证券的，应当聘请具有保荐资格的机构担任保荐人（说明上述两种证券发行都实行保荐制度）。

保荐人应当遵循业务规则和行业规范，诚实守信，勤勉尽责，对发行人的申请文件和信息披露资料进行审慎核查，督导发行人规范运作。

【特别注意】 保荐人顾名思义就是担保推荐人,其作用是增强发行证券的信用,确保证券的顺利发行,当然担保就意味着要承担连带责任,保荐人要承担连带责任。

对于保证上市公司的质量有很多具体的措施,主要表现在两大方面:

(1)对于公司的发行上市,首先必须采用保荐人制度,法律规定只要执行成交的证券,达到成交发行的时候,就必须有保荐人。所谓保荐人就是指取得了保荐资格的人,只有这样的人才可以做这个业务,一旦接受该业务就要对公司的发行上市承担连带责任,万一其保荐的公司出现什么问题他没有发现,除非有证据表明对方是故意隐瞒的,否则保荐人要承担责任。

(2)在上市公司披露信息方面提出了更严格的要求。上市公司的一个最大的问题,就是其在经营过程当中的有关情况能不能及时向广大投资者披露。过去法律已经对此做了规定,而且要求得很具体。《证券法》经过修订,总结经验,在上市公司信息披露方面提出了更严格的要求。

3.公开发行股票以及债券的条件

(1)应当符合《公司法》规定的条件和经国务院批准的国务院证券监督管理机构规定的其他条件。

(2)公司公开发行新股,应当符合下列条件:① 具备健全且运行良好的组织机构;② 具有持续盈利能力,财务状况良好;③ 最近3年财务会计文件无虚假记载,无其他重大违规行为;④ 经国务院批准的国务院证券监督管理机构规定的其他条件。

上市公司非公开发行新股,应当符合经国务院批准的国务院证券监督管理机构规定的条件,并报国务院证券监督管理机构核准。

公司对公开发行股票所募集的资金,必须按照招股说明书所列资金用途使用。改变招股说明书所列资金用途,必须经股东大会做出决议。擅自改变用途而未做出纠正的,或者未经股东大会认可的,不得公开发行新股。

大华公司于 2006 年 3 月 1 日在上交所上市,因公司业务发展迅速,为扩大生产规模,提高商品的规格,准备募集资金引进新的生产线。现拟发行新股,对其行为的表述,正确的是(　　)。

A. 如大华公司累计向不超过 200 人的特定对象发行股份可不经国务院证券监督管理机构核准

B. 若大华公司最近 3 年财务会计文件有虚假记载则不得公开发行新股

C. 在完成机床生产线的投资后,大华公司可将公开发行股票募集的剩余资金用于弥补上年的亏损

D. 如果其改变所募集的资金的用途则必须经董事会做出决议

(3) 公开发行公司债券,应当符合下列条件:① 股份有限公司的净资产不低于人民币 3 000 万元,有限责任公司的净资产不低于人民币 6 000 万元;② 累计债券余额不超过公司净资产的 40%;③ 最近 3 年平均可分配利润足以支付公司债券 1 年的利息;④ 募集的资金投向符合国家产业政策;⑤ 债券的利率不超过国务院限定的利率水平;⑥ 国务院规定的其他条件。

公开发行公司债券筹集的资金,必须用于核准的用途,不得用于弥补亏损和非生产性支出。上市公司发行可转换为股票的公司债券,除应当符合上面规定的债券发行条件外,还应当符合《证券法》关于公开发行股票的条件,并报国务院证券监督管理机构核准。

申请公开发行债券,应当向国务院授权的部门或者国务院证券监督管理机构报送下列文件:公司营业执照;公司章程;公司债券募集办法;资产评估报告和验资报告;国务院授权的部门或者国务院证券监督管理机构规定的其他文件。

依照《债券法》规定应聘请保荐人的,还应当报送保荐人出具的发行保荐书。

(4) 有下列情形之一的,不得再次公开发行公司债券:① 前一次公开发行的公司债券尚未募足;② 对已公开发行的公司债券或者其他债务有违约或者延迟支付本息的事实,且仍处于继续状态;③ 违反《证券法》规定,改变公开发行公司债券所募集资金的用途。

4．证券发行的监管

（1）监督主体。国务院证券监督管理机构设发行审核委员会，依法审核股票发行申请。发行审核委员会由国务院证券监督管理机构的专业人员和所聘请的该机构外的有关专家组成，以投票方式对股票发行申请进行表决，提出审核意见。

国务院证券监督管理机构依照法定条件负责核准股票发行申请。核准程序应当公开，并依法接受监督。参与审核和核准股票发行申请的人员，不得与发行申请人有利害关系，不得直接或间接接受发行申请人的馈赠，不得持有所核准的发行申请的股票，不得私下与发行申请人进行接触。国务院授权的部门对公司债券发行申请的核准，参照前述规定执行。

（2）监督程序。国务院证券监督管理机构或者国务院授权的部门应当自受理证券发行申请文件之日起3个月内，依照法定条件和法定程序做出予以核准或者不予核准的决定，发行人根据要求补充、修改发行申请文件的时间不计算在内；不予核准的，应当说明理由。

证券发行申请经核准的，发行人应当依照法律、行政法规的规定，在证券公开发行前，公告公开发行募集文件，并将该文件置备于指定场所供公众查阅。发行证券的信息依法公开前，任何知情人不得公开或泄露该信息。发行人不得在公告公开发行募集文件前发行证券。

（3）处理措施。国务院证券监督管理机构或者国务院授权的部门对已做出的核准证券发行的决定，发现不符合法定条件或者法定程序，尚未发行证券的，应当予以撤销，停止发行；已经发行尚未上市的，撤销发行核准决定，发行人应当按照发行价并加算银行同期存款利息返还证券持有人；保荐人应当与发行人承担连带责任，但是能够证明自己没有过错的除外；发行人的控股股东、实际控制人有过错的，应当与发行人承担连带责任。

（二）发行方式

1．发行公告

证券发行申请经核准或经审批后，发行人应当在证券公开发行之前，公告公开发行募集文件，并将该文件置备于指定场所供公众查阅。

2．发行中介机构

证券发行过程中的中介机构有律师事务所、会计师事务所和资产评估机构，其中律师和律师事务所从事的证券法律业务主要包括：① 为证券的发行、上市和交易出具有关法律意见书；② 审查、修改、制作与证券发行和交易有关的法律文件。

3. 发行方式

2004 年 12 月中国证监会发布《关于首次公开发行股票试行询价制度若干问题的通知》，规定自 2005 年 1 月起，首次公开发行股票的公司应通过向询价对象询价的方式确定股票发行价格。

所谓询价对象，是指符合中国证监会规定条件的证券投资基金管理公司、证券公司、信托投资公司、财务公司、保险机构投资者和境外机构投资者，以及其他经中国证监会认可的机构投资者。

（三）证券承销

1. 承销种类和承销商行为规范

证券代销是指证券公司代发行人发售证券，在承销期结束时，将未出售的证券全部退还给发行人的承销方式。

证券包销是指证券公司将发行人的证券按照协议全部购入或者在承销期结束时将售后剩余证券全部自行购入的承销方式。

> 【特别注意】 公司设立发行时，采用包销方式肯定可以设立成功，但是采用代销方式则未必；因此前者费用比后者高得多，因为承销商承担着风险。
>
> 公开发行证券的发行人有权依法自主选择承销的证券公司。证券公司不得以不正当竞争手段招揽证券承销业务。证券公司承销证券，应当同发行人签订包销或代销协议。
>
> 证券公司在代销、包效期内，对所代销、包销的证券应当保证先行出售给认购人，证券公司不得为本公司预留所代销的证券和预先购入并留存所包销的证券。
>
> 股票发行采取溢价发行的，其发行价格由发行人与承销的证券公司协商决定。

2. 承销团和主承销人

承销团又称联合承销，有两点需要注意：

（1）法律规定向社会公开发行的证券总值超过人民币 5 000 万元时，则无须由承销团承销。

（2）这里规定的是证券票面总值，而不是发行价格的总值，实践中股票常常溢价发行,所以当发行价格超过 5 000 万元而票面总值没有超过 5 000 万元时,只由一家证券公司销售并不违法。

主承销人,是指承销团在承销过程中,其他承销团成员均委托其中一家承销人为承销团负责人,该负责人就是主承销人。主承销人与其他各家承销人的关系属于民法上的委托代理关系,主承销人的行为后果由承销团承担。

3. 销售期限

证券的包销、代销期最长不得超过 90 日。证券公司包销证券的,应当在包销期满后规定的期限内,将包销情况报证监会备案;证券公司代销证券的,应当在代销期满后规定的期限内,与发行人共同将证券代销情况报证监会备案。

4. 销售结果

股票发行采用代销方式,代销期限届满,向投资者出售的股票数量未达到拟公开发行数量的 70% 的,为发行失败,发行人应当按照发行价格并加算银行同期存款利息返还股票认购人。

### 四、证券的交易

(一) 证券交易的条件及方式

1. 证券交易的条件

(1) 证券交易当事人依法买卖的证券,必须是依法发行并已交付的证券。

(2) 依法发行的证券,法律对其转让有限制性规定的,在限定期限内,不得买卖。

(3) 经依法核准上市交易的证券,应当在证券交易所挂牌交易。

2. 交易方式

证券在证券交易所挂牌交易,应当采用公开的集中竞价交易方式。集中竞价应当实行价格优先、时间优先的原则。

(二) 证券交易的暂停与终止

1. 股票上市交易的暂停与终止

上市公司有下列情形之一的,由证券交易所决定暂停其股票上市交易:

(1) 公司股本总额、股权公开等发生变化不再具备上市条件。

(2) 公司不按照规定公开其财务状况,或者对财务会计报告作虚假记载,可能误导投资者。

(3) 公司有重大违规行为。

(4) 公司最近 3 年连续亏损。

（5）证券交易所上市规则规定的其他情形。

上市公司有下列情形之一的，由证券交易所决定终止其股票上市交易：

（1）公司股本总额、股权公开等发生变化不再具备上市条件，在证券交易所规定的期限内仍不能达到上市条件。

（2）上市公司不按照规定公开其财务状况，或者对财务会计报告作虚假记载，并拒绝纠正。

（3）公司最近3年连续亏损，在其后一个年度内未能恢复盈利。

（4）公司解散或被宣告破产。

（5）证券交易所上市规则规定的其他情形。

2．公司债券上市交易的暂停与终止

公司债券上市交易后，公司有下列情形之一的，由证券交易所决定暂停其公司债券上市交易：

（1）公司有重大违法行为。

（2）公司情况发生重大变化不符合公司债券上市条件。

（3）发行公司债券所募集的资金不按照核准的用途使用。

（4）未按照公司债券募集办法履行义务。

（5）公司最近2年连续亏损。

公司有上述第（1）项、第（4）项所列情形之一，经查实后果严重的，或者有上述第（2）项、第（3）项、第（5）项所列情况之一，在限期内未能消除的，由证券交易所决定终止其公司债券上市交易。

公司解散或者被宣告破产的，由证券交易所终止其公司债券上市交易。

（三）限制或禁止的证券交易行为

1．一般规定

证券交易的限制和禁止行为是指法律规定证券市场的参与者在参与证券交易过程中限制和禁止从事的行为，除《证券法》第3章第4节（"禁止的交易行为"）的集中规定以外，对限制和禁止的交易行为还有一些一般性规定，这些一般性规定散见于《证券法》《公司法》之中，主要包括：

（1）证券交易当事人依法买卖的证券，必须是依法发行并交付的证券。非依法发行的证券，不得买卖。

（2）依法发行的股票、公司债券及其他证券，法律对其转让有限制性规定的，在限定的期限内不得买卖。

（3）依法公开发行的股票、公司债券及其他债券，应当在依法设立的证券交易所上市交易或者在国务院批准的其他证券交易场所转让。

（4）证券在证券交易所上市交易，应当采用公开的集中交易方式或者国务院证券监督管理机构批准的其他方式。

（5）证券交易当事人买卖的证券可以采用纸面形式或者国务院证券监督管理机构规定的其他形式。

（6）证券交易以现货和国务院规定的其他方式进行交易。

（7）证券交易所、证券公司和证券登记结算机构的从业人员、证券监督管理机构的工作人员以及法律、行政法规禁止参与股票交易的其他人员，在任期或者法定限期内，不得直接或者以化名、借他人名义持有、买卖股票，也不得收受他人赠送的股票。

任何人在成为前款所列人员时，其原已持有的股票，必须依法转让。

（8）证券交易所、证券公司、证券登记结算机构必须依法为客户开立的账户保密。

（9）为股票发行出具审计报告、资产评估报告或者法律意见书等文件的证券服务机构和人员，自接受上市公司委托之日起至上述文件公开后5日内，不得买卖该种股票。

（10）上市公司董事、监事、高级管理人员、持有上市公司股份5%以上的股东，将其持有的该公司的股票在买入后6个月内卖出，或者在卖出后6个月内又买入，由此所得收益归该公司所有，公司董事会应当收回其所得收益。但是，证券公司因包销购入售后剩余股票而持有5%以上股份的，卖出该股票不受6个月的时间限制。

【特别注意】　此条禁止的行为为短线交易行为，收益归公司的权利叫作归入权。证券法中对此提到3个"5%"，总结如下：第一个和第二个就是上文所述2个，第一个是无意中持有份额超过5%的，受6个月的时间限制，有2个报告义务；第二个5%，因为是承销商，它的持股比例不是增加到5%，而是从100%降到5%，整个承销期内，都是超过5%的，所以其交易不受期限限制；第三个5%就是在上市公司收购中，当收购人收购达到目标公司股份5%的时候，因为具有收购的目的，要约收购又必须在60日内完成，所以在期限限制上较短，只有3天（第1次）或者5天（第二次及以后每达到5%）的禁止交易期，并有3个报告义务：向该目标公司、证交所、证监会进行报告。

2. 内幕交易行为

内幕交易是指知悉证券交易内幕信息的知情人员利用内幕信息进行证券交易活动。根据《证券法》的规定,下列人员为知悉证券交易内幕信息的知情人员:

(1) 发行人的董事、监事、高级管理人员。

(2) 持有公司5%以上股份的股东及其董事、监事、高级管理人员,公司的实际控制人及其董事、监事、高级管理人员。

(3) 发行人控股的公司及其董事、监事、高级管理人员。

(4) 由于所任公司职务可以获取公司有关内幕信息的人员。

(5) 证券监督管理机构工作人员及由于法定职责对证券的发行、交易进行管理的其他人员。

(6) 保荐人、承销的证券公司、证券交易所、证券登记结算机构、证券服务机构的有关人员。

(7) 国务院证券监督管理机构规定的其他人。

证券交易活动中,涉及公司的经营、财务或者对该公司证券的市场价格有重大影响的尚未公开的信息为内幕信息,具体如下:

(1) 《证券法》第67条第2款所列重大事件。

(2) 公司分配股利或者增资的计划。

(3) 公司股权结构的重大变化。

(4) 公司债务担保的重大变更。

(5) 公司营业用主要资产的抵押、出售或者报废一次超过该资产的30%。

(6) 公司的董事、监事、高级管理人员的行为可能依法承担重大损害赔偿责任。

(7) 上市公司收购的有关方案。

(8) 国务院证券监督管理机构认定的对证券交易价格有显著影响的其他重要信息。

知悉内幕信息的知情人员或者非法获取内幕信息的其他人员,不得买入或卖出所持有的该公司证券,或者泄漏该信息或者建议他人买卖该证券。

3. 操纵证券市场行为

(1) 单独或者通过合谋,集中资金优势、持股优势或者利用信息优势联合或者连续买卖,操纵证券交易价格或者证券交易量。

（2）与他人串通，以事先约定的时间、价格和方式相互进行证券交易，影响证券交易价格或者证券交易量。

（3）在自己实际控制的账户之间进行证券交易，影响证券交易价格或者证券交易量。

（4）以其他手段操纵证券市场。

操纵证券市场行为给投资者造成损失的，行为人应当承担赔偿责任。

4. 虚假陈述和信息误导行为

禁止国家工作人员、传播媒介从业人员和有关人员编造、传播虚假信息，扰乱证券市场。

禁止证券交易所、证券公司、证券登记结算机构、证券服务机构及其从业人员，证券业协会、证券监督管理机构及其工作人员，在证券交易活动中做出虚假陈述或者信息误导。

各种传播媒介传播证券市场信息时必须真实、客观，禁止误导。

5. 欺诈客户行为

（1）违背客户的委托买卖证券。

（2）不在规定时间内向客户提供交易的书面确认文件。

（3）挪用客户所委托买卖的证券或者客户账户上的资金。

（4）未经客户的委托，擅自为客户买卖证券，或者假借客户的名义买卖证券。

（5）为牟取佣金收入，诱使客户进行不必要的证券买卖。

（6）利用传播媒介或者通过其他方式提供、传播虚假或者误导投资者的信息。

（7）其他违背客户真实意思表示，损害客户利益的行为。

欺诈客户行为给客户造成损失的，行为人应当依法承担赔偿责任。

6. 其他禁止行为

（1）禁止法人非法利用他人账户从事证券交易；禁止法人出借自己或者他人的证券账户。

（2）依法拓宽资金入市渠道，禁止资金违规流入股市。

（3）禁止任何人挪用公款进行买卖证券。

国有企业和国有资产控股的企业买卖上市交易的股票，必须遵守国家有关规定。证券交易所、证券公司、证券登记结算机构、证券服务机构及其从业人员在证券交易中发现有禁止的交易行为的，应当及时向证券监督管理机构报告。

1. SW 上市公司已发行股份 100 万股。以下是证券交易所发生的 4 起买卖 SW 股票的事件,其中违反《证券法》规定的是(　　)。

A. 甲于 6 月 8 日 10 时,在持有该股票 3 万股的情况下,购进 1 万股;同日 15 时,再次购进 5 000 股

B. 乙于 6 月 8 日 11 时,在持有该股票 3.5 万股的情况下,购进 1.5 万股;次日,卖出 1 万股

C. 丙于 6 月 8 日 14 时,在持有该股票 4 万股的情况下,购进 1 万股;6 月 10 日 16 时,再购进 5 000 股

D. 丁于 6 月 8 日 15 时,在持有该股票 2.5 万股的情况下,购进 1.5 万股;次日 14 时,卖出 1 万股

2. 证券投资咨询机构的业务人员与委托人的下列约定,为《证券法》所禁止的是(　　)。

A. 受托人随时提供对制定股票的分析预测,并按委托人指示买进或卖出

B. 受托人有限获取委托人将要公开的经营信息,并用于对其他客户的咨询服务

C. 受托人从委托人依据咨询意见进行投资交易所获得的利润中提取 10% 作为奖金

D. 受托人对于委托人根据咨询意见进行投资交易所受的损失不承担赔偿责任

## 五、证券上市

证券上市,是指已公开发行的股票、债券等有价证券,符合法定条件,经证券主管机关核准后,在证券交易所集中竞价交易的行为。

### (一)股票上市

【特别提示】　上市公司和证券上市的区别:

上市公司是指具备法定条件通过证交所安排,在证交所交易其证券的股份有限公司。

证券上市,既可以是已上市公司在证交所公开交易募股的行为,也可以是非上市公司通过在证交所安排交易而成为上市公司的制度。

(1) 股份有限公司申请股票上市,应当符合下列条件:

① 股票经国务院证券监督管理机构核准已公开发行(也就是公司必须是募集设立);

② 公司股本总额不少于人民币 3 000 万元;

③ 公开发行的股份达到公司股份总数的 25% 以上,股市股本总额超过人民币 4 亿元的,公开发行股份的比例为 10% 以上;

④ 公司最近 3 年无重大违法行为,财务会计报告无虚假记载。

证券交易所可以规定高于前款规定的上市条件,并报国务院证券监督管理机构批准。

股票上市交易申请经证监会核准后,发行人应当向证券交易所提交核准文件和申请时提交的文件,证券交易所应当自接到文件之日起 6 个月内,安排该股票上市。

(2) 股票上市交易申请经证券交易所同意后,上市公司应当在上市交易 5 日前公告经核准的股票上市的有关文件,并将该文件置备于指定场所供公共查阅,并公告以下事项:

① 股票获准在证券交易所交易的日期;

② 持有公司股份最多的前 10 名股东的名单和持股数额;

③ 公司的实际控制人;

④ 董事、监事、高级管理人员的姓名及其持有本公司股票和债券的情况。

(二) 债券上市

(1) 公司申请债券上市交易,应当符合下列条件:

① 公司债券的期限为一年以上;

② 公司债券实际发行额不少于人民币 5 000 万元;

③ 公司申请债券上市时仍符合法定的公司债券发行条件。

(2) 向证券交易所提出公司债券上市交易申请时,应当提交的文件有:

① 上市报告书;

② 申请公司债券上市的董事会决议;

③ 公司章程;

④ 公司营业执照；

⑤ 公司债券募集办法；

⑥ 公司债券的实际发行数额；

⑦ 证券交易所上市规则规定的其他文件。

（3）申请经核准后，发行人应当向证券交易所提交核准文件和上文列出的有关文件，证券交易所应当自接到之日起 3 个月内，安排该证券上市交易，公司债券上市交易申请经证券交易所同意后，发行人应当在公司证券上市交易的 5 日前公告公司债权上市报告、核准文件及有关上市申请文件，并将其申请文件置备于指定场所供公众查阅。

最新规定：证券上市由证交所核准上市。

练 一 练

鑫鑫股份有限公司欲申请其股票上市，那么下列选项中符合公司股票上市的法定条件的是（　　　）。

A. 应当聘请具有保荐资格的机构担任保荐人

B. 该公司的股本总额为人民币 5 000 万元

C. 公司公开发行的股份数额为 1 500 万元

D. 公司最近 3 年无重大违法行为

（三）信息公开制度

1. 公开文件

公开文件包括公告招股说明书、公司债券募集办法、财务会计报告。

2. 公开报告

（1）定期报告。定期报告包括年度报告（每一会计年度结束之日起 4 个月内）和中期报告（每一会计年度的上半年结束之日起 2 个月内）。

（2）不定期报告。当发生可能对上市公司股票交易价格产生较大影响，而投资者尚未得知的重大事件时，上市公司应当立即将有关该重大事件的情况向证监会和证券交易所提交临时报告，并予以公告，说明事件的实质。

所谓重大事件是指：

① 公司的经营方针和经营范围的重大变化。

② 公司的重大投资行为和重大的购置财产的决定。

③ 公司订立重要合同，可能对公司的资产、负债、权益和经营成果产生重

要影响。

④ 发生重大债务和未能清偿到期重大债务的违约情况。

⑤ 发生重大亏损或者重大损失。

⑥ 公司生产经营的外部条件发生的重大变化。

⑦ 公司的董事、1/3以上监事或者经理发生变动。

⑧ 持有公司5%以上股份的股东或者实际控制人，其持有股份或者控制公司的情况发生较大变化。

⑨ 公司减资、合并、分立、解散及申请破产的决定。

⑩ 涉及公司的重大诉讼，股东大会、董事会决议被依法撤销或者宣告无效。

⑪ 涉嫌犯罪被司法机关立案调查，公司董事、监事、高级管理人员涉嫌犯罪被司法机关采取强制措施。

⑫ 国务院证券监督管理机构规定的其他事项。

3. 信息公开不实的法律后果

发行人、上市公司公告的招股说明书、公司债券募集办法、财务会计报告、上市报告文件、年度报告、中期报告、临时报告以及其他信息披露资料有虚假记载、误导性陈述或者重大遗漏，致使投资者在证券交易中遭受损失的，发行人、上市公司应当承担赔偿责任；发行人、上市公司的董事、高级管理人员和其他直接责任人员以及保荐人、承销的证券公司，应当与发行人、上市公司承担连带赔偿责任，但是能够证明自己没有过错的除外；发行人、上市公司的控股股东、实际控制人有过错的，应当与发行人、上市公司承担连带赔偿责任。

### 六、上市公司的收购制度

（一）上市公司收购的概念和方式

1. 概念

上市公司收购，指投资者为达到对股份有限公司控股或兼并的目的，而依法购买其已发行上市的股份的行为。

2. 方式

上市公司收购可以采取要约收购或协议收购的方式。

（1）要约收购，指收购方通过向被收购方的股东发出收购要约的方式进行的收购。

（2）协议收购,指收购方依照法律或行政法规的规定,同被收购公司的股东以协议的方式进行股权转让的收购。

以协议方式收购上市公司时,达成协议后,收购人必须在3日内将该收购协议向证监会及证券交易所做出书面报告,并予以公告,在未做出公告前不得履行收购协议。

（二）要约收购的程序与规则

1. 报告和公告持股情况

通过证券交易所的证券交易,投资者持有或者通过协议、其他安排与他人共同持有一个上市公司已发行的股份达到5%时,应当在该事实发生之日起3日内,向国务院证券监督管理机构、证券交易所做出书面报告,通知该上市公司,并予以公告;在上述期限内,不得再行买卖该上市公司的股票。

随着资本市场的发展,很多的企业和个人希望通过并购实现快速增长,实现对上市公司的控制。正因如此,法律对于公司的股权收购有一系列的规定措施。如法律规定,当一个人收购了上市公司5%的股权以后,就要进行披露,在这种情况下,有人利用法律的规定,钻法律的空子。比如某公司和其子公司协商,共同买入一个公司一定的股权。于是,某公司买入3%,其子公司也买入3%,而其子公司虽然是独立的法人,但是被母公司所控制,事实上某公司控股6%,超过了5%的规定。因此,针对这种情况,这次的《证券法》修改中作了修订。一个人自己收购或者通过别人的安排,或者通过协议共同收购某一公司的股权,不管采用哪一种办法,只要是由一个人控制,或者事实上受一方的控制,且达到股权5%,就应该披露,哪怕这个地方是4.99%,那个地方是0.22%。如果法律监督部门发现该披露的没有披露,就要加以制裁。另外,法律规定,投资者持有或者通过协议、其他安排与他人共同持有一个上市公司已发行的股份达到5%后,其所持该上市公司已发行的股份比例每增加或者减少5%,应当依照规定进行报告和公告。在报告期限内和做出报告、公告后的2日内,不得再行买卖该上市公司的股票。因此,这个规定对于规范上市公司的收购行为,避免因此引起证券市场大幅波动会产生很好的作用。

【特别提醒】 实际上,以后每增加或减少5%,禁止交易期是5天。

2. 收购要约

通过证券交易所的证券交易,投资者持有或者通过协议、其他安排与他人共同持有一个上市公司已发行的股份达到30%时,继续进行收购的,应当依法向该上市公司所有股东发出收购上市公司全部或者部分股份的要约。

收购上市公司部分股份的收购要约应当约定,被收购公司股东承诺出售的股份数额超过预定收购的股份数额的,收购人按比例进行收购。

收购人还应当将上市公司收购报告书同时提交证券交易所。

收购人在依照前条规定报送上市公司收购报告书之日起15日后,公告其收购要约。在上述期限范围内,国务院证券监督管理机构发现上市公司收购报告书不符合法律、行政法规规定的,应当及时告知收购人,收购人不得公告其收购要约。

收购要约约定的收购期限不得少于30日,并不得超过60日。

在收购要约确定的承诺期限内,收购人不得撤销其收购要约。收购人需要变更收购要约的,必须事先向国务院证券监督管理机构及证券交易所提出报告,经批准后,予以公告。

收购要约提出的各项收购条件,适用于被收购公司的所有股东。

采取要约收购方式的,收购人在收购期限内,不得卖出被收购公司的股票,也不得采取要约规定以外的形式和超出要约的条件买入被收购公司的股票。

3. 终止上市交易

收购期限届满,被收购公司股份分布不符合上市条件的,该上市公司的股票应当由证券交易所依法终止交易;其余仍持有被收购公司股票的股东,有权向收购人以收购要约的同等条件出售其股票,收购人应当收购(实质就是发行在外的股份被收购达到75%时,目标公司被终止上市交易)。

> 【特别提醒】 要约收购中的4组数字意义总结:
>
> 5%:三天二报告一通知义务;
>
> 30%:强制要约收购义务;
>
> 75%:被收购公司停止上市;
>
> 90%:规模4亿元的上市公司停止上市;
>
> 后2组数字是推断出来的,因为规定的上市条件中,公司的股份公开发行比例为25%或者规模4亿元以上的公司为10%。

收购行为完成后,被收购公司不再具备股份有限公司条件的,应当依法变更企业形式。收购完成后,收购人与被收购公司合并,并将该公司解散的,被解散公司的原有股票由收购人依法更换。

在上市公司收购中,收购人持有的被收购的上市公司的股票,在收购行为完成后的 12 个月内不得转让。

4. 报告和公告

收购上市公司的行为结束后,收购人应当在 15 日内将收购情况报告证监会和证券交易所,并予以公告。

# 项目二　保险法律制度与实训

### 项目情境

张某有配偶李某和儿子张甲,2004 年 1 月,张甲经与张某协商取得其书面同意,为张某办理了人寿保险,期限为 3 年,张某指定受益人为其妻李某。保险合同约定张某死亡后保险公司一次性向李某支付保险金 2 万元。2004 年 4 月,张某突感身体不适,经查为肝癌晚期,6 月 5 日,张某死亡。李某根据张某的临终交代,向其子张甲索要保险单,张甲此时才告诉李某:他向同事许某借款 1 万元,将保险单质押给了许某。李某遂找许某索要保险单,许某则以保险单是质押物为由拒绝返还。李某诉至法院请求许某归还保险单。许某则称,只有李某还他 1 万元,才能将保险单交出。法院受理后,通知张甲参加诉讼,张甲提出,是他为张某投的人寿保险,保险费也是他交的,2 万元的保险金应属张某的遗产,他有权继承其中的 1 万元用于还债。

### 任务描述

一、张甲与保险公司所订立的保险合同效力如何? 为什么?
二、李某能否要回保险单? 为什么?
三、张甲的主张是否成立? 为什么?

### 任务分析

**一、保险的概念**

法律上所称保险是指投保人根据合同约定,向投保人支付保险费,保险人对于合同约定的可能发生的事故、因其他发生所造成的财产损失承担赔偿保险金责任,或者当被保险人死亡、伤残、疾病或者达到合同约定的年龄、期限时承担给付保险金责任的商业保险行为。

> **【特别提示】** 保险规则口诀:财产险有价,财产险只有补偿性;人身险无价,人身险多买多赔。

## 二、保险法的基本原则

### 1. 自愿原则

保险法律关系的当事人即投保人、保险人以及被保险人、收益人，投保人有权根据自己的意愿设立、变更或者终止保险法律关系，不受他人干预；投保人有权选择保险人和保险种类、保险的范围和责任等。

### 2. 最大诚信原则

保险活动具有不确定的保险风险和赔付风险，所以要求当事人讲求诚信，恪守诺言，不欺不诈，严格履行自己的义务。《中华人民共和国保险法》（以下简称《保险法》）规定，保险活动当事人行使权利、履行义务应当遵循诚实信用的原则。

对投保人而言，诚信原则主要表现为应当承担的 2 项义务：① 在订立保险合同时如实告知义务，即应当将有关保险标的的重要情况如实向保险人陈述；② 履行保险合同中的信守保险义务，即严守允诺、完成保险合同中约定的作为或不作为义务。

对保险人而言，诚信原则表现为以下 2 项义务：① 在订立合同时将保险条款告知投保人的义务，特别是保险人的免责条款；② 及时与全面支付保险金的义务。

### 3. 保险利益原则

保险利益又称可保利益或者可保权益，是指投保人或者被保险人对保险标的具有利害关系而享有的合法的经济利益。这种经济利益在保险事故未发生时保持稳定的存续状态，因保险事故的发生而受到损失。《保险法》规定，投保人对保险标的应当具有保险利益。投保人对保险标的不具有保险利益的，保险合同无效。

保险利益的成立需具备 3 个要件：① 必须是法律上承认的利益及合法的利益；② 必须是经济上的利益，即可以用金钱估计的利益；③ 必须是可以确定的利益。保险法规定投保人对保险标的必须具有保险利益，主要是为了避免赌博行为的发生，预防道德风险的出现，限制损害赔偿的程度。

> **【特别提示】** 在保险合同中，保险利益要求订立合同时必须存在，并且在保险事故发生时也需要存在；在人身保险合同中，保险利益要求

订立合同时必须存在,但是在保险事故发生时,如投保人的保险利益已经不存在,也不影响投保人的索赔权。这主要强调人身保险的储蓄性质。

### 4. 近因原则

保险人按照约定的保险责任范围承担责任时,其所承保危险的发生与保险标的的损害之间必须存在因果关系。近因在造成保险标的的损害原因中起主要的、决定性的原因。保险人只对近因造成的损害承担保险责任。

#### 练一练

2012 年 8 月,南方某市的 M 果品批发公司与吉林省某市的 S 超市销售部订立了销售柑橘的合同,为减少柑橘在运输过程中可能被盗造成的损失,M 果品批发公司向 N 保险公司投保了货物运输保险综合险(含盗窃险)。2013 年 2 月,M 果品批发公司依约向吉林某市的 S 超市销售部发运了两车皮柑橘。10 日后,货物抵达目的地,S 超市销售部前去提货,发现运载柑橘的第一节车皮右侧门有一道长 70 厘米的口子,明显有被撬的痕迹;车门处的保温被也被撕开一道长约 80 厘米,宽约 70 厘米的口子。经验货,有 70 筐柑橘被盗,220 筐柑橘被冻坏变质。销售部发现该情况后,立即电话告知 M 果品批发公司。M 果品批发公司知悉货物被盗,遭受损失后,也立即通知 N 保险公司,并请求保险公司赔偿因 290 筐柑橘被盗所造成的损失。保险公司接到 M 果品批发公司的索赔请求后,向其发出了部分拒赔通知。理由是:保险标的的 70 筐被盗柑橘属于货物运输保险综合险的保险责任范围,保险公司对此部分损失可以赔偿,但其余 220 筐柑橘造成损失的原因是天气寒冷,其因被冻而变质,不是被盗窃,而天气寒冷不属于合同约定的保险责任范围,因此对这 220 筐柑橘的损失,保险公司不承担保险责任。M 果品批发公司多次向保险公司索赔无果,于是向人民法院起诉。问题:本案中,保险公司是否应对被冻坏变质的 220 筐柑橘承担保险责任?

【答案及解析】 保险公司应当对因 220 筐柑橘被冻坏给 M 公司造成的损失承担赔偿保险金的责任。在本案中,根据保险公司合同的约定,货物被盗属于保险责任范围,因此对被盗的 70 筐柑橘的损失,保险公司应予以赔偿,这一点,双方当事人没有争议。关键问题是,被冻坏的 220 筐柑橘的损失是否属于保险责任的范围?要解决这一问题,必须弄清楚导致货物损失的原因。如果保险公司约定的危险事故的发生与损害结果的形式具有直接的因果关系,保险人就应当对该损失负补偿责任,否则保险公司将不承担保险赔偿责任。这一原则在《保险法》中被称为近因原则。

所谓近因,并非指时间上最近的原因,而是指直接促使损失结果的原因,是对损失起决定支配作用的原因。在实践中,引起保险标的损失的原因可能是单一的,也可能是多重的,对于后者,就需要判断约定的保险事故与损失结果是否具有直接的因果关系,这项工作往往比较复杂和困难。在本案中,造成 220 筐柑橘损失的原因有 3 个:盗窃、保温被被撕开及天气寒冷,究竟哪一个原因是柑橘被冻致损的近因呢? 通过案情介绍可知,天气寒冷虽为 220 筐柑橘冻损的原因之一,但对寒冷的天气,M 果品公司早有防范,其他未受盗窃影响的柑橘在保温被的保护下并没有被冻变质,而受损的 220 筐柑橘被冻坏正是因为小偷盗窃时撕破保温被所致。因此,在上述的 3 个原因之中,盗窃是造成 220 筐柑橘损失最直接的原因,也是起决定性作用的原因。而盗窃致损属于保险合同的承担责任范围,所以保险公司不但要赔偿 70 筐被盗柑橘的损失,还应对被冻损柑橘的损失向 M 果品批发公司承担赔偿责任。

### 三、保险合同总论

（一）保险合同的特征

1. 保险是射幸合同

射幸的含义是机会。保险合同的射幸性质是由保险事故发生的偶然性决定的。投保人支付保险费,可能没有利益可获,也可能获得远远超过保险费的利益;对于保险人,其赔付的保险金可能远远大于其所收取的保险费,也可能只收取保险费而不支付保险金。

【特别提示】 合同债权不能得到偿还,不可以作为保险事故进行投保,其原因就是对合同债权的不能偿还如果允许投保,则具有了不偿还的必然性,极容易诱发投保人制造道德风险事故。

2. 保险合同是最大诚信合同

《保险法》的基本原则之一是最大诚信原则,法律对于保险当事人尤其是投保人和被保险人的诚实信用程度的要求高于对一般人的要求。我国《保险法》关于保险合同中投保人的如实告知义务、危险增加的通知义务，保险人的说明义务、道德危险不保的规定都是诚信义务的体现。

3. 保险合同是附合合同

附合合同也称格式合同、标准合同或者定式合同。保险合同的条款是由保险公司单方面预先制定的，投保人只能同意或者不同意，它使投保人处于极为不利的地位。为了对这种情形进行平衡，《保险法》规定在对保险合同进行解释时，通常采取不利于保险人的解释原则。

4. 保险合同是双务、有偿合同

保险合同双方当事人互享权利、互负义务，属于双务有偿合同。

5. 保险合同是非要式合同

保险合同的成立取决于投保人和保险人之间的合意，无须履行特定方式，保险人签发保险凭证不是合同成立的要件，而是合同的证明。

（二）保险合同的分类

1. 财产保险合同与人身保险合同

根据保险合同的标的不同可以将保险合同分为财产合同与人身保险合同。

2. 强制保险合同与自愿保险合同

依据保险合同实施的形式不同可以将保险合同分为强制保险合同与自愿保险合同。

强制保险合同又称法定保险合同，是指依据法律规定而强制实施的保险合同。例如，铁路、轮船旅客意外伤害强制保险以及我国有的地方实行的车辆第三者责任保险。

自愿保险合同是投保人和保险人遵循公平互利、协商一致、自愿原则订立的合同。除法律行政法规规定必须保险的以外，保险公司和其他单位不得强制他人订立合同。

3. 原保险合同与再保险合同

依据保险人的责任次序的不同可以将保险合同分为原保险合同与再保险合同。

原保险合同又称为第一次保险，是指保险人对被保险人承担直接责任的原始保险合同。

再险合同又称分保合同或者第二次保险合同，是指保险人为了避免自己承保的业务遭受巨额损失，以承保的方式将其业务部分转移给其他保险人。

4. 单保险合同与复保险合同

依据保险人的人数的不同可以将保险合同分为单保险合同与复保险合同。

单保险合同是指投保人以一个保险标的、一个保险利益、一个保险事故同一个保险人订立保险合同的保险。

复保险合同又称重复保险合同,是指投保人以同一保险标的、同一保险事故分别向两个以上的保险人订立的保险合同。

我国《保险法》规定:复保险的保险金额总和超过保险价值的,各保险人的赔偿金额的总和不得超过保险价值。除合同另有约定外,各保险人按照其保险金额与保险金额总和的比例承担赔偿责任。

【特别提示】 财产保险和人身保险都可以重复保险,但是财产保险的保险金额不得超过保险价值;人身保险金额只要不超过保监会的最高限额就行。例如,一个保险人可以买4份旅客航空意外险。

5. 足额保险合同、不足额保险合同和超额保险合同

依据保险金额与保险价值之间的关系可以将保险合同分为足额保险合同、不足额保险合同和超额保险合同。

足额保险合同是指保险金额等于保险价值的保险合同。

不足额保险合同是指保险金额低于保险价值的合同。对于不足额保险合同,保险人对被保险人损失的赔偿责任仅以保险金额为限,除合同另有约定外,保险人按照保险金额与保险价值的比例承担赔偿责任。

超额保险合同是指保险金额超过保险价值的保险合同。我国《保险法》规定,保险金额不得超过保险价值;超过保险价值的,超过的部分无效。

(三)保险合同的当事人和关系人

保险合同的当事人和关系人都是保险合同的主体,但两者的地位不同,在合同中的权利义务也不同。

1. 保险合同的当事人

保险合同的当事人是指订立保险合同并享有和承担保险合同所确定的权利义务的人,包括保险合同中的投保人和保险人。

(1)保险人。保险人又称承保人,是指与投保人订立保险合同,并承担赔偿责任或者给付保险金额责任的,依法成立的经营保险业务的保险公司。经

营商业保险业务,必须是依照保险法订立的保险公司,其他单位和个人不得经营商业保险业务。

(2)投保人。投保人又称要保人,是指与保险人订立保险合同,并按照保险合同负有支付保险费义务的人。投保人可以是被保险人本人,也可以是被保险人以外的第三人。投保人必须具备民事权利能力和民事行为能力,并对保险标的具有保险利益。

┌──────────────────────────────────────────────────┐
│ 【特别提示】 当事人必须是签署保险合同的人,受益人在人身保险 │
│ 合同中并不是签署人,所以不是当事人。 │
└──────────────────────────────────────────────────┘

2. 保险合同的关系人

保险合同的关系人是指在保险事故或保险合同约定的条件满足时,对保险人享有保险金给付请求权的人,包括被保险人和受益人。

(1)被保险人。被保险人也称保户,是指其财产或者人身受保险合同保障,享有保险金请求权的人。被保险人可以是投保人自己,也可以是投保人以外的第三人。

(2)受益人。受益人是指人身保险合同中由被保险人或者投保人指定的享有保险金请求权的人。受益人只存在于人身保险合同中。受益人由被保险人或者投保人指定。投保人指定受益人时须经被保险人同意。被保险人为无民事行为能力人或者限制民事行为能力人的,可以由其监护人指定受益人。受益人可以是投保人,也可以是被保险人或经被保险人同意的第三人。

┌──────────────────────────────────────────────────┐
│ 【特别提示】 受益人概念仅适用于人身保险合同之中,之所以不适 │
│ 用于财产保险合同,在于财产保险合同不具有获益性,只具有补偿性,因 │
│ 此获得保险人的赔偿也无所谓受益。而人身保险合同可以多重投保,只 │
│ 需要付出少量的保险费,且受益人为投保人以外的第三人时,获益性就 │
│ 更明显了,因此人身保险合同有受益人概念。 │
└──────────────────────────────────────────────────┘

(四)保险合同的条款

保险合同条款根据成立时间和规定的内容可以分为基本条款和附加条款。

(1)基本条款。基本条款是指由保险人事先拟定的规定保险当事人基本权利义务的条款。

（2）附加条款。附加条款是根据保险当事人的需要增加承保危险的条款。

（五）保险合同的订立和效力

1. 保险合同的订立

订立保险合同须经过投保和承保两个阶段。投保人提出保险要求，是投保，属于要约；投保经保险人同意承保，并就合同的条款达成一致，构成承诺，保险合同成立。

2. 保险合同的形式

保险合同是非要式合同，合同成立后，保险人应当及时向投保人签发保险单或者其他保险凭证，并在保险单或者其他保险凭证中载明当事人双方约定的合同内容。经投保人和保险人协商同意，也可以采取其他书面协议形式订立保险合同。采用书面形式时，保险合同一般有以下几种表现形式：

（1）投保单，又称要保单，是投保人出具的要约。

（2）保险单，简称保单，是保险合同的正式书面文本。保险单必须明确完整地记载保险双方的权利义务内容。

（3）保险凭证，又称小保单，是简化了的保险单，效力与保险单相同。

（4）暂保单，是一种临时保单，是正式保险单签发前的一种临时性合同，在正式保单交付后失效。

3. 订立保险合同时投保人和保险人的义务

（1）投保人的告知义务。

在订立保险合同时，投保人应当将与保险标的有关的事项告知保险人。如果投保人违反告知义务，将产生以下法律后果：① 投保人故意隐瞒事实，不履行如实告知义务的或者因过失未履行如实告知义务，足以影响保险人决定是否同意承保或者提高保险费率的，保险人有权解除保险合同；② 投保人故意不履行如实告知义务的，保险人对于保险合同解除前发生的保险事故，不承担赔偿或者给付保险金的责任，并不退还保险费；③ 投保人因过失未履行如实告知义务，对保险事故的发生有严重影响的，保险人对于保险合同解除前发生的保险事故，不承担赔偿或者给付保险金的责任，但可以退还保险费。

（2）保险人的说明义务。

订立保险合同时，保险人应当向投保人说明保险合同的条款内容；保险合同中规定有关于保险人责任免除条款的，保险人应对保险合同中免除其责任的条款做出提示。保险人在订立保险合同时应当向投保人明确说明，未明确说明的,该条款不产生效力。

对采用格式条款订立保险合同的保险人,对其订立合同时所尽义务应做出更严格的规定。一是规定保险人对合同应当履行全部说明义务;二是向投保人提供的投保单应当附格式条款,以便投保人了解全部合同内容,以此为基础做出是否投保的决定。

保险人解除权限制(禁反原则):

① 投保人虽然未如实告知,但保险人在订立保险合同时已经知道其未如实告知的情况的,保险人不得解除合同,发生保险事故的,应当承担保险责任;

② 投保人未依法履行如实告知义务,保险人可以依法行使解除权,但自知道事由之日起30日内或者自合同成立之日起2年内未行使该权利的,则不得再行使。

4. 保险合同的生效

保险合同在成立时生效,但法律另有规定或合同另有约定的除外。投保人支付保险费不是合同生效的要件。保险合同成立后,投保人按照约定交付保险费;保险人按照约定的时间开始承担保险责任。

(六) 保险合同的变更解除

保险标的转让的应当依法变更合同。但是,货物运输保险合同和另有约定的合同除外。

对于保险标的的转让,新保险法进行了修改。一是明确了财产保险合同保险标的的转让,其相应的保险权利义务由受让人自然继承,保险合同继续有效,以维护保险关系的稳定;二是确定了保险标的转让后,其危险程度显著增加的,保险人才可以要求增加保险费或者解除合同。在保险标的的转让之后,投保人有义务尽快通知保险公司,因为保险标的的转让会导致保险标的的危险程度的增加。

保险合同成立后即具有法律约束力,当事人不得随意解除合同。当事人解除合同,应当依照法律的规定或者当事人的约定,因此保险合同的解除可分为法定解除和约定解除。

1. 投保人的解除权

除《保险法》另有规定或者保险合同另有约定外,保险合同成立后,投保人可以解除保险合同,这是投保人的法定解除权,也就是退保。《保险法》另有规定是指在货物运输保险合同以及运输工具航程保险合同中,在保险责任开始后,投保人不得随意解除合同。

【特别提示】 在货物运输保险合同以及运输工具航程保险合同中，在保险责任开始后，投保人不得随意解除合同。例如在贸易中，当卖方将货物装船越过船舷时，货物的风险已经由买方承担，但是包括保单在内的所有单据仍然在卖方手中，只有在支付货款时才脱离卖方，卖方仍控制着保单，可以解除保险合同，而货物风险实际已经在买方身上了，买方来不及投保，在事故发生时处于无助的状态，因此法律作此规定。

### 2. 保险人的解除权

除《保险法》另有规定或者保险合同另有约定外，保险合同成立后，保险人不得解除保险合同。《保险法》赋予保险人解除权的规定有：

（1）投保人未履行如实告知义务。

（2）投保人、被保险人未履行维护保险标的的义务。

（3）被保险人未履行危险增加的通知义务。

（4）投保人未履行如实申报义务。

（5）投保人未按约定履行支付保险费的义务。

（6）投保人、被保险人或者受益人进行保险欺诈。

### 练 一 练

2012年4月19日，王某与某市保险公司签订了一份家庭财产保险合同，保险金额10万元，保险期限为一年。合同同时约定，王某须缴纳保险费4 000元，分两次缴清。2012年4月20日缴纳2 000元，2012年10月20日缴纳余下的2 000元。合同签订后，王某按照约定于2012年4月20日缴纳首期保险费2 000元。到同年10月20日，王某没有按约定缴纳剩余的2 000元保险费，经保险公司多次催要仍未缴纳，但保险公司并没有做出解除合同的意思表示。2012年11月3日，王某家被盗，直接损失达6万余元。事发后，王某立即将出险情况通知保险公司，并于11月5日向保险公司提出索赔请求，并补交了2 000元保险费。保险公司认为，王某本应予2012年10月20日缴纳保险费，但经多次催告后仍未缴纳，保险合同已经解除，因此，拒绝给予赔偿。双方争执不下，王某遂向法院提起诉讼。

问题：（1）投保人未如期缴纳第二期保险费，保险人是否有权解除合同？

（2）投保人未如期缴纳第二期保险费，保险合同的效力是否自行终止？

**【答案及解析】**　（1）王某没有按期缴纳保险费，经保险公司催告后仍未缴纳，根据《中华人民共和国合同法》（以下简称《合同法》）第94条的规定，保险公司享有解除保险合同的权利。

（2）根据《合同法》第96条的规定，保险公司没有实际行使解除权，保险合同的效力没有消灭，保险公司应对王某承担保险责任。王某的行为构成违约，依法也应承担违约责任。

保险合同是双方当事人意思表示一致的结果，生效以后对保险人与投保人都有约束力，因此，保险合同的解除必须符合法律的规定或合同约定。我国《保险法》第15条规定：除本法另有规定或者保险合同另有约定外，保险合同成立后，投保人可以解除保险合同，保险人不得解除合同。由此可知，《保险法》对投保人与保险人解除合同的权利都有所限制，只是对保险人的限制更为严格。

根据《保险法》的规定，保险人在如下情况下，有权解除合同：

（1）投保人故意违反告知义务或者因过失未履行告知义务足以影响到保险人决定是否同意承保或者提高保险费率的，保险人有权解除保险合同。

（2）投保人、被保险人或者受益人在未发生保险事故的情况下谎称发生保险事故或者故意制造保险事故的，保险人有权解除保险合同。

（3）被保险人没有遵守国家有关消防、安全、生产操作、劳动保护等方面的规定，没有对保险标的的安全履行应尽责任的，保险人有权解除保险合同。

（4）在保险合同有效期内，保险标的的危险程度增加，超过保险人所能承保的事故发生概率的最低指标，保险人有权解除合同。

（5）投保人申报被保险人的年龄不真实，真实年龄不符合合同约定的年龄限制的，保险人有权解除保险合同。但合同成立后逾2年的除外。

（6）人身保险合同中，保险合同效力中止之日起超过2年，保险人与投保人未就补交保险费事宜达成协议的，保险人有权解除合同。

（7）保险合同约定的事由出现的。

除此之外，依《合同法》第94条的规定，当事人一方迟延履行主要债务，经催告后在合理期限内仍未履行的，另一方当事人有权解除合同。应当指出，投保人未按期缴纳保险费，保险人的解除权在人身保险合同中受到限制。根据《保险法》第36条的规定，人身保险合同分期支付保险费的，如果自保险人催告之日起超过30日未支付当期保险费，或者超过约定的期限60日内未支付保险费的，保险合同中止，或者保险人按照合同约定的条件减少保险金额。保险合同中止后2年内，双方当事人未达成协议的，保险人才可以解除合同。当然，这一点限制与本案没有什么关系。

在本案中，王某未能按期缴纳保险费，经保险公司多次催交后，仍未缴纳，已构成重大违约行为，保险公司依法可以解除合同。接下来的问题是，具备保险人解除合同的条件，保险合同的效力是否自动终止？我们认为，符合法律规定或合同约定的解除合同的条件，保险人享有的仅是解除保险合同的权利，而保险合同法律效力的消灭，还有待于保险人通过一定的方式行使解除权。对于保险人应如何行使解除权，保险法并没有做出明确的规定，应使用合同法的有关规定。根据《合同法》第96条的规定，当事人一方主张解除合同的，应当通知对方，合同自通知到达对方时解除。至于通知的形式，合同法没有规定，一般来说，保险合同采用书面形式，解除保险合同的通知也应采用书面形式。由此看来，本案中保险公司虽然依法享有解除保险合同的权利，但并没有实际行使该项权利，在客观上造成了与放弃合同解除权同等的效果。因此，保险合同依然有效，保险公司对王某家庭财产因盗窃遭受的损失，负有赔偿保险金的责任。当然，王某没有按期缴纳保险费，构成违约，依法也应承担违约责任，保险公司可以依约相应减少赔偿金额。在实践中，不少保险人虽意识到自己享有解除保险合同的权利，却忽视了该权利的行使；还有的明知投保人有违法行为，却故意纵容，待保险事故发生时才主张合同终止。这样做都会导致保险人实际丧失了法律赋予的解除合同的权利，从而也必须承担保险责任。

（七）保险合同的履行

1. 投保人的义务

（1）缴纳保险费的义务。该义务的履行不是合同的成立要件，因为保险合同不是实践性合同。

（2）保险事故的通知义务。投保人、被保险人或者受益人知道保险事故发生后，应当及时通知保险人。保险事故的通知义务有利于保险人采取必要的措施，防止损失的扩大或者保全保险标的的残余部分；有利于保险人及时调查损失发生的原因。

（3）维护保险标的的安全的义务。被保险人应当遵守国家有关消防、安全、生产操作、劳动保护等方面的规定，维护保险标的的安全。根据合同的约定，保险人可以对保险标的的安全状况进行检查，及时向投保人、被保险人提出消除不安全因素和隐患的书面建议。投保人、被保险人未按照约定履行其对保险标的的安全应尽的责任的，保险人有权要求增加保险费或者解除合同。保险人为维护保险标的的安全，经被保险人同意，可以采取安全预防措施。

（4）危险程度增加的通知义务。在财产保险合同有效期内，保险标的的危险程度增加的，被保险人按照合同约定应当及时通知保险人，保险人有权要求增加保险费或者解除合同。被保险人未履行前款规定的通知义务的，因保险标的的危险程度增加而发生的保险事故，保险人不承担赔偿责任。

（5）防止或减少损失的义务。

---

【特别提醒】 防止损失或者减少损失的费用是在保险赔付之外额外给付的，必须注意2点：

（1）如果保险是不足额保险的，防止损失和减少损失的费用也是按照比例赔偿的。例如，保险标的的价值10万元，投保金额5万元，若损失3万元，应当赔偿1.5万元；救助费用为1万元的，保险人实际给付费用为0.5万元。

（2）保险费用的赔偿最高不得超过保险金额。例如，保险标的的价值10万元，投保金额5万元，若损失3万元，应当赔偿1.5万元；救助费用为1万元的，保险人实际给付费用不是5.5万元，而是5万元。

---

2. 保险人的义务

（1）保守秘密的义务。保险人或者再保险接收人对在办理保险业务中知道的投保人、被保险人、受益人或者再保险分出人的业务和财产状况及个人隐私，负有保密义务。

（2）给付保险金的义务。这是保险人的基本保险义务，在保险事故发生或者保险合同约定的条件满足时，保险人应当给付保险金。

保险人收到被保险人或者受益人的赔偿或者给付保险金的请求后，应当及时做出核定，并将核定结果通知被保险人或者受益人。对属于保险责任的,在与被保险人或者受益人达成有关赔偿或者给付保险金额的协议后10日内,履行赔偿或者给付保险金义务。保险合同对保险金额及赔偿或者给付期限有约定的,保险人应当依照保险合同的约定,履行赔偿或者给付保险金的义务。对不属于保险责任的,保险人应当向被保险人或者受益人发出拒绝赔偿或者拒绝给付保险金的通知书。

（八）保险人的代位求偿权

保险人的代位求偿权又称代位追偿权,是指在财产保险中,因第三者对保险标的的损害而造成保险事故的,保险人自向被保险人赔偿保险金之日起,在赔偿金额范围内代位行使被保险人对第三者请求赔偿的权利。

代位求偿权不适用于人身保险合同,这也告诉我们,人身保险合同必然可以拿到双份赔偿:一份是保险公司给的,一份是致害人给的。

理解代位求偿权要注意把握以下几点:

（1）代位求偿权是一种债务转移。被保险人因保险人的赔偿获得保险补偿后,被保险人和第三人之间的债权债务仍然存在,保险人取得了被保险人对第三人享有的债权。

（2）代位求偿权中的保险事故是由第三人引起的。

（3）代位求偿权的取得必须以保险人支付了保险金为基础,保险人在赔付后自动取得代位求偿权。

（4）代位求偿权的赔付范围不得超过保险人的赔付金额。

（5）保险人在行使代位求偿权时,以自己的名义行使,对象是造成保险事故的第三人。

（6）保险事故发生后,保险人赔偿保险金之前,被保险人放弃对第三者的请求赔偿的权利的,保险人不承担赔偿保险金的责任。保险人向被保险人赔偿保险金后,被保险人未经保险人同意放弃对第三者请求赔偿的权利的,保险人可以相应扣减保险赔偿金。

（7）除被保险人的家庭成员或者组成成员故意造成保险事故以外,保险人不得对被保险人的家庭成员或者其组成成员行使代位请求赔偿的权利。

除外情形需要注意以下几点:

① 必须不是被保险人的家庭成员或者组成人员的故意,不能是过失,此时才不适用代位求偿制度。

例如,父亲买了辆宝马车,儿子开车去兜风,不小心和别人的车撞了,那么,保险公司赔了父亲后,不可以向儿子代位求偿。

若父亲买了辆宝马车,儿子不喜欢,故意和别的车撞了,希望获得保险赔款后再买辆新车。那么,保险公司赔了老爸后,可以向儿子代位求偿。

② 家庭成员必须是共同生活的有血亲或者姻亲的人员。被保险人是单位组织的情况下,组成成员一般指其董事、合伙人等。

### 四、财产保险合同与人身合同之比较

财产保险合同与人身合同的比较见表4-2。

**表4-2　财产保险合同与人身合同的比较**

| | 财产保险合同 | 人身保险合同 |
|---|---|---|
| 保险的标的 | 特定财产或与财产有关的利益 | 被保险人的寿命和身体 |
| 保险金额的范围 | 由当事人约定,不得超过保险标的的价值;低于保险价值的,按保险金与保险价值的比例赔偿 | 定额支付 |
| 保险金给付请求权时效 | 自知道保险事故发生之日起2年 | 自知道保险事故发生之日起,人寿保险为5年,其他为2年 |
| 保险金的继承 | 可以继承 | 保险金作为遗产的情形:① 没有指定受益人;② 受益人先于被保险人死亡,没有其他受益人;③ 受益人依法丧失受益权或者放弃受益权,没有其他受益人 |
| 第三人致害 | 保险人享有代位求偿权分行第三人的限制 | 保险人不享有代位求偿权 |

**练 一 练**

周某以其10岁儿子周小小为被保险人投了一份5年期的人身保险,受益人为其妻刘某,合同履行2年后周某与刘某离婚,周小小由父亲抚养。后周小小被周某的表弟收养,不久周小小患病住院,由于医院的重大失误,致使周小小手术后落下终身残疾。依照保险法,下列有关保险金给付的说法错误的是(　　)。

A. 保险公司应向刘某支付保险金,并且不得向医院追偿

B. 保险公司支付保险金后,周小小不得向医院再进行索赔

C. 若周某应当于2011年10月1日支付当年保险费,但直至2013年

11 月 3 日未再交保险费,则保险公司有权解除合同

    D. 若周小小不幸死亡,由于刘某与周某已经离婚,周某丧失保险利益,则保险金应归收养人所有

## 五、人身保险合同的特殊规定

### (一) 死亡保险合同的限制及例外(见表 4-3)

表 4-3   死亡保险合同的限制及例外

| 限制 | 例外 |
| --- | --- |
| 投保人不得为无民事行为能力人投保以死亡为给付保险金条件的人身保险,保险人也不得承保 | 父母为其未成年人投保的人身保险,不受前款规定的限制,但是因被保险人死亡给付的保险金额总和不得超过国务院保险监督机构规定的限制 |
| 以死亡为给付保险金条件的合同,未经保险人同意并认可保险金额的,合同无效 | 父母为其未成年子女投保的人身保险,不受前款规定限制 |
| 依照以死亡给付保险金条件的合同所签发的保险单,未经被保险人书面同意,不得转让或者质押 | |

### (二) 因特殊事由导致不给付保险金的特殊行为(见表 4-4)

表 4-4   因特殊事由导致不给付保险金的特殊行为

| 特殊情形 | 法律后果 |
| --- | --- |
| 投保人、受益人故意造成被保险人死亡、伤残或者疾病的 | 保险人不承担给付保险金的责任;投保人已交足 2 年以上保险费的,保险人应当按照合同约定向其他享有权利的受益人退还保险单的现金价值 |
| 受益人故意造成被保险人死亡或者伤残的,或者故意杀害被保险人未遂的 | 该受益人丧失受益权 |
| 以保险人死亡为给付保险金条件的合同,自合同成立或者合同效力恢复之日起 2 年内被保险人自杀的 | 保险人不承担给付保险金的责任;但应按照保险单退还其现金价值(被保险人自杀时为无民事行为能力人的除外) |
| 以死亡为给付保险金条件的合同,自成立之日起满 2 年后,如果被保险人自杀的 | 保险人可以按照合同给付保险金 |
| 被保险人故意犯罪或者抗拒依法采取的刑事强制措施导致其自身伤残或者死亡的 | 保险人不承担给付保险金的责任;投保人已交足 2 年以上保险费的,保险人应当按照保险单退还其现金价值 |

（三）须经被保险人同意的事项

（1）以死亡为给付保险金条件的合同，未经被保险人书面同意并认可保险金额的合同无效。

（2）依照以死亡为给付保险金条件的合同所签发的保险单，未经被保险人书面同意，不得转让或者质押。

（3）投保人指定受益人时须经被保险人同意。

（4）投保人变更受益人时须经被保险人同意。

（四）禁止性规定

（1）保险人支付对人身保险的费用，不得用诉讼方式要求投保人支付。

（2）人身保险的被保险人因第三者的行为而发生死亡、伤残或者疾病等保险事故的，保险人向被保险人或者受益人给付保险金后，不得享有向第三者追偿的权利，但被保险人或者受益人仍有权向第三人请求赔偿。

（五）保险金作为遗产的特殊情形

被保险人死亡后，遇有下列情形之一的，保险金作为被保险人的遗产，由保险人向被保险人的继承人履行给付保险金的义务：

（1）没有指定受益人的或者受益人指定不明确的。

（2）受益人先于被保险人死亡的，没有其他受益人的。

（3）受益人依法丧失受益权或者放弃受益权，没有其他受益人。

（六）人身保险合同的终止与复效

1. 保险合同的终止

合同约定分期支付保险费，投保人支付首期保险费后，除合同另有约定外，投保人自保险人催告之日起 30 日未支付当期保险费，或者超过约定的期限 60 日未支付当期保险费的，合同效力终止，或者由保险人按照合同约定的条件减少保险金额。被保险人在上述规定期限内发生保险事故的，保险人应当按照合同约定给付保险金，但可以扣减欠交的保险费。

2. 保险合同的复效

合同效力中止后，由保险人与被保险人协商并达成协议，在投保人补交保险费后，合同效力恢复。但是，自合同效力中止之日起满 2 年双方未达成协议的，保险人有权解除合同。保险人依照规定解除合同的，应当按照合同约定退还保险单的现金价值。

# 项目三 票据法律制度与实训

项目情境

A 公司为支付所欠的 B 公司贷款,于 2011 年 5 月 5 日开出一张 50 万元的商业承兑汇票。B 公司用此汇票进行背书转让给 C 公司,以购买一批原材料。但事后不久,B 公司发现 C 公司根本无货可供,完全是一场骗局,于是马上通知付款人停止向 C 公司支付款。C 公司获此票据后,又将该票据背书转让给了 D 公司,以支付其所欠工程款。D 公司用此汇票向 E 公司购买一批钢丝,背书时注明了"货到后此汇票方生效"。E 公司于 2011 年 7 月 5 日向付款人要求付款。付款人在对该汇票进行审查后拒绝付款,理由如下:① 因 C 公司实施欺诈行为,B 公司已通知付款人停止付款;② 该汇票未记载付款日期,且背书附有条件,为无效票据。随即付款人便做成退票理由书,交付于 E 公司。

**任务描述**

一、付款人可否以 C 公司的欺诈行为为由拒绝向 E 公司支付票款?为什么?

二、A 公司开出的汇票未记载付款日期,是否为无效票据? 为什么?

三、D 公司的背书是否有效? 该条件是否影响汇票效力?

四、E 公司的付款请求权得不到实现时,可以向本案哪些当事人行使追索权?

**任务分析**

## 一、票据的种类

票据法对票据的种类均采取法定主义,不允许当事人于法律规定之外另设票据形式。《中华人民共和国票据法》(以下简称《票据法》)第 2 条第 2 款亦明确规定票据分汇票、本票和支票 3 种形式。

1. 汇票

汇票是由出票人签发的,委托付款人在见票时或在指定日期无条件支付确定的金额给收款人或持票人的票据。

（1）依当事人身份不同可分为银行汇票和商业汇票。银行汇票以银行为出票人，同时以银行为付款人，出票人与付款人通常为同一银行；商业汇票以银行以外的其他公司、企业为出票人，以银行或者其他公司、企业等为付款人。

（2）据付款期限不同可分为即期汇票和远期汇票，其中远期汇票又可分为定日付款汇票、出票后定期付款汇票、见票后定期付款汇票。

（3）按汇票付款是否需要附设其他单据可分为光单汇票和跟单汇票。《票据法》对此未作区分，国内贸易中一般为光单汇票。

2. 本票

本票是由出票人签发的，承诺自己在见票时无条件支付确定金额给收款人或持票人的票据。注意，在我国《票据法》所称本票仅指银行本票，不包括商业本票和个人本票，且本票均为即期本票。

3. 支票

支票是由出票人签发的，委托办理支票存款业务的银行或其他金融机构在见票时无条件支付确定的金额给收款人或持票人的票据。

（1）以权利人记载方式为准可分为记名支票、无记名支票和指示支票。无记名支票亦得到我国法律承认。

（2）据付款方式可分为现金支票和转账支票。转账支票只能用于转账，不得支取现金。

（3）按当事人是否兼任为标准，可分为一般支票和变式支票，变式支票又可分为对己支票（出票人自己为付款人）、指己支票（出票人自己为收款人）、付受支票（付款人为收款人）。

汇票、本票、支票的对比见表4-5。

表4-5　汇票、本票、支票的对比

| | 汇票 | 本票 | 支票 |
|---|---|---|---|
| 信用功能 | 基于出票人和付款人信用，除见票即付外，还可另行指定到期日，为信用证券 | 《票据法》上本票限于见票即付，为支付证券 | 见票即付，属支付证券 |
| 出票人的身份 | 可以是银行，也可以是银行之外的其他经济组织和个人 | 银行 | 没有身份的限制 |

| | 汇票 | 本票 | 支票 |
|---|---|---|---|
| 付款人身份 | 无限制 | 无限制 | 出票人的开户银行 |
| 基本当事人 | 出票人、付款人和收款人 | 出票人（付款人和出票人为同一个人）和收款人 | 出票人、付款人和收款人；出票人与付款人之间必须先有资金关系，才能签发支票 |
| 绝对必要记载事项 | "汇票"字样、无条件支付的委托、确定的金额、出票日期、出票人签章、付款人和收款人名称 | "本票"字样、无条件支付的承诺、确定的金额、出票日期、出票人签章、收款人名称 | "支票"字样,无条件支付的委托、确定的金额（可授权补记）、出票日期、出票人签章（必须与在银行预留印鉴的印章和签名式样一致）、付款人名称 |
| 付款期限 | 见票即付的,自出票日起1个月内有效;定日付款的,出票后定期付款;见票后定期付款的,自到期日起10日内有效 | 自出票日起2个月内有效 | 同城支票为出票日起10日内;异地使用的支票,付款提示期限由中国人民银行另行规定 |
| 权利消灭时效 | 见票即付的,自出票日起2年内有效;远期汇票,自到期日起2年内有效 | 自出票日起2年内有效 | 自出票日起6个月内有效 |

## 二、票据的特征

### （一）票据是无因证券

无因证券是指票据上的法律关系只是单纯的金钱支付关系,至于票据赖以发生的原因,在所不问。即使原因关系无效或者有瑕疵,均不影响票据的效力。

**【特别提醒】** 无因并不是票据的产生没有原因,而是指票据的效力不受原因关系的影响。

### （二）票据是要式证券

要式证券是指票据的格式、记载内容是由法律规定的,不遵守格式或者绝对记载事项欠缺对票据的效力有一定的影响甚至导致票据无效。

（三）票据是文义证券

票据上的权利义务全凭票据上所载文义而定，即使票据上的记载与实际不符，也以记载为准。如票据上记载的出票日期与实际出票日期不一致时，必须以票据上记载的出票日期为准。

（四）票据是设权证券

设权证券是指票据的做成是在创设新的权利义务，在票据做成之前，票据的权利义务是不存在的。

（五）票据是完全有价证券

票据作为完全有价证券，是指其权利与证券本身密不可分，票据上权利的发生必须做成票据。

### 三、票据法律关系

（一）票据当事人

1. 基本当事人

基本当事人是指票据一经成立即已存在的当事人。

（1）对于汇票与支票，基本当事人有 3 方，分别为出票人、收款人、付款人。

（2）对于本票，基本当事人有两方，分别是出票人与收款人。

2. 非基本当事人

非基本当事人是指票据已经成立，通过各种票据行为而加入票据关系中的当事人，如背书人、承兑人、保证人。非基本当事人并不是在任何票据中都存在的。

（二）票据法律关系

票据法律关系是指票据当事人基于票据行为而发生的债权债务关系，具体包括持票人享有的票据权利和在票据上签名的债务人的票据义务。

（三）票据基础关系

票据基础关系是票据法中规定的而不是基于票据行为发生的法律关系，票据基础关系也称非票据关系，它包括以下 3 种类型。

1. 原因关系

原因关系是指票据的当事人之间交付票据的理由。原因关系只存在于授受票据的直接当事人之间，票据如经转手，其原因关系则被切断。

2. 预约关系

预约关系是指在票据授收之前，当事人就票据的种类、金额、到期日等事项所达成的协议。

3. 资金关系

资金关系是指存在于汇票出票人与付款人之间、支票出票人与付款银行或者其他资金义务人之间的一种法律关系。

## 四、票据行为

### (一)票据行为的概念

票据行为是指行为人在票据上进行必备事项的记载、完成签章并予以交付。票据行为具有独立性,即在同一票据上所为的若干票据行为分别依各行为人在票据上的记载独立地发生效力,在先票据行为无效不影响后续票据行为的效力,某一票据行为无效不影响其他票据行为效力。就我国《票据法》所指票据行为而言,汇票包括出票、背书、承兑和保证;本票包括出票、背书和保证;支票包括出票和背书。

### (二)票据行为的要件

1. 实质要件

无民事行为能力人或者限制民事行为能力人在票据上签章的,其签章无效,但不影响其他签章的效力。注意:限制民事行为能力人签章无效,而不是效力待定,此点不同于《合同法》。

2. 形式要件

(1)书面。票据行为必须以书面形式和法定格式做成方发生效力。票据凭证的格式和印刷管理办法由中国人民银行规定。

(2)签章。在票据上签章之人须照票据所载事项承担票据责任。例如,汇票的付款人在承兑之前不承担票据责任,而一旦签章承兑则必须承担付款责任。出票人签章不真实的票据,未经背书转让的,票据债务人不承担责任;已经背书转让的,票据无效不影响其他真实签章的效力。

注意:① 票据上之签章为签名、盖章或签名加盖章;② 法人或其他单位使用票据时,签章为该法人或该单位的盖章加其法定代表人或得其授权之人签章;③ 票据上之签名,须为当事人本名、真名。

(3)票据记载事项。票据名称字样、无条件支付的委托或承诺、确定的金额(中文大写与数字不一致时,票据无效)、出票日期、出票人签章是汇票、本票和支票共同的绝对记载事项。此外,汇票还必须记载付款人和收款人名称,本票须记载收款人名称,支票须记载付款人名称。

票据行为代理适用《民法通则》及其他有关代理的规定。注意:票据行为代理也必须在票据上进行,代理人也须在票据上签章。

## 五、票据权利

票据权利是持票人向票据债务人请求支付票据金额的权利,包括付款请求权与追索权。

### (一)付款请求权

1. 性质

付款请求权是持票人最基本的票据权利,是持票人第一次请求权,持票人必须首先向主债务人行使第一次请求权,不能直接行使追索权。

2. 行使对象

付款请求权的行使对象为票据的主债务人。具体而言:

(1)即期汇票为付款人;远期汇票为承兑人。

(2)本票为出票人。

(3)支票为付款人。

### (二)追索权

1. 性质

追索权是在付款请求权未能实现时发生的,持票人对从债务人所享有的请求偿还票据金额及其他有关金额的权利。追索权是第二次请求权。

2. 行使对象

追索权的行使对象为票据的从债务人。具体而言:

(1)汇票为所有的前手,包括出票人、背书人、保证人。

(2)本票为出票人以外的前手,包括背书人、保证人。

(3)支票则是所有的前手,包括出票人、背书人。

3. 行使原因

(1)期前追索权行使原因。对于定日付款、出票后定期付款以及见票后定期付款的汇票,在汇票到期日前,发生下列情形之一的,持票人可以行使追索权:

① 汇票被拒绝承兑。

② 承兑人或者付款人死亡、逃匿。

③ 承兑人或者付款人被依法宣告破产。

④ 承兑人或者付款人因违法被责令终止业务活动。

甲公司在与乙公司交易中获汇票一张,出票人为丙公司,承兑人为丁公司,付款人为戊公司,汇票到期日为2013 年9 月30 日。当下列( )情况发生时,甲公司可以在9 月15 日行使追索权。

A. 乙公司被吊销营业执照

B. 戊公司因违法被责令终止业务活动

C. 乙公司申请注销法人资格

D. 丙公司被宣告破产

(2)期后追索权行使的原因。其主要是指到期被拒绝付款,原因包括以下几种情形:

① 汇票到期后,如果汇票的付款人、承兑人或者代理付款人拒绝支付的。

② 付款人提示付款时,汇票上记载的付款场所不存在。

③ 付款人不存在或者下落不明,无法进行提示。

4. 形式要件

(1)在法定期限内进行票据提示。持票人如未在法定的期限内提示票据,将丧失追索权。

(2)做成拒绝证明。拒绝证明包括被拒绝承兑和被拒绝付款证明;可以作为拒绝证明的其他合法证明。

① 持票人因承兑人或者付款人死亡、逃匿或者其他原因,不能取得拒绝证明的,可以依法取得其他相关证明。

② 承兑人或者付款人被人民法院依法宣告破产的,人民法院的有关司法文书具有拒绝证明的效力。

③ 承兑人或者付款人因违法被责令终止业务活动的,有关行政主管部门的处罚决定具有拒绝证明的效力。

(3)拒绝事实的通知。

① 通知的时间:自收到被拒绝承兑或被拒绝付款的有关证明之日起3 日内(《票据法》第66 条第1 款)。

② 延期通知的法律后果:持票人仍可以行使追索权。因延期通知给其前手或者出票人造成损失的,由没有按照规定期限通知的汇票当事人,承担对

该损失的赔偿责任,但是赔偿的金额以汇票金额为限(《票据法》第66条第2款)。

5. 行使方式

在同时存在若干个追索义务人的情况下,持票人可以选择其中任何一个人,作为追索对象;也可以不限定一名追索对象,而向一名以上的追索义务人行使追索权;持票人还可以不受已经开始的追索权行使的限制,在未实现其追索权之前,再进行新的追索。

被追索人清偿债务后,与持票人享有同一追索权利,可以向其他汇票债务人行使再追索权,直至汇票上的债权债务关系因履行或者其他法定原因而消灭为止。

**练一练**

(不定项选择题)天空公司在交易中取得汇票一张,金额为100万元人民币,汇票签发人为海洋公司,天空公司在承兑时被拒绝。其后,天空公司在一次交易中需支付甲公司100万元货款,于是天空公司将该汇票背书转让给甲公司,甲公司承兑时亦被拒绝。下列选项正确的是(　　)。

A. 甲公司有权要求天空公司给付汇票上的金额

B. 甲公司有权要求天空公司返还交易中的对价

C. 甲公司有权向海洋公司行使追索权要求其给付汇票上的金额

D. 甲公司应当请求天空公司承担侵权赔偿责任

6. 追索金额的确定

(1)被拒绝付款的票据金额。

(2)票据金额自到期日或者提示付款日起至清偿日止,按照中国人民银行规定的利率计算的利息。

(3)取得有关拒绝证明和发出通知书的费用。

7. 再追索金额的确定

(1)已清偿的全部金额。

(2)前项金额自清偿日起至再追索清偿日止,按照中国人民银行规定的利率计算利息。

(3)发出通知书的费用。

（不定项选择题）关于汇票追索权的形式,根据票据法的有关规定,下列观点错误的有(　　　)。

A. 持票人应在收到被拒绝承兑或被拒绝付款的有关证明之日起 3 日内,将被拒绝事由通知其前手;过期没有通知的,则票据权利丧失

B. 持票人应在收到被拒绝承兑或被拒绝付款的有关证明之日起 3 日内,将被拒绝事由通知其前手;以口头或者其他非书面形式通知的,其通知行为无效

C. 被追索人向持票人清偿债务后,只能向出票人行使再追索权

D. 持票人行使追索权时,可以不按顺序的前后,向其前手中的一人或数人行使

### 六、票据权利的取得

（一）原始取得

原始取得是指持票人不经由其他任何前手权利人,而最初取得的票据,包括发行取得和善意取得。

**【特别提醒】** 票据权利善意取得的构成要件:
（1）必须是从无处分权人手中取得票据的。
（2）必须是依票据法规定的转让方式取得票据的。
（3）受让人必须是善意或者无重大过失下取得票据的。
（4）受让人必须付出对价。
（5）受让人必须是在票据到期之前取得票据的。

（二）继受取得

票据权利的继受取得,是指受让人从有处分权的前手权利人处取得票据,从而取得票据权利。继受取得票据权利的方式,在票据法中体现为票据的背书、保证等;在其他法律中体现为赠与、继承,公司的分立与合并、清算等。

一般来说,票据的取得应当给付对价,但是因税收、继承、赠与取得票据除外。《票据法》第 11 条第 1 款规定:因税收、继承、赠与可以依法无偿取得

票据的,不受给付对价的限制。但是,所享有的票据权利不得优于其前手的权利。据此,持票人如果没有给付对价而取得票据,则在票据权上不得优于其前手。

### 七、票据权利的行使和保全

**(一)票据权利的行使**

票据权利的行使是指票据权利人请求票据债务人履行票据债务,从而实现票据权利的行为。票据权利行使的特别之处在于票据权利人应进行票据提示,即实际地将票据向票据债务人出示,以此请求票据义务人履行义务。

**(二)票据权利的保全**

票据权利的保全是指票据债权人为防止票据权利丧失或者消灭所采取的行为。票据权利的保全方式包括按期提示票据、做出拒绝证书、中断时效。

### 八、票据权利的消灭

票据权利的消灭是指票据上的付款请求权或者追索权因法定事由的出现而归消灭。

**(一)付款**

付款人依法足额付款后,全体汇票债务人的责任解除。

**(二)票据时效期间届满**

票据权利在下列期限内不行使而消灭:

(1)持票人对票据的出票人和承兑人的权利,自票据到期日起2年;见票即付的汇票、本票,自出票日起2年。

(2)持票人对支票的出票人的权利,自出票日起6个月。

(3)持票人对前手的追索权,自被拒绝承兑或者被拒绝付款之日起6个月。

(4)持票人对前手的再追索权,自清偿日或者被提起诉讼之日起3个月。

**(三)票据记载事项欠缺**

《票据法》第18条规定,因票据记载事项欠缺而丧失票据权利的,享有利益返还请求权。

**(四)保全手续欠缺**

《票据法》第65条规定,持票人不能出示拒绝证明、退票理由书或者未按照规定期限提供其他合法证明的,丧失对其前手的追索权。

### 九、票据权利的瑕疵

**（一）票据的伪造**

票据的伪造是指假借他人名义，以行使票据上的权利为目的而为票据行为的行为。一般来说，票据的伪造是指票据签章的伪造，不包括其他事项的伪造。票据伪造产生以下法律后果：

（1）伪造人不承担票据责任，但承担民事责任和刑事责任。

（2）被伪造人不承担票据责任。

（3）其他真正签章于票据的人，要承担票据责任。真正签章的人承担票据责任后，可以请求伪造人承担民事赔偿责任。

**（二）票据的变造**

票据的变造是指无票据记载事项变更权限的人，对票据上记载事项加以变更，从而使票据法律关系的内容发生改变的行为。票据变造的内容，常见的有金额、日期、收款人名称。票据变造产生以下法律后果：

（1）在变造之前签章的人，仍依原记载事项负责。

（2）在变造之后签章的人，依变造之后的记载事项负责。

（3）不能辨别在票据被变造之前或者之后签章的，视为在变造之前签章，依原记载事项负责。

## 巩固提升

**一、单项选择题**

1. 上市公司非发行新股，应当符合经国务院批准的国务院证券监督管理机构规定的条件，并报（　　）。

A. 证监会核准　　　　　　　　B. 证券法交易所核准

C. 证券登记结算机构核准　　　D. 证券公司核准

2. 股票依法发行后，由此变化引致的投资风险由（　　）。

A. 发行人负责　　　　　　　　B. 证券公司负责

C. 投资者负责　　　　　　　　D. 证券交易所负责

3. 证券交易所的设立和解散，由（　　）。

A. 证监会决定　　　　　　　　B. 证券交易决定

C. 证券业协会决定　　　　　　D. 国务院决定

4. 在上市公司的收购中，收购人持有的被收购上市公司的股票，在收购行为完成后的一定时间内不得转让,该期限是(    )。

    A. 3个月        B. 6个月        C. 9个月        D. 12个月

    5. 上市公司董事、监事、高级管理人员,持有上市公司股份(    )以上的股东,将其持有的该公司的股票在买入后6个月内卖出,或者在卖出后6个月内买入,由此所得收益归该公司所有。

    A. 3%        B. 5%        C. 10%        D. 30%

    6. 李某为其子投了以死亡为给付保险金条件的人身保险,期限5年,保费已一次缴清。2年后其子因抢劫罪被判处死刑并已执行。李某要求保险公司履行赔付义务。对此,保险公司应(    )。

    A. 依照合同规定给付保险金

    B. 按照保单的现金价值予以退还

    C. 可以不承担给付保险金的义务,也不返还保险费

    D. 可以解除合同,但应全额返还保险费

    7. 保险合同成立后,除法律另有规定或者保险合同另有约定外,(    )不得解除保险合同。

    A. 投保人        B. 受益人        C. 被保险人        D. 保险人

    8. 甲为自己投保一份人身险,指定其年仅4岁的儿子丙为受益人。后丙意外夭折。甲有妻子乙,甲母50岁且自己单独生活。某日,甲因交通事故身亡。该份保险的保险金依法(    )。

    A. 应作为遗产由甲妻、甲母共同继承

    B. 应作为遗产由甲妻一人继承

    C. 应作为遗产由甲子继承,因甲子先于甲死亡,故由甲妻转继承

    D. 应作为遗产由甲子继承,因甲子先于甲死亡,故由甲妻单独继承

    9. 某企业购进一价值100万元人民币的机器设备,并在保险公司对该设备投保了50万元。不久即发生保险事故,致该设备严重毁损,经有关部门估价,实际损失共60万元。另外该厂为防止损失扩大,还投入了5万元。保险公司应当赔偿该企业(    )。

    A. 60万元        B. 55万元        C. 35万元        D. 50万元

    10. 依票据法原理,票据被称为无因证券,其含义是指(    )。

    A. 取得票据无须合法原因,即使是盗窃而得的票据,持票人也享有票据权利

    B. 票据权利以票面记载为准,即使票据上记载的文义与记载人的真实意

思有出入,也要以该记载为准

C. 占有票据即能行使票据权利,不问占有该票据的原因和资金关系

D. 当事人签发、转让、承兑等票据行为须依法定形式进行

11. 下列有关票据权利的表述,不正确的是(　　)。

A. 持票人行使票据权利,应当按照法定程序在票据上签章并出示票据

B. 票据权利是专指持票人向票据债务人请求支付票据金额的权利,包括付款请求权和追索权

C. 持票人丙对汇票承兑人乙的票据权利,自票据到期日起2年内不行使而消灭

D. 持票人丁对汇票出票人甲的票据权利,自出票日起6个月内不行使而消灭

12. 一张汇票的出票人是甲,乙、丙、丁、戊依次是背书人,己是持票人。现查出这张汇票的金额被变造,且确定丁、戊是在变造之后签章的,乙是在变造之前签章的,但不能确定丙是在变造之前还是在变造之后签章的。则下列说法中正确的是(　　)。

A. 汇票中的金额被变造导致这张汇票无效

B. 甲、乙、丙、丁、戊均只就变造前的票据金额对己负责

C. 甲、乙就变造之前的票据金额对己负责,丙、丁、戊就变造后的金额对己负责

D. 甲、乙、丙就变造之前的票据金额对己负责,丁、戊就变造后的金额对己负责

13. 甲是汇票的出票人,乙、丙、丁依次为背书人,戊从丁处取得该汇票,为持票人;乙在背书时在票面记载"不得转让"字样;丙是限制民事行为能力人。在戊提示付款遭到拒绝后,他可以采用的救济方法为(　　)。

A. 因为乙、丙不对票据承担保证责任,戊只能向甲、丁行使追索权

B. 丙的背书无效,但戊可以向甲、乙、丁行使票据权利,请求支付票面金额

C. 付款人拒绝付款没有理由,戊可以向人民法院起诉,判令付款人履行票据义务

D. 以上说法都不对,因为乙在背书时已在票面记载"不得转让",所以丙之后的背书行为都无效,戊不是票据权利人

## 二、多项选择题

1. 下列情形中,不得再次公开发行公司债券的有(　　)。

A. 前一次公开发行的公司债券尚未募足

B. 对已公开发行的公司债券有违约的事实且仍处于继续状态

C. 违反证券法规定,改变公开发行公司债券所募资金的用途

D. 存在违法行为

E. 对已公开发行的公司债券有延迟支付本息的事实且仍处于继续状态

2. 我国证券法规定的证券种类主要有(　　)。

A. 股票　　　　　　B. 公司债券　　　　　　C. 政府债券

D. 投资基金份额　　E. 汇票

3. 证券的发行方式根据发行条件的确定方式不同可分为(　　)。

A. 公募发行　　　　B. 议价发行　　　　　　C. 公开发行

D. 私募发行　　　　E. 招标发行

4. 在我国可以从事证券服务工作的机构有(　　)。

A. 投资咨询机构　　B. 财务顾问机构　　　　C. 资信评级机构

D. 资产评估机构　　E. 会计师事务所

5. 刁某将自有轿车向保险公司投保,其保险合同中含有自燃险险种。一日,该车在行驶中起火,刁某情急之下将一农户晾在公路旁的棉被打湿灭火,但车辆仍有部分损失,棉被也被烧坏。保险公司应承担的赔付责任包括(　　)。

A. 车辆修理费 500 元

B. 刁某误工费 400 元

C. 农户的棉被损失 200 元

D. 刁某乘其他车辆返回的交通费 30 元

6. 2002 年 3 月 18 日张某购置了一辆轿车,向保险公司投保当年的车辆损失险,保险金额为 20 万元。其子小张因经常乘坐他人及张某的车,知道一点驾驶常识。5 月 20 日,张某因病住院,小张偷拿了其父的钥匙驾车外出游玩,不慎翻车。小张受了伤,轿车完全报废。下列关于张某轿车毁损赔偿问题的表述中正确的是(　　)。

A. 张某有权请求保险公司予以赔偿

B. 张某无权请求保险公司赔偿

C. 保险公司如果赔偿,可以对小张行使代位请求赔偿的权利

D. 保险公司如果赔偿,不可以对小张行使代位请求赔偿的权利

7. 赵某与某保险公司签订一份财产保同,在(　　)的情况下,该保险公司可以解除赵某的保险合同。

A. 赵某故意隐瞒事实,不履行如实告知义务

B. 赵某因过失未履行如实告知义务,影响保险公司是否承保或者提高保险费率的决定

C. 赵某在未发生保险事故的情况下,谎报保险事故

D. 在合同有效期内,该保险合同标的的危度增加

8. 甲签发汇票一张,汇票上记载收款人为乙,保证人为丙、丁,金额为20万元,汇票到期日为2013年11月1日。乙持票后将其背书转让给戊,戊再背书转让给己,己要求付款银行付款时,银行被以背书不具连续性为由拒绝付款。下列说法中正确的是(　　)。

A. 己可以向戊行使追索权,也可以同时向甲、乙、戊行使追索权

B. 己向乙行使追索权时,只有当乙不能偿付时,丙、丁才对己承担保证责任

C. 如果丙、丁在保证时约定了份额,则丙、丁按该约定的份额对己承担保证责任

D. 保证人丙、丁对己的追索支付了全部款项后,可以向乙或甲追索

9. 丁拾得一张甲为出票人、乙为背书人、丙为被背书人的汇票。票面金额为5万元,见票后3个月内付款。丁拾得票据后,立即伪造丙的签章,将汇票转让给自己,然后拿到A银行贴现。A银行审查了汇票背书的连续性后,给予贴现,这时丙发现汇票丢失,立即向法院申请公示催告,并向付款人B银行提出挂失止付,则下列选项中正确的有(　　)。

A. 丁除了承担票据责任之外,还应承担其他法律责任

B. 被伪造人丙可以追究伪造人乙的民事责任,但应承担票据责任

C. 付款人B银行不承担任何票据责任

D. A银行因为善意取得而成为真正的票据权利人,丙不得以丁的伪造背书行为而主张A银行的票据权利无效

10. 买卖合同的买方甲公司为汇票出票人,开出以卖方乙公司为收款人、×公司为付款人的见票即付汇票,乙持该汇票向丙银行申请贴现,丙银行同意接受贴现申请,乙将该汇票背书转让给丙银行。丙银行向×公司提取汇票遭拒付,丙银行向甲追索时,甲以乙所交货物严重违反合同规定为由进行抗

辩。关于此案,下列说法正确的是(　　　)。

A. 甲公司的抗辩不能成立,应无条件向丙银行付款

B. 丙银行不能直接向甲公司追索,而应当先向乙公司进行追索,再由乙公司向甲公司追索

C. 对丙银行的追索,甲公司和乙公司应当承担连带责任

D. 如甲公司向丙银行付款,可再向乙公司追索

### 三、案例分析

1. A公司为我国境内上市公司,已发行股份1万万股,假设在本案发生过程中A公司股本总额没有发生变化。B公司为我国境内的一家有限责任公司,B公司通过证券交易所的证券交易,逐步购买A公司的股票。

(1) 当B公司持有A公司500万股股份时,应遵守什么行为规范?

(2) 当B公司通过证券交易所的证券交易,持有A公司3 000万股股份时,若B公司欲继续收购A公司股份,应当怎么做?

(3) 当收购要约的期限届满,B公司持有A公司已发行股份达到多少万股时,A公司股票应当在证券交易所终止上市?

2. 2011年3月,某厂45岁的机关干部龚某因患胃癌(亲属因怕其情绪波动,未将真实病情告诉本人)住院治疗,手术后出院,并正常参加工作。同年8月24日,龚某经吴某推荐,与其一同到保险公司投保了简易人身险,并办妥有关手续,但填写投保单时没有申报其身患癌症的事实。

2012年5月,龚某旧病复发,经医治无效死亡。龚某的妻子以指定受益人的身份,到保险公司请求给付保险金。保险公司在审查提交有关的证明时,发现龚某的病史上,载明其曾患癌症并动过手术,于是拒绝给付保险金。龚妻以丈夫不知自己患何种病,未违反告知义务为由抗辩,双方因此发生纠纷。保险公司应如何处理?

3. A市的甲和B市的乙达成协议,由甲交给乙一张银行承兑汇票,金额为400万元。其中200万元用于偿还甲原先所欠乙的债务,200万元用于联营投资。3天后,甲、乙和A市的丙银行3家达成协议,由丙银行出具银行承兑汇票400万元给乙,乙将400万元资金一次性汇入丙银行存储。协议达成后,丙银行开出银行承兑汇票400万元给了乙,但是乙并未划款给丙,却持这张汇票到了B市的丁银行办理质押贷款400万元,并由B市公证处出具了公证书。这时,丁银行几次向丙银行查询所出汇票的真伪,在得到准确有效答复后贷款400万元给乙。丙银行在收不到资金的情况下,便派人去函索要所

开汇票。在该汇票即将到期的前两天,丙银行和甲以乙不按协议划款、要求退票为由,丁银行以乙拖欠贷款逾期不还为由分别向 A、B 两市法院起诉,两市法院竞相冻结该汇票,B 市法院抢先实现,但 A 市法院先行认定汇票无效,并且判决由乙赔偿有关损失,丁银行退还汇票给丙银行。乙已经丧失偿债能力,贷款质押汇票又难以兑付,丁银行 400 万元贷款面临损失的危险。

问题:

(1) 该汇票是否有效? 为什么?

(2) 丙银行和甲的诉讼理由是否应予支持? 丁银行是否应返还汇票? 为什么?

(3) 丁银行是否可以就该汇票实行其质押权? 为什么?

(4) 应该由哪个法院判决? 该如何判决?

# 模块五

## 经济纠纷处理法

　　在市场经济条件下,具有相应民事行为能力的公民、法人和其他经济组织等各种市场主体为实现各自的经济目标,必然要进行各种经济活动。由于各市场主体的经济权益相互独立,加之客观情况经常变化,各种市场主体之间难免发生经济纠纷。所以,经济纠纷就是指各种市场主体之间因经济权利和经济义务的矛盾而引起的争议。为了保护当事人的合法权益,维持社会经济秩序的稳定,国家建立了解决经济纠纷的法律机制。经济纠纷发生后,依纠纷的性质不同,当事人可以通过双方协商、民间调解、仲裁民事诉讼、行政复议或行政诉讼等不同方式予以解决。

　　平等民事主体之间发生的纠纷属于民事纠纷,当事人可以通过双方协商、民间调解、仲裁或者民事诉讼方式解决。双方协商和民间调解属于司法外解决方式,双方达成的协议仅具有合同效力,完全依赖当事人的自觉履行。仲裁属于准司法外解决方式,而诉讼则属于司法解决方式。生效的仲裁裁决或法院裁定、判决具有强制执行力,一方当事人不履行的,另一方当事人可申请人民法院强制执行。当事人通过司法途径解决经济纠纷须遵循或裁或审原则,只能在仲裁或者民事诉讼两种方式中选择一种。有效的仲裁协议可排除法院的管辖权,只有在没有仲裁协议或者仲裁协议无效,或者当事人放弃仲裁协议的情况下,法院才可以行使管辖权。因行政管理关系在行政机关和行政相对人(公民、法人或者其他组织)之间发生的纠纷属于行政纠纷。公民、法人或其他组织对行政机关的具体行政行为不服的,可以先向上一级行政机关或者法律法规规定的行政机关申请复议,对复议决定不服的,可向人民法院提起行政诉讼,但法律规定行政复议为最终裁决的除外,也可以不经行政复议而直接向人民法院提起行政诉讼。法律法规规定应当先向行政机关申请复议,对复议不服再向人民法院起诉的,应按照法律法规规定的途径解决纠纷。

📓 **学习目标**

**一、知识目标**

1. 理解仲裁法的基本知识、基本概念、基本理论,掌握仲裁机构的设置、仲裁协议、仲裁程序。

2. 了解民事诉讼法的基本理论,理解民事诉讼的基本原则、基本制度和基本原理,掌握民事诉讼法的主要内容及民事诉讼的基本程序。

3. 理解行政诉讼法基本理论和概念,并能运用基本理论、概念判断和解决实际问题。

**二、能力目标**

1. 熟悉仲裁、民事诉讼、行政复议和行政诉讼的基本制度和主要程序。

2. 掌握进行仲裁、民事诉讼、行政复议和行政诉讼的一般方法和技巧。

3. 能够灵活运用不同的纠纷解决方式应对各种经济纠纷,依法维护自身或单位的合法权益。

# 项目一　仲裁法律制度与实训

## 项目情境

海南省天南公司与海北公司于 2013 年 6 月签订了一份租赁合同,约定由天南公司进口一套化工生产设备,租给海北公司使用,海北公司按年交付租金。海南省 A 银行出具担保函,为海北公司提供担保。后天南公司与海北公司因履行合同发生争议。

## 任务描述

一、如果天南公司与海北公司签订的合同中约定了以下仲裁条款:因本合同的履行所发生的一切争议,均提交珠海仲裁委员会仲裁。天南公司因海北公司无力支付租金,向珠海仲裁委员会申请仲裁,将海北公司和 A 银行作为被申请人,请求裁决被申请人给付拖欠的租金。天南公司的行为是否正确? 为什么?

二、如果存在上问中所说的仲裁条款,天南公司能否向人民法院起诉海北公司和 A 银行,请求对方支付拖欠的租金? 为什么?

三、如果本案通过仲裁程序处理,天南公司申请仲裁委员会对海北公司的财产采取保全措施,仲裁委员会应当如何处理?

四、如果本案通过仲裁程序处理后,在对仲裁裁决执行的过程中,法院裁定对裁决不予执行,在此情况下,天南公司可以通过什么法律程序解决争议?

## 任务分析

### 一、仲裁法概述

仲裁,是指法律地位平等的民事主体之间发生民事争议后,当事人根据其在争议发生前或争议发生后所订立的仲裁协议,自愿将其民事争议提交给非官方身份的仲裁机构进行裁判,并受该裁判约束的一种制度。仲裁活动与法院的审判活动一样,对当事人的权利和义务做出处理,是解决民事争议的方式之一。

根据《中华人民共和国仲裁法》(以下简称《仲裁法》)的规定,平等主体的公民、法人和其他组织之间发生的合同纠纷和其他财产权益纠纷,可以仲裁。但下列纠纷不能仲裁:① 婚姻、收养、监护、扶养、继承纠纷;② 依法应当由行政机关处理的行政争议;③ 劳动争议和农业集体经济组织内部的农业承包合同纠纷。

### 二、仲裁委员会和仲裁员

#### 1. 仲裁委员会

仲裁委员会可以在直辖市和省、自治区人民政府所在地的市设立,也可以根据需要在其他设区的市设立,不按行政区划层层设立。仲裁委员会由市人民政府组织有关部门和商会统一组建。设立仲裁委员会,应当经省、自治区、直辖市的司法行政部门登记。仲裁委员会独立于行政机关,与行政机关没有隶属关系。仲裁委员会之间也没有隶属关系。

仲裁委员会由主任1人、副主任2~4人和委员7~11人组成。仲裁委员会的主任、副主任和委员由法律、经济贸易专家和有实际工作经验的人员担任。仲裁委员会的组成人员中,法律、经济贸易专家不得少于总人数的2/3。

#### 2. 仲裁员

仲裁委员会按照不同专业设仲裁员名册。仲裁员由仲裁委员会聘任,仲裁委员会从具有仲裁员资格的人员中聘任仲裁员。仲裁员应当符合下列条件之一:① 从事仲裁工作满8年;② 从事律师工作满8年;③ 曾任审判员满8年;④ 从事法律研究、教学工作并具有高级职称;⑤ 具有法律知识、从事经济贸易等专业工作并具有高级职称或者具有同等专业水平。

### 三、仲裁协议

仲裁协议是双方当事人自愿把他们之间已经发生的或将来可能发生的财产权益提交仲裁机构裁决的书面协议。仲裁协议,既是争议当事人将其争议提交仲裁的依据,也是仲裁机构取得争议案件管辖权的前提,应当采用书面形式。口头约定的仲裁协议无效。

(一)仲裁协议的种类和内容

1. 仲裁协议的种类

仲裁协议包括合同中订立的仲裁条款和以其他方式在纠纷发生前或纠纷发生后达成的请求仲裁的协议。

（1）仲裁条款。它是指双方当事人在签订合同中订立的,将今后履行该合同可能发生的争议提交仲裁的条款。仲裁条款是实践中最普遍,也是最重要的仲裁协议的形式之一。仲裁条款虽然存在于主合同之中,但其效力具有独立性,不受主合同效力的影响,即使主合同无效,仲裁条款也不会因此而失效。

（2）仲裁协议书。它是指在争议发生之前或之后,双方当事人在自愿的基础上订立的,同意将争议事项提交仲裁的一种独立的协议。仲裁协议书不依赖于其他契约而存在,无论是内容上还是形式上都是独立的协议。

（3）其他文件包含的仲裁协议。在民事经济活动中,当事人除了订立书面合同之外,还经常会用信函、传真、邮件或其他形式处理事务,进行洽谈。如果在这些文件中包含有双方当事人同意将他们之间已经发生或可能发生的争议提交仲裁的内容,那么这些内容可以构成仲裁协议。

2．仲裁协议的内容

（1）请求仲裁的意思表示。即双方当事人通过协议明确表示同意将双方的争议提交仲裁。

（2）仲裁事项。仲裁协议中必须载明双方当事人同意提交仲裁申请的具体事项,如买卖合同的纠纷。

（3）选定的仲裁委员会。当事人须在仲裁协议中就拟提交的仲裁机构做出具体、明确的约定。

例如,"因履行本合同发生的争议提交××仲裁委员会仲裁",这一买卖合同中常见的条款便同时具备上述 3 项内容。

（二）仲裁协议的效力

1．对双方当事人的效力

仲裁协议一旦合法成立,首先对双方当事人直接产生法律效力,双方当事人因此丧失了就特定争议向人民法院起诉的权利,即排除了当事人的起诉权。

2．对法院的效力

有效的仲裁协议,对法院的效力就是排除法院对案件的管辖权,即排除司法管辖权。

3．对仲裁机构的效力

有效的仲裁协议授予仲裁机构仲裁权并限定仲裁范围,是仲裁机构受理仲裁案件的依据,因而,仲裁机构根据当事人的申请,有权对仲裁协议约定的仲裁事项进行仲裁并做出裁决。

（三）仲裁协议的无效

《仲裁法》规定,有下列情形之一的,仲裁协议无效:① 以口头方式订立的;② 约定的仲裁事项超出法律规定的仲裁范围;③ 无民事行为能力人或限制民事行为能力人订立的仲裁协议;④ 一方采取胁迫手段,迫使对方订立的仲裁协议;⑤ 仲裁协议对仲裁事项没有约定或约定不明确,或者仲裁协议对仲裁委员会没有约定或约定不明确,当事人对此又达不成补充协议的。

当事人对仲裁协议的效力有异议的。可以请求仲裁委员会做出决定或请求人民法院做出裁定。所以,仲裁协议效力的确认机构是仲裁机构或受诉法院。应当注意的是,当一方申请仲裁机构做出决定,另一方请求人民法院做出裁定时,应由人民法院裁定。

**四、仲裁程序**

仲裁程序流程如图 5-1 所示。

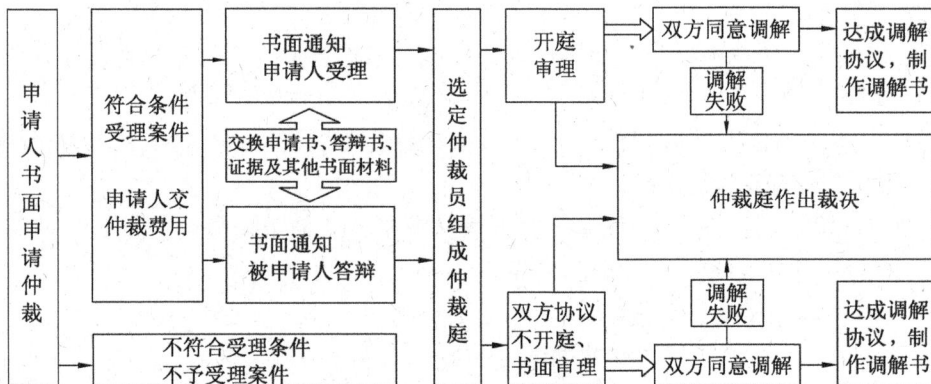

**图 5-1　仲裁程序流程图**

（一）仲裁的申请和受理

1. 申请仲裁的条件

当事人申请仲裁,应当符合以下条件:① 有仲裁协议;② 有具体的仲裁请求和事实、理由;③ 属于仲裁委员会的受理范围。

2. 仲裁的受理

仲裁委员会自收到仲裁申请书之日起 5 日内,经审查认为符合受理条件的,应当受理,并通知当事人;认为不符合受理条件的,应当书面通知当事人不予受理,并说明理由。

仲裁委员会受理仲裁申请后,应当在仲裁规则规定的期限内将仲裁规则和仲裁员名册送达申请人,并将仲裁申请书副本和仲裁规则、仲裁员名册送达被申请人。

被申请人收到仲裁申请书副本后,应当在仲裁规则规定的期限内向仲裁委员会提交答辩书。仲裁委员会收到答辩书后,应当在仲裁规则规定的期限内将答辩书副本送达申请人。被申请人未提交答辩书的,不影响仲裁程序的进行。

需要注意的是,当事人达成仲裁协议,一方向人民法院起诉未声明有仲裁协议,人民法院受理后,另一方在首次开庭前提交仲裁协议的,人民法院应当驳回起诉,但仲裁协议无效的除外;另一方在首次开庭前未对人民法院受理该案件提出异议的,视为放弃仲裁协议,人民法院继续享有管辖权并应继续审理。

(二)仲裁庭的组成

在我国,仲裁庭的组成形式有两种,即合议仲裁庭和独任仲裁庭。合议仲裁庭由3名仲裁员组成,设首席仲裁员。首席仲裁员是合议仲裁庭的主持者,与其他仲裁员有同等的权利,但在裁决不能形成多数意见时,仲裁裁决应当按照首席仲裁员的意见做出。独任仲裁庭由1名仲裁员组成,即由1名仲裁员组成仲裁庭,对争议案件进行审理并做出裁决。

当事人收到仲裁委员会的仲裁规则和仲裁员名册后,应当在仲裁规则规定的时间内约定仲裁庭的组成形式。逾期未约定的,由仲裁委员会主任指定。

当事人约定由3名仲裁员组成仲裁庭的,应当各自选定或者各自委托仲裁委员会主任指定1名仲裁员,第三名仲裁员由当事人共同选定或者共同委托仲裁委员会主任指定,第三名仲裁员是首席仲裁员。如果当事人约定由1名仲裁员成立独任仲裁庭的,应当由当事人共同选定或者共同委托仲裁委员会主任指定该独任仲裁员。

仲裁庭组成后,仲裁委员会应将仲裁庭的组成情况书面通知当事人。

(三)仲裁审理

按照《仲裁法》的规定,仲裁审理方式可以分为开庭审理和书面审理两种。

1.开庭审理

开庭审理是指在仲裁庭的主持下,在双方当事人和其他仲裁参与人的参加下,按照法定程序,对案件进行审理并做出裁决的方式。《仲裁法》规定,仲裁一般不公开进行。当事人协议公开的可以公开进行,但涉及国家秘密的除外。因此,开庭审理的仲裁方式以不公开审理为原则,以公开审理为例外。所谓不公开审理,是指仲裁庭在审理案件时不对社会公开,不允许群众旁听,也不允许新闻记者采访和报道。不公开审理的目的在于保守当事人的商业秘密,维护当事人的商业信誉。

2．书面审理

书面审理是指在双方当事人及其他仲裁参与人不到庭参加审理的情况下,仲裁庭根据当事人提供的仲裁申请书、答辩书以及其他书面材料做出裁决的过程。《仲裁法》规定,仲裁应当开庭进行。当事人协议不开庭的,仲裁庭可以根据仲裁申请书、答辩书以及其他材料做出裁决,即进行书面审理。

3．开庭和裁决

（1）开庭通知。仲裁庭开庭审理仲裁案件,应当在按照仲裁规则规定的期间将开庭日期提前通知双方当事人和其他仲裁参与人。当事人有正当理由的,可以申请延期或提前开庭,是否同意由仲裁庭决定。申请人经书面通知,无正当理由不到仲裁庭或者未经仲裁庭许可中途退庭的,视为撤回仲裁申请。被申请人经书面通知,无正当理由不到仲裁庭或者未经仲裁庭许可中途退庭的,可以缺席裁决。

（2）仲裁和解、调解和裁决。仲裁和解是指仲裁当事人通过协商,自行解决已提交仲裁的争议事项的行为。当事人申请仲裁后,可以自行和解。当事人达成和解协议的,可以请求仲裁庭根据和解协议做出裁决书,也可以撤回仲裁申请。当事人撤回仲裁申请后反悔的,可以根据原仲裁协议重新申请仲裁。

仲裁调解是指在仲裁庭主持下,仲裁当事人在自愿协商、互谅互让基础上达成协议,从而解决纠纷的一种制度。《仲裁法》规定,仲裁庭做出裁决前,可以先行调解。当事人自愿调解的,仲裁庭应当调解。调解达成协议的,仲裁庭应当制作调解书或者根据协议的结果制作裁决书。调解书与裁决书具有同等法律效力。调解不成的,应当及时做出裁决。

仲裁裁决是指仲裁庭对当事人之间所争议的事项进行审理后所做出的终局权威性判定。仲裁裁决的做出,标志着当事人之间纠纷的最终解决。《仲裁法》规定,仲裁应当按照多数仲裁员的意见做出,少数仲裁员的不同意见可以笔录记录。仲裁庭不能形成多数意见时,裁决应当根据首席仲裁员的意见做出。独任仲裁庭的案件,裁决按照独任仲裁员的意见做出。

仲裁庭在仲裁纠纷时,其中一部分事实已经清楚的,可以就该部分先行裁决。

（四）人民法院对仲裁的支持和监督

1. 申请撤销仲裁裁决

当事人提出证据证明裁决有下列情形之一的,可以自收到裁决书之日起6个月内向仲裁委员会所在地的中级人民法院申请撤销裁决:① 没有仲裁协议的;② 裁决的事项不属于仲裁协议的范围或者仲裁委员会无权仲裁的;③ 仲裁庭的组成或者仲裁的程序违反法定程序的;④ 裁决所依据的证据是伪造的;⑤ 对方当事人隐瞒了足以影响公正裁决的证据的;⑥ 仲裁员在仲裁该案件时有索贿受贿、徇私舞弊、枉法裁决行为的。

人民法院应当在受理撤销裁决申请之日起2个月内做出撤销裁决或者驳回申请的裁定。人民法院经组成合议庭审查核实裁决有上述情形之一或认定该裁决违背社会公共利益的,应当裁定撤销。

人民法院受理撤销裁决的申请后,认为可以由仲裁庭重新仲裁的,通知仲裁庭在一定期限内重新仲裁,并裁定中止撤销程序。仲裁庭拒绝重新仲裁的,人民法院应当裁定恢复撤销程序。

2. 仲裁裁决的执行

仲裁裁决生效后,当事人应当履行裁决。一方当事人不履行的,另一方当事人可以依照《民事诉讼法》的有关规定向人民法院申请执行。受申请的人民法院应当执行。但是,被申请人提出证据证明裁决有下列情形之一的,经人民法院组成合议庭审查核实,裁定不予执行:① 当事人在合同中没有订有仲裁条款或者事后没有达成书面仲裁协议的;② 裁决的事项不属于仲裁协议范围或者仲裁机构无权仲裁的;③ 仲裁庭的组成或者仲裁的程序违反法定程序的;④ 认定事实的主要证据不足的;⑤ 使用法律有错误的;⑥ 仲裁员在仲裁该案件时有贪污受贿、徇私舞弊、枉法裁决行为的;⑦ 人民法院认定执行该裁决违背社会公共利益的。

此外,人民法院发现仲裁机构做出的调解书确有错误的,也应当裁定不予执行。仲裁裁决被人民法院依法裁定不予执行的,当事人就该纠纷可以重新达成仲裁协议,并依据该仲裁协议申请仲裁,也可以向人民法院提起诉讼。

# 项目二  民事诉讼法律制度与实训

**项目情境**

A 地甲公司与 B 地乙公司签订了一份书面购销合同,甲公司向乙公司购买冰箱 200 台,每台价格是 1 500 元。双方约定由乙公司代办托运,甲公司在收到货物后的 10 日内付款,合同的违约金为合同价款的 10% ,并且约定如因合同发生纠纷由合同签订地 C 地的法院管辖。但是,在合同签订后,乙公司因为资金不足,造成生产困难,没有能够按照合同约定的时间交付货物。甲公司要求乙公司支付违约金,乙公司拒绝,双方发生争议,甲公司提起诉讼。

**任务描述**

一、甲、乙双方约定合同的签订地 C 地的法院为合同纠纷的管辖法院,该管辖协议是否有效?

二、如果双方当事人约定 C 地为合同的履行地,并且约定合同履行地的法院为合同纠纷的管辖法院,请问就本案而言,C 地的法院是否因此而取得管辖权? 为什么?

三、本案件中,如果双方当事人没有约定管辖协议,那么,甲公司可以向哪个法院提起诉讼?

四、如果当事人双方在合同中仅仅约定了合同的履行地为 C 地,并没有约定管辖协议,此时甲公司应当向哪个法院提起诉讼?

五、如果双方当事人为了平等地保护双方的利益,在合同中约定因为合同发生的纠纷,当事人可以向原告住所地或者被告住所地的法院提起诉讼,那么,此时甲公司可以向哪个法院提起诉讼?

六、如果乙公司已经交付了货物,合同的实际履行地是 D 地,但是,甲公司没有能够按时支付价款,双方发生争议,乙公司提起诉讼,此时,乙公司向 D 地的法院提起了诉讼,甲公司应诉答辩,没有提出异议,此时 D 地的法院是否因此而享有管辖权?

七、如果双方当事人在合同中并没有约定合同纠纷的管辖法院,而是在合同发生纠纷后,才书面约定了合同签订地 C 地的法院为合同纠纷的管辖法院,此时的管辖协议是否有效?

任务分析

**一、民事诉讼法概述**

民事诉讼即民事官司,是指平等主体之间因民事权益矛盾或者经济利益冲突,一方当事人向人民法院起诉,人民法院立案受理后,在双方当事人和其他诉讼参与人的参加下,通过审理、判决、执行等方式解决民事纠纷的活动,以及由这些活动产生的各种诉讼关系的总和。

**二、民事诉讼的基本制度**

(一) 合议制度

合议制度是指由若干名审判人员组成合议庭,对民事案件进行审理的制度。合议庭由 3 名以上的单数人员组成。在普通程序中,合议庭的组成有两种形式:① 由审判员和人民陪审员组成合议庭;② 由审判员组成合议庭。在第二审程序中,合议庭由审判员组成。在再审程序中,再审案件原来是二审的,按第二审程序组成合议庭。在特别程序中,只要是要求对案件的审理实行合议制的,都由审判员组成合议庭。

合议庭的审判工作由审判长负责主持,合议庭评议案件实行少数服从多数原则,评议中的不同意见,必须如实记入评议笔录。

(二) 回避制度

回避制度是指为了保证案件的公正审理,要求与案件有一定利害关系的审判员或其他有关人员不得参与该案的审理活动或诉讼活动的审判制度。适用回避的人员包括审判人员(包括审判人员和人民陪审员)、书记员、翻译人员、鉴定人员、勘验人员等。根据《民事诉讼法》第45条规定,审判人员有下列情形之一的,应当自行回避,当事人有权用口头或者书面方式申请他们回避:① 是本案当事人或是当事人、诉讼代理人的近亲属的;② 与本案有利害关系的;③ 与本案当事人、诉讼代理人有其他关系,可能影响对案件的公正审理的。上述规定,适用于书记员、翻译人员、鉴定人、勘验人。

(三) 公开审判制度

公开审判制度是指人民法院审理民事案件,除法律规定的情况外,审判过程及结果应当向社会公开。人民法院审理民事案件,除涉及国家秘密、个人隐私或者法律另有规定的以外,应当公开进行。此外,离婚案件、涉及商业秘密的案件,当事人申请不公开审理的,可以不公开审理。对不公开审理的案件,法院仍应公开宣告判决。

（四）两审终审制度

两审终审制度是指一个民事案件经过两级人民法院审判后即告终结的制度。依两审终审制度,一般的民事诉讼案件,当事人不服一审人民法院的判决、裁定,可上诉至二审人民法院;二审人民法院对案件所做的判决、裁定为生效判决、裁定的,当事人不得再上诉。但是,下列民事案件实行一审终审制:① 最高人民法院作为一审法院审理的民事案件;② 使用特别程序、督促程序、公示催告程序和企业法人破产还债程序审理的案件。

### 三、民事诉讼保障制度

（一）财产保全

财产保全,是指人民法院在利害关系人起诉前或者当事人起诉后,为保障将来的生效判决能够得到执行或者避免合法权益遭受难以弥补的损害,对当事人的财产或者有争议的标的物,采取限制当事人处分的强制措施。财产保全应仅限于请求的范围,或者与本案有关的财物。财产保全采取查封、扣押、冻结或者法律规定的其他方法。《民事诉讼法》规定的财产保全包括诉前保全和诉讼保全,具体内容见表5-1。

表5-1　财产保全方式及其条件一览表

|  | 诉前保全 | 诉讼保全 |
|---|---|---|
| 时间条件 | 利害关系人起诉之前 | 诉讼进行中 |
| 实质条件 | 利害关系人与他人之间的争议所涉及的财产处于紧急状态,不立即采取财产保全措施将有可能使利害关系人的合法权益遭受到不可弥补的现实危险 | 存在因各种主客观原因可能使人民法院做出的判决难以实现或不能实现的情况 |
| 程序条件 | 由利害关系人向财产所在地的人民法院提出申请,并提供担保 | 当事人向受诉法院提出申请,法院接受申请的,可以责令申请人提供担保;法院亦可依职权决定 |

（二）先予执行

先予执行是指人民法院在判决之前,为解决权利人生活或生产经营的急需,依法裁定义务人预先履行义务的制度。

先予执行适用下列 3 种案件:① 追索赡养费、抚养费、抚恤金、医疗费的案件;② 追索劳动报酬的案件;③ 因其他紧急需要先予执行的案件。

人民法院裁定先予执行的,应当满足以下 3 个条件:① 双方当事人权利和义务关系明确;② 不先予执行将严重影响申请人的生活或者经营;③ 被申请人有履行能力。

**(三) 对妨害民事诉讼的强制措施**

对妨害民事诉讼的强制措施是指在民事诉讼中,对有妨害民事诉讼秩序行为的行为人采用的排除其妨害行为的一种强制措施。

根据《民事诉讼法》的规定,对妨害民事诉讼的强制措施有训诫、责令退出法庭、罚款、拘留。

### 四、民事诉讼管辖

民事诉讼中的管辖,是指各级人民法院之间和同级人民法院之间受理第一审民事案件的分工和权限。

**(一) 级别管辖**

级别管辖,是要划分上下级人民法院之间受理第一审民事案件的分工和权限。级别管辖解决的是哪些案件由哪一级人民法院管辖的问题。《民事诉讼法》确定级别管辖的依据主要是案件的性质、繁简程度和案件影响的大小,把性质重大、案情复杂、影响范围大的案件确定给级别高的法院管辖。在审判实务中,争议标的的金额的大小也是确定级别管辖的重要依据。各地人民法院确定的级别管辖的争议标的的数额标准不同。各级人民法院管辖案件的划分概况见表 5-2。

表 5-2　各级人民法院管辖案件的划分

| 法院级别 | 管辖案件 |
|---|---|
| 基层人民法院 | 除《民事诉讼法》规定由上级人民法院管辖以外的第一审民事案件 |
| 中级人民法院 | (1) 重大涉外案件<br>(2) 在本辖区有重大影响的案件<br>(3) 最高人民法院确定由中级人民法院管辖的案件,包括海事案件、专利纠纷案件,以及重大涉港、澳、台民事案件和诉讼标的较大的案件 |
| 高级人民法院 | 本辖区内有重大影响的案件 |
| 最高人民法院 | (1) 在全国有较大影响的案件<br>(2) 认为应当由最高人民法院审理的案件 |

（二）地域管辖

地域管辖是要划分同级人民法院之间受理第一审民事案件的分工和权限。地域管辖划分的标准有 2 个：① 当事人住所地（主要指被告住所地）；② 诉讼标的或者法律事实与法院辖区之间的联系。根据这 2 个标准可将地域管辖分为一般地域管辖、特殊地域管辖、协议管辖、专属管辖和共同管辖。

1．一般地域管辖

一般地域管辖，是指按照当事人住所地与人民法院辖区的隶属关系确定的管辖。一般地域管辖适用的原则为"原告就被告原则"，即一般由被告住所地人民法院管辖，法律另有规定的除外。

2．特殊地域管辖

特殊地域管辖又称特别管辖，是指以被告住所地或者法律事实所在地为标准确定的管辖。下列 9 种诉讼适用特殊地域管辖：

（1）一般合同纠纷诉讼由被告住所地或合同履行地人民法院管辖。

（2）因保险合同纠纷提起诉讼的民事案件，由被告住所地或者保险标的物所在地人民法院管辖。

（3）票据纠纷诉讼由票据支付地或者被告住所地人民法院管辖。

（4）因运输合同纠纷提起诉讼的案件，由运输始发地、目的地或者被告住所地人民法院管辖。

（5）因侵权纠纷提起诉讼的案件，由侵权行为地或者被告住所地人民法院管辖。

（6）因交通事故损害赔偿提起的诉讼，由交通事故发生地或者车辆、船舶最先到达地、航空器最先降落地或者被告住所地人民法院管辖。

（7）海损事故损害赔偿纠纷案件，由碰撞发生地、侵害船舶被扣留地或者被告住所地人民法院管辖。

（8）因海难救助费用提起的诉讼，由救助地或者被救助船舶最先到达地人民法院管辖。

（9）因共同海损提起的诉讼，由船舶最先到达地、共同海损理算地或者航程终止地的人民法院管辖。

3．协议管辖

协议管辖，又称约定管辖，是指当事人在民事纠纷发生之前或之后，以书面形式约定解决他们之间纠纷的管辖的法院。合同的双方当事人可以在被告住所地、合同履行地、合同签订地、原告住所地、标的物所在地人民法院之间选择其一作为解决纠纷的管辖法院,但不得违反《民事诉讼法》对级别管辖和专属管辖的规定。

4. 专属管辖

专属管辖,是指法律规定某些特殊类型的案件专门由特定的人民法院管辖。人民法院专属管辖的案件有 3 类:

(1) 因不动产纠纷提起的诉讼,由不动产所在地人民法院管辖。

(2) 因港口作业中发生纠纷提起的诉讼,由港口所在地人民法院管辖。

(3) 因继承遗产纠纷提起的诉讼,由被继承人死亡时住所地或者主要遗产所在地人民法院管辖。

5. 共同管辖

共同管辖,是指对同一诉讼依照法律规定两个或两个以上人民法院都有管辖权。两个以上人民法院都有管辖权的诉讼,原告可以在其中一个人民法院起诉;原告向两个以上有管辖权的人民法院起诉的,由最先立案的人民法院管辖。

### 五、民事诉讼参加人

(一) 当事人

当事人是指以自己的名义请求人民法院行使审判权解决民事争议或保护民事权益的人及其相对方。当事人有广义和狭义之分:狭义的当事人仅指原告和被告;广义的当事人除原告和被告以外,还包括第三人、共同诉讼人、诉讼代表人。

1. 原告

原告就是以自己的名义请求人民法院行使审判权,解决民事争议或保护其民事权益的当事人。例如,王某欠李某货款未付清,李某向人民法院起诉,请求法院判决王某支付货款,李某便为该案的原告。

2. 被告

被告就是被起诉到法院并被直接要求承担相应义务的当事人。上例中的王某便是该案的被告。

3. 共同诉讼人与诉讼代表人

共同诉讼人是指在诉讼中居于相同地位的当事人,原告为两人以上的称为共同原告,被告为两人以上的称为共同被告。

当事人一方或双方人数众多(一般指 10 人以上),可以由该群体中的一人或数人代表群体起诉或应诉,法院做出的判决对该群体所有成员均有约束力。代表众多当事人的代表称为诉讼代表人。由于这种诉讼的一方或双方人数众多,所以这种诉讼也被称为群体诉讼。

4. 第三人

第三人是指对他人之间的诉讼标的有独立请求权,或虽无独立请求权,但案件的审理结果与其有法律上的利害关系,为了维护自己的合法权益而参加到他人之间已开始的诉讼中去的诉讼参加人。根据第三人参加诉讼的依据不同,可以将第三人分为有独立请求权的第三人和无独立请求权的第三人。

有独立请求权的第三人,是指因对原告和被告争议的诉讼标的有独立的请求权而参加诉讼的人。有独立请求权的第三人以起诉的方式参加诉讼,处于原告的诉讼地位,其主张是将本诉的原告和被告置于被告的地位。

无独立请求权的第三人,是指虽然对原告和被告之间争议的诉讼标的没有独立的请求权,但与案件的处理结果有法律上的利害关系而参加诉讼的人。无独立请求权的第三人辅助本诉的一方当事人对抗另一方当事人,可以自己申请参加,也可以由人民法院通知参加。无独立请求权第三人在诉讼中无权承认、放弃、变更诉讼请求,无权请求和解和申请执行。但在一审判决中,无独立请求权第三人承担实体义务的,享有上诉权。

5. 诉讼代理人

诉讼代理人,是指根据法律规定或者当事人的委托,以当事人名义进行诉讼活动的人。诉讼代理人进行诉讼活动的权限称为诉讼代理权。诉讼代理人具有以下特点:

(1) 以被代理人的名义进行诉讼活动。

(2) 是具有诉讼行为能力的人。

(3) 在代理权限内实施诉讼行为。

(4) 诉讼代理的法律后果由被代理人承担。

(5) 在同一诉讼中,诉讼代理人不能代理双方当事人。

## 六、民事诉讼证据

民事诉讼证据,是指能够证明案件真实情况的各种资料,是民事诉讼中法院认定事实,做出裁决的依据。

(一) 证据的种类与特征

1. 证据的种类

当事人对自己提出的主张,需要向法院提供相应的证据材料予以证明。

这些证据材料包括书证、物证、视听资料、电子数据、证人证言、当事人陈述、鉴定意见、勘验笔录共 8 种形式。

2. 证据的特征

证据具有关联性、合法性和客观性 3 个特征。当事人向法院提供的证据必须与要证明的案件事实具有关联性，并且符合法律规定的要求，具有合法性。另外证据还应当是客观存在的，是不以人的意志为转移的。

（二）举证责任

1. 证明责任的分配原则

当事人对自己提出的主张，有责任提供证据，即当事人对自己提出的诉讼请求所依据的事实或者反驳对方诉讼请求所依据的事实有责任提供证据加以证明。没有证据或者证据不足以证明当事人的事实主张的，由负有举证责任的当事人承担不利后果，这便是通常理解的"谁主张谁举证"原则。但是，当事人及其诉讼代理人因客观原因不能自行收集的证据，或者人民法院认为审理案件需要的证据，人民法院应当调查收集。

2. 举证责任倒置

举证责任倒置，是指不按照"谁主张谁举证"的原则，而是依据法律规定，由被告对原告的诉讼主张成立与否，提供证据加以证明，如果被告不提供，法院则认为原告的主张成立。下列情况适用举证责任倒置：

（1）因新产品制造方法发明专利引起的专利权诉讼，由制造同样产品的单位或者个人对其产品制造方法不同于专利方法承担举证责任。

（2）因环境污染引起的损害赔偿诉讼，由加害人就法律规定的免责事由及其行为与损害结果之间不存在因果关系承担举证责任。

**七、民事诉讼程序**

人民法院审判民事诉讼案件实行四级两审终审制。民事诉讼的基本程序是第一审程序和第二审程序。除基本程序外，《民事诉讼法》设置的比较重要的程序还有审判监督程序和执行程序。

（一）第一审程序

第一审程序包括普通程序和简易程序，其流程如图 5-2 所示。普通程序既是第一审程序中的基本程序，也是整个民事审判程序的基础。

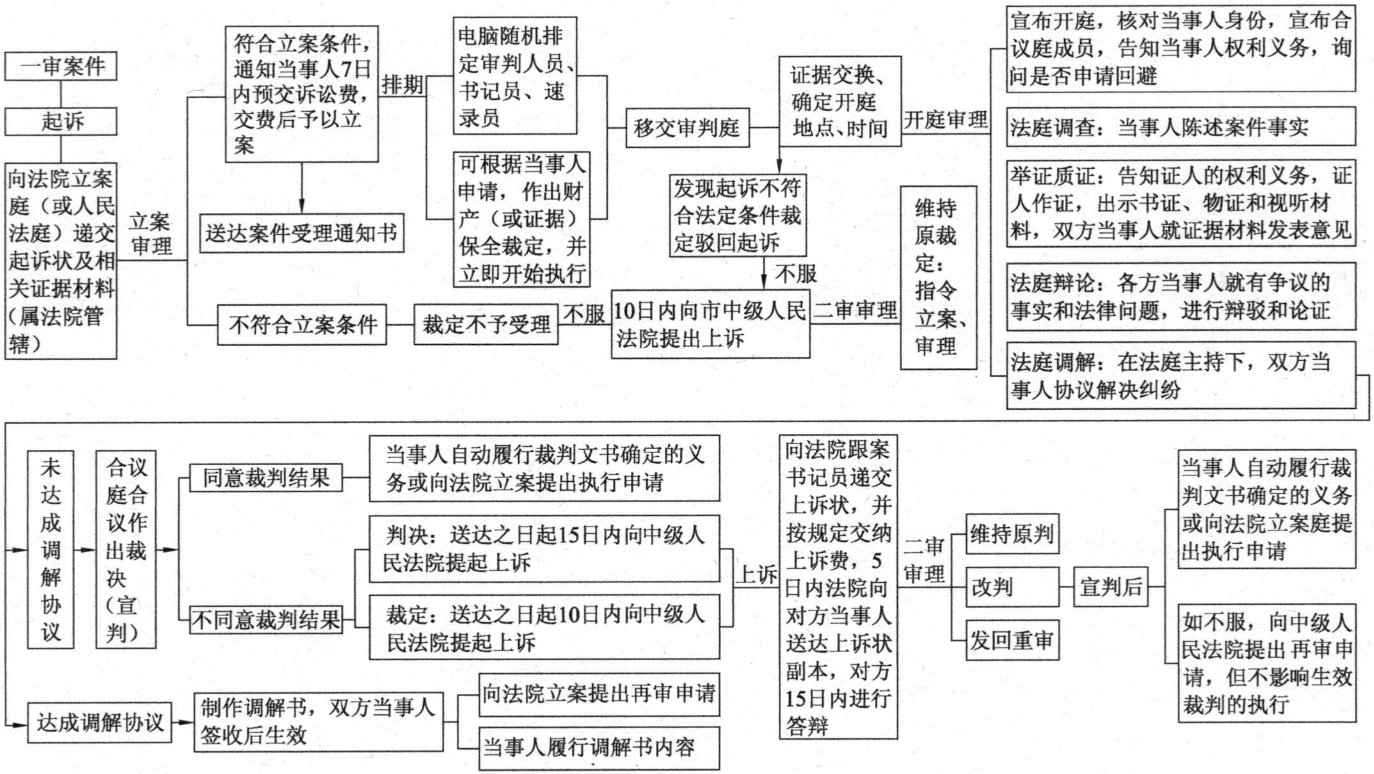

图5-2 第一审程序流程

**一审案件**

**起诉** → 向法院立案（或人民法庭）递交起诉状及相关证据材料（属法院管辖）

**立案审理**
- 符合立案条件，通知当事人7日内预交诉讼费，交费后予以立案 → 送达案件受理通知书
- 不符合立案条件 → 裁定不予受理
- 不服 → 发现起诉不符合条件裁定驳回起诉 → 不服 → 10日内向市向中级人民法院提出上诉

**排期**：电脑随机排定审判人员、书记员、速录员 → 移交审判庭
- 可根据当事人申请，作出财产（或证据）保全裁定，并立即开始执行

**开庭审理**：证据交换，确定开庭地点、时间

维持原裁定：指令立案，审理

开庭审理：
- 宣布开庭，核对当事人身份，宣布合议庭成员，告知当事人权利义务，询问是否申请回避
- 法庭调查：当事人陈述案件事实
- 举证质证：告知证人的权利义务，证人作证、出示书证、物证和视听资料，双方当事人就证据材料发表意见
- 法庭辩论：各方当事人就有争议的事实和法律问题，进行辩论和论证
- 法庭调解：在法庭主持下，双方当事人协商解决纠纷

合议庭合议作出裁决（宣判）
- 同意裁判结果
- 不同意裁判结果
- 未达成调解协议
- 达成调解协议 → 制作调解书，双方当事人签收后生效 → 当事人履行调解书内容 → 向法院立案提出再审申请

**上诉后**
- 向法院跟案书记员递交上诉状，并按规定交纳上诉费，5日内向法院对方当事人送达上诉状副本，对方进行15日内答辩
- 判决：送达之日起15日内向中级人民法院提起上诉
- 裁定：送达之日起10日内向中级人民法院提起上诉
- 当事人自动履行裁判文书确定的义务或向法院立案提出执行申请

**二审审理**
- 维持原判
- 改判
- 发回重审

**宣判后**
- 当事人自动履行裁判文书确定的义务或向法院立案出执行申请
- 如不服，向中级人民法院提出再审申请，但不影响生效裁判的执行

1. 第一审普通程序

第一审普通程序是人民法院审理民事案件通常适用的程序,是审判程序中最完整、最系统的程序。适用普通程序审理的案件,由审判员、陪审员组成合议庭或者由审判员组成合议庭。普通程序一般包括以下几个阶段。

(1) 起诉。起诉是指公民、法人和其他组织在其民事权益受到侵害或与他人发生争议时,向人民法院提起诉讼,请求人民法院通过审判予以司法保护的行为。依照《民事诉讼法》的规定,起诉必须同时符合以下4个条件:① 原告是与本案有直接利害关系的公民、法人和其他组织;② 有明确的被告;③ 有具体的诉讼请求;④ 属于人民法院受理民事诉讼的范围和受诉人民法院管辖。

起诉时应当向人民法院递交起诉状,并按照被告的人数提交起诉状副本。起诉状应当写明下列事项:① 当事人的有关情况;② 原告的诉讼请求,以及诉讼请求所依据的事实和理由;③ 证据和证据来源、证人的姓名和住所等;④ 受诉法院的名称、起诉的时间、起诉人签名或盖章。

---

**知识拓展**

## 民事起诉状格式(公民用)

原告:姓名,性别,年龄,民族,籍贯,职业或职务,单位,住址

被告:姓名,性别,年龄,民族,籍贯,职业或职务,单位,住址

诉讼请求:

_____

事实和理由:

_____

_____

此致

×× 人民法院

起诉人:_____(签名或盖章)

附:

1. 本诉状副本 _____ 份

2. 物证_____ 份(下列具体名称将照片附于起诉书之后);

3. 书证_____ 份(下列具体名称将复印件附于起诉书之后)。

（2）受理。受理程序包含审查起诉和立案2个环节。人民法院对于符合法定条件的起诉,必须受理,在7日内立案。认为不符合起诉条件的,应在7日内裁定不予受理。原告对裁定不服的,可以提起诉讼。

（3）审理前的准备。人民法院受理原告的起诉以后需要为开庭进行一系列准备工作,主要包括:① 人民法院在法定期限内,即立案之日起5日内将起诉状副本送达被告;② 告知被告在收到起诉状副本之日起15日内提交答辩状;③ 向当事人告知诉讼权利义务与合议庭组成人员;④ 再审核诉讼材料,调查收集证据;⑤ 追加当事人。

（4）开庭准备。人民法院审理民事案件应在开庭3日前通知当事人和其他诉讼参与人。公开审理的,应当告知当事人姓名、案由和开庭时间、地点。原告经传票传唤,无正当理由拒不到庭的,或者未经法庭许可中途退庭的,可以按撤诉处理;被告反诉的,可以缺席判断。被告经传票传唤,无正当理由拒不到庭的,或者未经法庭许可中途退庭的,可以缺席判决。

开庭审理必须严格按法定程序进行,其基本程序依次为开庭准备、法庭调查、法庭辩论、案件评议、宣告判决。宣告判决时,必须告知当事人上诉期限和上诉法院,告知离婚案件当事人在判决发生法律效力前不得另行结婚。

在审理过程中,原告增加诉讼请求,被告提出反诉,第三人提出与本案有关的诉讼请求,可以合并审理。

人民法院办理民事案件应当在立案之日起6个月内审结。特殊情况需要延长的,报请院长批准,可以延长6个月。

2. 第一审简易程序

简易程序是简便易行的第一审程序,是普通程序的简化。专供基层人民法院和其派出的法庭审理事实清楚、权利义务关系明确、争议不大的简单民事案件。简易程序的特点在于起诉方式、受理程序、传唤方式、庭审程序都较为简便,审判组织简单,一律实行独任制审理。人民法院适用简易审理案件,应当在立案之日起3个月内审结。

（二）第二审程序

第二审程序是指民事诉讼当事人不服地方各级法院未生效的第一审判决,在法定期限内向上一级法院起诉,上一级法院对案件进行审理的程序。民事诉讼实行两审终审制,所以,第二审程序又称终审程序,其流程如图5-3所示。

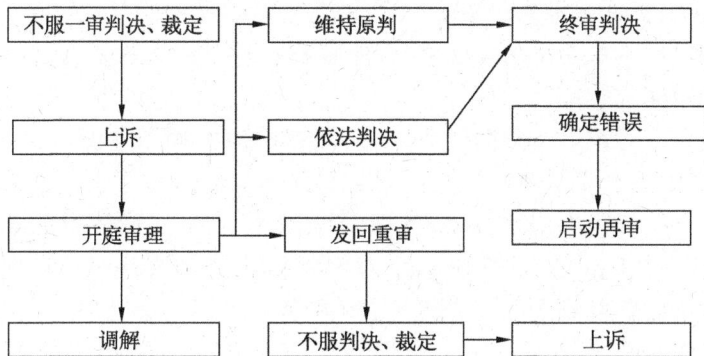

不服一审判决、裁定 → 维持原判 → 终审判决

上诉 → 依法判决　　确定错误

开庭审理 → 发回重审　　启动再审

调解　　不服判决、裁定 → 上诉

**图5-3　民事诉讼二审流程图**

1. 上诉期

上诉权是当事人的一项重要诉讼权利。当事人不服第一审判决的,有权在判决书送达之日起15日内提起上诉;当事人不服第一审裁定的,有权在裁定书送达之日起10日内提起上诉。上诉期届满,当事人没有提出上诉的,一审裁判发生法律效力。

2. 上诉状

当事人不服一审法院判决做出的裁定,提起上诉时,必须递交上诉状。上诉状应写明以下内容:

(1)当事人的姓名,当事人是法人或其他组织的,还应写明法人名称或其他组织的名称和法定代表人或者主要负责人的姓名。

(2)原审法院的名称、案件的编号和案由。

(3)上诉的请求和理由。这部门是上诉状的核心部分。上诉的请求是上诉人提起上诉所要达到的目的;上诉理由是上诉人提出的依据,是上诉人对上诉法院就一审法院在认定事实和适用法律方面持有异议的全面陈述。上诉的请求和理由决定着二审法院对案件的审理范围。

3. 上诉案件的裁判

第二审人民法院按照"不告不理"的原则,对上诉请求的有关事实和适用法律进行审理,按照下列情形,分别处理:

(1)原判决认定清楚、适用法律正确,判决驳回上诉,维持原判。

(2)原判决适用法律错误,依法改判。

(3)原判决认定事实错误,或者原判决认定事实不清、证据不足,裁定撤销原判决,发回原审人民法院重审,或者查清事实后改判。

(4)原判决违反法定程序,可能影响案件正确判决的,裁定撤销原判决,发回原审法院重审。

当事人对重审发回案件的判决、裁定不服的,可以上诉。

(三)原判监督程序

原判监督程序,又称再审程序,是指对已发生法律效力的判决、裁定、调解书,人民法院认为确实有错误,对案件再行审理的程序。审判监督程序只是纠正生效裁判错误的法定程序,不是案件审理的必经程序,也不是诉讼的独立审级。

1.再审程序的启动

(1)法院提起再审。各级人民法院对本院已经发生法律效力的判决、裁定,发现确有错误,认为需要再审的,应当提交审判委员会讨论决定。

最高人民法院对地方各级已经发生法律效力的判决、裁定,上级人民法院对下级人民法院已经发生法律效力的判决、裁定发现确有错误的,有权提审或者指令下级人民法院再审。

(2)当事人申请再审。当事人对将发生法律效力的判决、裁定,认为有错误的,可以向上一级人民法院申请再审,但不停止判决、裁定的执行。但是,对已经发生法律效力的解除婚姻关系的判决,当事人不得申请再审。当事人应当在判决、裁定发生法律效力后2年内提出再审;2年后据以做出原判决、裁定的法律文书被撤销或者变更,以及发现审判人员在审理该案件时有贪污受贿、徇私舞弊、枉法裁判行为的,自知道或者应当知道之日起3个月内提出再审。

当事人申请再审的,应当提交再审申请书等材料。人民法院应当自收到再审申请书之日起3个月内审查,符合《民事诉讼法》第199条规定的情形之一的,裁定再审;不符合的,裁定驳回申请。

**法条链接**

### 申请再审和抗诉再审的法定事由

《民事诉讼法》第199条　当事人的申请符合下列情形之一的,人民法院应当再审:

(一)有新的证据,足以推翻原判决、裁定的。

(二)原判决、裁定认定的基本事实缺乏证据证明的。

（三）原判决、裁定认定事实的主要证据是伪造的。

（四）原判决、裁定认定事实的主要证据是未经质证的。

（五）对审理案件需要的主要证据，当事人因客观原因不能自行收集，书面申请人民法院调查收集，人民法院未调查收集的。

（六）原判决、裁定适用确有错误的。

（七）审判组织的组成不合法或者依法应当回避的审判人员没有回避的。

（八）无诉讼行为能力人未经法定代理人代为诉讼或者应当参加诉讼的当事人，因不能归责于本人或者其诉讼代理人的事由，未参加诉讼的。

（九）违反法律规定，剥夺当事人辩论权利的。

（十）未经传票传唤，缺席判决的。

（十一）原判决、裁定遗漏或者超出诉讼请求的。

（十二）据以做出原判决、裁定的法律文书被撤销或者变更的。

（十三）审判人员审理该案件时有贪污受贿、徇私舞弊、枉法裁判行为的。

对违反法定程序可能影响案件正确判决、裁定的情形，或者审判人员在审理该案件时有贪污受贿、徇私舞弊、枉法裁判行为的，人民法院应当再审。

（3）检察院抗诉再审。最高人民法院对各级人民法院已经发生法律效力的判决、裁定，上级人民检察院对下级人民法院已经发生法律效力的判决、裁定发现有《民事诉讼法》第199条规定的情形之一的，应当提出抗诉。

地方各级人民法院对同级人民法院已经发生法律效力的判决、裁定，发现有《民事诉讼法》第199条规定的情形之一的，应当提请上级人民检察院提出抗诉。

2. 再审案件的处理

按照审判监督程序决定再审案件，发生法律效力的判决、裁定是由第一审法院做出的，按照第一审程序审理，所做的判决、裁定，当事人可以上诉；发生法律效力的判决、裁定是由第二审法院做出的，按照第二审程序再审，所做的判决、裁定，是发生法律效力的判决、裁定；上级人民法院按照审判监督程序提审，按照第二审程序审理，所做的判决、裁定是发生法律效力的判决、裁定。

人民法院再审案件，一律实行合议制。如果由原审人民法院再审的，应当另行组成合议庭。

## 八、执行程序

民事执行程序是指人民法院的执行机构,根据当事人申请或法院移送,以具有给付内容的生效法律文书为依据,运用国家强制力,采取强制执行措施,迫使履行义务的当事人,实现法律文书所确定的内容活动。

1. 执行管辖

执行管辖是指人民法院办理案件的权限和分工。根据《民事诉讼法》的规定,发生效力的民事判决、裁定,以及刑事判决、裁定中的财产部分,由第一审人民法院或者与第一审人民法院同级的被执行的财产所在地人民法院执行。法律规定由人民法院执行的其他法律文书,由被执行人所在地或者执行财产所在地人民法院执行。

2. 再审执行期间

再审执行期间为2年,从法律文书规定履行期限的最后一日算起;法律文书规定分期履行的,从规定的每次履行期间的最后1日起计算;法律文书未规定履行期间的,从法律文书生效之日算起。申请执行时效的中止、中断,适用法律有关诉讼时效中止、中断的规定。

3. 执行异议

当事人、利害关系人认为执行行为违反法律规定的,可以向负责执行的人民法院提出书面异议。当事人、利害关系人提出书面异议的,人民法院应当自收到书面异议之日起15日内审查,理由成立的,裁定撤销或者改正;理由不成立的,裁定驳回。当事人、利害关系人对裁定不服的,可以自裁定送达10日内向上一级人民法院申请复议。

执行过程中,案外人对执行标的提出书面异议的,人民法院应当自收到书面异议之日起15日内审查,理由成立的,裁定中止对该标的的执行;理由不成立的,裁定驳回。案外人、当事人对裁定不服的,认为原判决、裁定错误的,依照审判监督程序办理;与原判决、裁定无关的,可以自裁定送达之日15日内向人民法院提起诉讼。

4. 执行措施

执行措施是指人民法院依照法定程序,强制执行生效法律文书的方法和手段。《民事诉讼法》规定的执行措施主要有以下9种:

（1）查询、冻结、划拨被申请执行人的存款。

（2）扣留、提取被申请执行人的收入、存款。

（3）查封、扣押、冻结、拍卖、变卖被申请执行人的财产。

（4）搜查被申请执行人的财产。

（5）强制交付法律文书指定的财物或票证。

（6）强制被申请执行人迁出房屋或退出土地。

（7）强制执行法律文书指定的行为。

（8）强制办理有关财产权证照转移手续。

（9）强制加倍支付迟延履行期间债务利息和支付迟延履行金。

# 项目三 行政复议、行政诉讼法律制度与实训

**项目情境**

家住某市 A 区的李某到其居住地的派出所报案，称其雇工王某正在砸其开设小店的窗户玻璃，损害其店内的财物，要求公安机关严厉制裁，派出所接警后，迅速指派两名民警赶赴出事地点，制止王某的违法行为，并依法传唤王某，同时对李某和围观的群众进行调查取证，后又委托物价鉴定机构对损坏的财物进行价值鉴定，损害财物的价值为 490 元。经调查查明，王某认为李某多次无理扣发其工资，心中恼火，事发当日中午王某喝酒后，遂跑到李某小店砸东西。执法民警认为，此案件系民事纠纷引起的，便组织王某和李某进行两次调解，因双方分歧较大，无法达成协议。A 区公安机关以王某的行为违反《治安管理处罚法》相关法规为由，给予王某治安拘留 5 日的处罚，对李某的财物损失未做处理。李某和王某均不服公安分局的处罚决定，于是申请行政复议。

**任务描述**

一、写出本案的复议机关、申请人和被申请人。

二、分析申请人申请复议的理由以及"预测"复议机关可能做出的复议决定。

三、分析李某和王某对复议决定不服的救济途径。

**任务分析**

**一、行政复议概述**

行政复议，是指公民或者其他组织不服行政主体做出的具体行政行为，依法向法定的行政复议机关提出复议申请，行政复议机关依法对该具体行政行为进行合法性、适当性审查，并做出行政复议决定的行政行为。

## 二、行政复议范围

《行政复议法》规定,有下列情形之一的,公民、法人或其他组织可以申请行政复议:

（1）对行政机关做出的警告、罚款、没收违法所得、没收非法财物、责令停产停业、暂扣或吊销许可证、暂扣或者吊销执照、刑侦拘留等行政处罚决定不服的。

（2）对行政机关做出的限制人身自由或者查封、扣押、冻结财产等行政强制措施决定不服的。

（3）对行政机关做出的有关许可证、执照、资质证、资格证等证书变更、中止、撤销的决定不服的。

（4）对行政机关做出的有关确认土地、矿藏、水流、森林、山岭、草原、荒地、滩涂、海域等自然资源的所有权或者使用权的决定不服的。

（5）认为行政机关侵犯合法的经营自主权的。

（6）认为行政机关变更或者废止农业承包合同,侵犯其合法权益的。

（7）认为行政机关违法集资、征收财物、摊派费用或者违法要求履行其他义务的。

（8）认为符合法定条件,申请行政机关颁发许可证、执照、资质证、资格证等证书,或者申请行政机关审批、登记有关事项,行政机关没有依法办理的。

（9）申请行政机关履行保护人身权利、财产权利、受教育权利的法定职责,行政机关没有依法履行的。

（10）申请行政机关依法发放抚恤金、社会保险金或者最低生活保障费,行政机关没有依法发放的。

（11）认为行政机关的其他具体行政行为侵犯其合法权益的。

公民、法人或者其他组织认为行政机关的具体行政行为所依据的下列规定不合法的,在对具体行政行为申请复议时,可以一并向行政复议机关提出对该规定的审查申请:国务院部门的规定;县级以上地方各级人民政府及其工作部门的规定;乡、镇人民政府的规定。

上述规定不含国务院、委员会规章和地方人民政府规章。

### 三、行政复议参加人和行政复议机关

　　1. 行政复议参加人

　　行政复议参加人包括申请人、被申请人和第三人。申请行政复议的公民、法人或者其他组织是申请人。公民、法人或者其他组织对行政机关的具体行政行为不服申请行政复议的,做出具体行政行为的行政机关是被申请人。同申请行政复议的具体行政行为有利害关系的其他公民、法人或者其他组织,可以作为第三人参加行政复议。申请人、第三人可以委托代理人代为参加行政复议。

　　2. 行政复议机关

　　行政复议机关是指依照法律的规定,有权受理行政复议申请,依法对具体行政行为进行审查并做出裁决的行政机关。行政复议机关中负责法制工作的机构为具体办理行政复议事项事务的行政复议机构。行政复议事由与复议机关之间的对应关系见表5-4。

表5-4　行政复议事由与复议机关一览表

| 复议事由 | 复议机关 |
| --- | --- |
| 1. 对县级以上地方各级人民政府工作部门的具体行政行为不服的 | 该部门的本级人民政府或上一级主管部门 |
| 2. 对海关、金融、国税、外汇管理等实行垂直领导的行政机关和国家安全机关的具体行政行为不服的 | 上一级主管部门 |
| 3. 对地方各级人民政府的具体行政行为不服的 | 上一级地方人民政府 |
| 4. 对省、自治区人民政府依法设立法人派出机关所属的县级地方人民政府的具体行政行为不服的 | 该派出机关 |

| 复议事由 | 复议机关 |
|---|---|
| 5. 对国务院部门或省、自治区、直辖市人民政府的具体行政行为不服的 | 做出该行政行为的国务院部门或者省、自治区、直辖市人民政府 |
| 6. 对县级以上地方人民政府设立的派出机关的具体行政行为不服的 | 设立该派出机关的人民政府 |
| 7. 对政府工作部门依法设立的派出机构依照法律、法规或者规章规定，以自己的名义做出的具体行政行为不服的 | 设立该派出机构的部门或者该部门的本级地方人民政府 |
| 8. 对法律、法规授权的具体行政行为不服的 | 直接管理该组织的国务院部门、地方人民政府或其工作部门 |
| 9. 对两个或者两个以上行政机关以共同名义做出的具体行政行为不服的 | 其共同上一级行政机关 |
| 10. 对被撤销的行政机关在撤销前所做出的具体行政行为不服的 | 继续行使其职权的行政机关的上一级行政机关 |

备注：有第 6～10 种情形之一的，申请人可以向具体行政行为发生地的县级地方人民政府提出行政复议申请，由接受申请的县级地方人民政府依法转送有关行政复议机关办理。

### 四、行政复议程序

#### （一）行政复议申请

1. 申请期限

公民、法人或者其他组织认为具体行政行为侵犯其合法权益的，可以自知道该具体行政行为之日起 60 日内提出行政复议申请；但是法律规定的申请期限超过 60 日的除外。因不可抗力或者其他正当理由耽误法定申请期限的，申请期限自障碍消除之日起继续计算。

2. 申请形式

申请人申请行政复议，可以书面申请，也可以口头申请；口头申请的，行政复议机关应当场记录申请人的基本情况、行政复议请求，以及申请行政复议的主要事实、理由和时间。

#### （二）行政复议受理

行政复议机关收到行政复议申请后，应当在 5 日内进行审查，对不符合法律规定的行政复议申请，决定不予受理，并书面告知申请人；符合法律规定，但是不属于本机关受理的行政复议申请，应当告知申请人向有关行政复议机关提出。除前述情况外，行政复议申请自行政复议机构收到之日起即为受理。

公民、法人或者其他组织依法提出行政复议申请,行政复议机关无正当理由不予受理的,上级行政机关应当责令其受理;必要时,上级行政机关也可以直接受理。

行政复议机关受理行政复议申请,不得向申请人收取任何费用。行政复议活动所需经费,应当列入本机关的行政经费,由本级财政予以保障。

行政复议期间具体行政行为不停止执行,但是,有下列行为之一的,可以停止执行:① 被申请人认为需要停止执行的;② 行政复议机关认为需要停止执行的;③ 申请人申请停止执行,行政复议机关认为其要求合理,决定停止执行的;④ 法律规定停止执行的。

### (三)行政复议审查

行政复议原则上采取书面审查的办法,但是申请人提出要求或者行政复议机关负责法制工作的机构认为有必要时,可以向有关组织和人员调查情况,听取申请人、被申请人和第三人的意见。

行政复议的举证责任由被申请人承担,即被申请人应当向行政复议机关提交当初做出具体行政行为的证据、依据和其他有关材料。申请人、第三人可以查阅被申请人提出的书面答复和做出具体行政行为的证据、依据和其他有关材料,除涉及国家秘密、商业秘密或者个人隐私外,行政复议机关不得拒绝。在行政复议过程中,被申请人不得自行向申请人和其他有关组织或者个人收集证据。

### (四)行政复议决定

行政复议机关应当自受理申请之日起60日内做出行政复议决定;但是法律规定的行政复议期限不少于60日的除外。情况复杂,不能在规定期限内做出行政复议决定的,经行政复议机关的负责人批准,可以适当延长,并告知申请人和被申请人;但是延长期限最多不超过30日。

行政复议机构应当对被申请人做出具体的行政行为进行审查,提出意见,经行政复议机关的负责人同意或者集体讨论通过后,按照下列规定做出行政复议决定:

(1)具体行政行为认定的事实清楚、证据确凿、适用依据正确、程序合法、内容适当的,决定维持。

(2)被申请人不履行法定职责的,决定其在一定期限内履行。

(3)具体行政行为有下列情形之一的,决定撤销、变更或者确认该具体行政行为违法;决定撤销或者确认该具体行政行为违法的,可以责令被申请人在一定期限内重新做出具体行政行为:主要事实不清、证据不足的;适用依据错误的;违反法定程序的;超越或者滥用职权的;具体行政行为明显不当的。

（4）被申请人不按照法律规定提出书面答复以及提交当初做出具体行政行为的证据、依据和其他有关材料的,视为该具体行政行为没有证据、依据,决定撤销该具体行政行为。

行政复议机关责令被申请人重新做出具体行政行为的,被申请人不得以同一事实和理由做出与原具体行政行为相同或者基本相同的具体行政行为。

（五）行政复议决定的效力

行政复议机关做出行政复议决定,应当制作行政复议决定书,并加盖印章。行政复议决定书一经送达,即发生法律效力。被申请人应当履行行政复议决定。被申请人不履行或者无正当理由拖延履行行政复议决定的,行政复议机关或者有关上级行政机关责令其限期履行。

（六）行政复议决定的救济

除最终裁决的行政复议外,申请人不服复议决定的,可以在收到复议决定书之日起 15 日内向人民法院提起诉讼。申请人逾期不起诉又不履行行政复议决定的,或者不履行最终裁决的行政复议决定的,按照下列规定分别处理:

（1）维持具体行政行为的行政复议决定,由做出具体行政行为的行政机关依法强制执行,或者申请人民法院强制执行。

（2）变更具体行政行为的行政复议决定,由行政复议机关依法强制执行,或者申请人民法院强制执行。

## 五、行政诉讼概述

行政诉讼是指人民法院给予公民、法人或者其他组织的请求对行政机关具体行政行为的合法性进行审查并做出裁判,解决行政争议的诉讼活动。

## 六、行政诉讼的受案范围

《行政诉讼法》规定,人民法院受理公民、法人和其他组织对下列具体行政行为不服提起的诉讼:

（1）对行政拘留、暂扣、吊销许可证和执照、责令停产停业、没收违法所得等行政处罚不服的。

（2）对限制人身自由或者对财产的查封、扣押、冻结等行政强制措施和行政强制执行不服的。

（3）认为行政机关侵犯法律规定的经营自主权的。

（4）认为符合法定条件申请行政机关颁发许可证和执照，行政机关拒绝颁发或者不予答复的。

（5）申请行政机关履行保护人身权、财产权等合法权益的法定职责，行政机关拒绝履行或者不予答复的。

（6）认为行政机关没有依法支付抚恤金等的。

（7）认为行政机关违法集资、摊派费用或者违法要求履行其他义务的。

（8）认为行政机关侵犯其人身权、财产权等合法权益的。

法律、法规规定可以提起诉讼的其他行政案件。

---

**知识拓展　不得提起行政诉讼的行政行为**

人民法院不受理公民、法人或者其他组织对下列事项提起的诉讼：

（1）国防、外交等国家行为。

（2）行政法规、规章或者行政机关制定、发布的具有普遍约束力的决定、命令。

（3）行政机关对行政机关工作人员的奖惩、任免等决定。

（4）法律规定由行政机关最终裁决的具体行政行为。

---

### 七、行政诉讼管辖

（一）级别管辖

《行政诉讼法》规定，中级人民法院管辖下列第一审行政案件：

（1）海关处理的案件。

（2）对国务院部门或者县级以上地方人民法院所做的行政行为提起诉讼的案件。

（3）本辖区内重大、复杂的案件。

（4）其他法律规定由中级人民法院管辖的案件。

高级人民法院管辖本辖区内重大、复杂的第一审行政案件。最高人民法院管辖全国范围内重大、复杂的第一审行政案件。除上述案件外，其余第一审行政案件均由基层人民法院管辖。

（二）地域管辖

行政案件由最初做出具体行政行为的行政机关所在地人民法院管辖。经复议的案件，复议机关改变原具体行政行为的，也可以由复议机关所在地人民法院管辖。

对限制人身自由的行政强制性措施不服提起的诉讼，由被告所在地或者原告所在地人民法院管辖。

因不动产提起的行政诉讼，由不动产所在地人民法院管辖。

## 八、行政诉讼程序

（一）起诉

对属于人民法院受案范围的行政案件，公民、法人或者其他组织可以依法申请复议。对复议决定不服的，可以在收到复议决定书之日起（复议机关逾期不作决定的，可以在复议期满之日起）15 日内向人民法院提起诉讼；也可以直接向人民法院提起诉讼。公民、法人或者其他组织直接向人民法院提起诉讼的，应当在知道做出具体行政行为之日起 6 个月内提出，法律另有规定的除外。

公民、法人或者其他组织因不可抗力或者其他特殊情况耽误法定期限的，在妨碍消除后的 10 日内，可以申请延长期限，是否准许由人民法院决定。

（二）受理

人民法院接到起诉状，经审查，应当在 7 日内立案或者做出裁定不予受理。原告对裁定不服的，可以提起诉讼。

（三）审理

人民法院审理行政案件，实行合议、回避、公开制度、两审终审制度。诉讼期间，不停止具体行政行为的执行。但有下列情形之一的，停止具体行政行为的执行：

（1）被告认为需要停止执行的。

（2）原告或者利害关系人申请停止执行，人民法院认为该具体行政行为的执行会造成难以弥补的损失，并且停止执行不损害国家利益、社会公共利益，裁定停止执行的。

（3）人民法院认为该行政行为的执行会给国家利益、社会利益造成重大损害的。

（4）法律、法规规定停止执行的。

法院审理行政案件，不适用调解，以法律、行政法规和地方性法规为依据，参照部门规章和政府规章。人民法院对行政案件宣告判决或者裁定前，原告申请撤诉的，或者被告改变其所做的具体行政行为，原告同意并申请撤诉的，是否准许停业执行，由人民法院裁定。

（四）判决

人民法院经过审理，根据不同情况，分别做出以下判决：

（1）具体行政行为证据确凿，适用法律、法规正确，符合法定程序的，判决维持。

（2）具体行政行为有下列情形之一的，判决撤销或部分撤销，并可以判决被告重新做出具体行政行为：① 主要证据不足的；② 适用法律、法规错误的；③ 违反法定程序的；④ 超越职权的；⑤ 滥用职权的。

（3）被告不履行或者拖延履行法定职责的，判决其在一定期限内履行。

（4）行政处罚显失公平的，可以判决变更。

人民法院判决被告重新做出具体行政行为的，被告不得以同一的事实和理由做出与具体行政行为基本相同的具体行政行为。

人民法院应当在立案之日起3个月内做出第一审判决。有特殊情况需要延长期限的，依法报批。

（五）上诉

当事人不服人民法院第一审判决的，有权在判决书送达之日起15日内向上一级人民法院提起上诉。当事人不服第一审裁定的，有权在裁定书送达之日起10日内向上一级人民法院提起诉讼。逾期不提起上诉的，人民法院的第一审判决或者裁定发生法律效力。

人民法院对上诉案件，认为事实清楚的，可以实行书面审理。

人民法院审理上诉案件，应当在收到上诉状之日起2个月内做出终审判决。有特殊情况需要延长的，可以依法报批。

（六）申请执行

对发生法律效力的行政判决书、行政裁定书、行政赔偿判决书和行政赔偿调解书，负有义务的一方当事人拒绝履行的，对方当事人可以依法申请第一审人民法院强制执行。

申请人是公民的，申请执行生效的行政判决书、行政裁定书、行政赔偿判决书和行政赔偿调解书的期限为1年；申请人是行政机关、法人或者其他组织的为 180 日。

申请执行的期限从法律文书规定的履行期间最后 1 个月起(未规定履行期限的,从法律文书送达当事人之日起)计算。逾期申请的,除有正当理由外,人民法院不予受理。

### 九、行政赔偿

(一)赔偿事由与途径

公民、法人或者其他组织的合法权益受到行政机关或者行政机关工作人员做出的具体行政行为侵犯造成损害的,有权要求赔偿。

公民、法人或者其他组织单独就损害赔偿提出请求,应当先由行政机关解决。对行政机关的处理不服的,可以向人民法院提起诉讼。赔偿起诉可以适用调解。

(二)赔偿主体

行政机关或者行政机关工作人员做出的具体行政行为侵犯公民、法人或者其他组织的合法权益并造成损害的,由该行政机关或者该行政机关人员所在的行政机关负责赔偿。

行政机关赔偿损失后,应当责令有故意或者重大过失的行政机关工作人员承担部分或者全部赔偿费用。

### 巩固提升

#### 一、案情

太阳公司经营房地产开发,在有偿取得某幅土地的使用权之后,由于资金困难,其与月亮公司签订了合作开发合同,约定由双方共同投资并分享该开发项目的利润。但双方未实际履行。此后,环球公司就同一幅土地以更优惠的条件与太阳公司签订了一份合作开发合同并开始实际履行。三方由此发生纠纷。环球公司根据其与太阳公司签订的合同中的仲裁条款申请仲裁,请求裁决确认其与太阳公司签订的合同有效,并裁决太阳公司继续履行。双方在仲裁委员会受理后自行达成继续履行合同的和解协议,请求仲裁委员会根据和解协议制作裁决书。仲裁庭三名仲裁员中的一名认为应当否定和解协议,一名认为应当制作调解书,首席仲裁员认为应当制作裁决书,最后按仲裁庭首席仲裁员的意见,根据和解协议的内容做出了裁决书并送达双方当事人。此后月亮公司向法院起诉,请求确认本公司与太阳公司签订的合同有效并履行该合同。

问题：

（1）月亮公司在得知环球公司申请仲裁后，能否申请参加太阳公司与环球公司正在进行的仲裁程序？为什么？

（2）环球公司在仲裁裁决书生效后，能否在太阳公司与月亮公司的诉讼中成为当事人？为什么？

（3）仲裁委员会制作裁决书在程序上是否合法？为什么？

（4）在仲裁裁决已确认太阳公司与环球公司的合同有效的情况下，法院能否判决太阳公司与月亮公司之间的合同有效？为什么？

（5）月亮公司是否有权以仲裁程序违反法定程序为由申请法院撤销仲裁裁决？为什么？

（6）对仲裁裁决中已经认定的事实，太阳公司在诉讼中能否免除举证责任？为什么？

## 二、动态实训

【实训素材】 2011年3月1日，江西省九江区A公司与湖北武汉市的B公司签订了一份《工业产品购销合同》。合同约定，由B公司按A公司的图纸要求生产一组机器设备供应给A公司，材料由B公司提供，设备总价款为500万元（含材料费及加工报酬），合同签订地为江西省九江市区，交货方式为B公司送货到A公司指定的交货地点——江西省南昌市。同时合同约定，合同签订后A公司支付20万元，交货时再支付合同价款的90%，剩余价款部分作为质保金，若设备交货1年内无质量问题则一次性付清，B公司应在收到定金后组织生产，并在半年内交付合同约定的全部设备。任何一方违约均需从违约之日起每日按合同价款的1‰向对方支付违约金。合同签订后的第三天，A公司将20万元打入B公司账户，但是B公司至2011年12月1日仍未向A公司交货，A公司起诉B公司。

【实训组织】 以班级为单位，将学生分成5个小组，分别扮演双方当事人、双方的委托代理人和法院角色，按照民事诉讼一审普通程序解决上述合同纠纷。实训展开之前，由主讲教师讲解实训中应注意的问题以及实训的要求。实训过程中，主讲教师进行场边指导。

【实训要求】 合同纠纷的解决在实体权利和义务方面应符合合同法及相关法律法规的规定，在程序方面应当符合民事诉讼法的要求；民事起诉书、委托协议、授权委托书和判决书的格式应当规范，内容无明显矛盾之处。

# 参考文献

［1］潘静成,刘文华:《经济法》(第二版),中国人民大学出版社,2007年。

［2］史际春:《经济法》(第二版),中国人民大学出版社,2010年。

［3］刘文华,徐孟洲:《经济法学》,法律出版社,2009年。

［4］张守文:《经济法学》,北京大学出版社,2007年。

［5］漆多俊:《经济法基础理论》,法律出版社,2008年。

［6］杨紫烜,徐杰:《经济法学》,北京大学出版社,2009年。

［7］朱家贤:《反垄断立法与政府管制》,知识产权出版社,2007年。

［8］朱崇实:《金融法教程》(第三版),法律出版社,2011年。

［9］曲振涛:《产品质量法概论》,中国财政经济出版社,2002年。

［10］麻昌华:《消费者保护法》,中国政法大学出版社,2006年。

［11］李昌麒,卢代富:《经济法》,厦门大学出版社,2010年。

［12］李艳芳:《经济法案例分析》,中国人民大学出版社,2006年。

［13］徐孟洲:《经济法学原理与案例教程》,中国人民大学出版社,2006年。

［14］张世明:《经济法学理论演变研究》,中国民主法制出版社,2009年。

［15］王艳梅,孙璐:《破产法》,中山大学出版社,2005年。

［16］张培春,王宝林:《经济法教程》,东北财经大学出版社,2005年。

［17］周友苏:《新证券法论》,法律出版社,2007年。

［18］马晓燕:《经济法教程》,安徽人民出版社,2006年。

［19］李正华:《经济法》(第三版),中国人民大学出版社,2009年。

［20］姚志存,杜静:《经济法理论与实务》,中国科学技术大学出版社,
2012年。

［21］杨红心:《经济法》,北京邮电大学出版社,2012年。

［22］莫振豪,闫巍:《经济法》,现代教育出版社,2013年。

［23］唐政秋:《经济法原理与实务》,中国人民大学出版社,2012年。

［24］郭声龙,江晓波:《经济法基础》,武汉理工大学出版社,2010年。

［25］黄彬,侯召伦:《经济法概论》,上海财经大学出版社,2011年。

［26］姜吾梅:《经济法》,机械工业出版社,2011年。

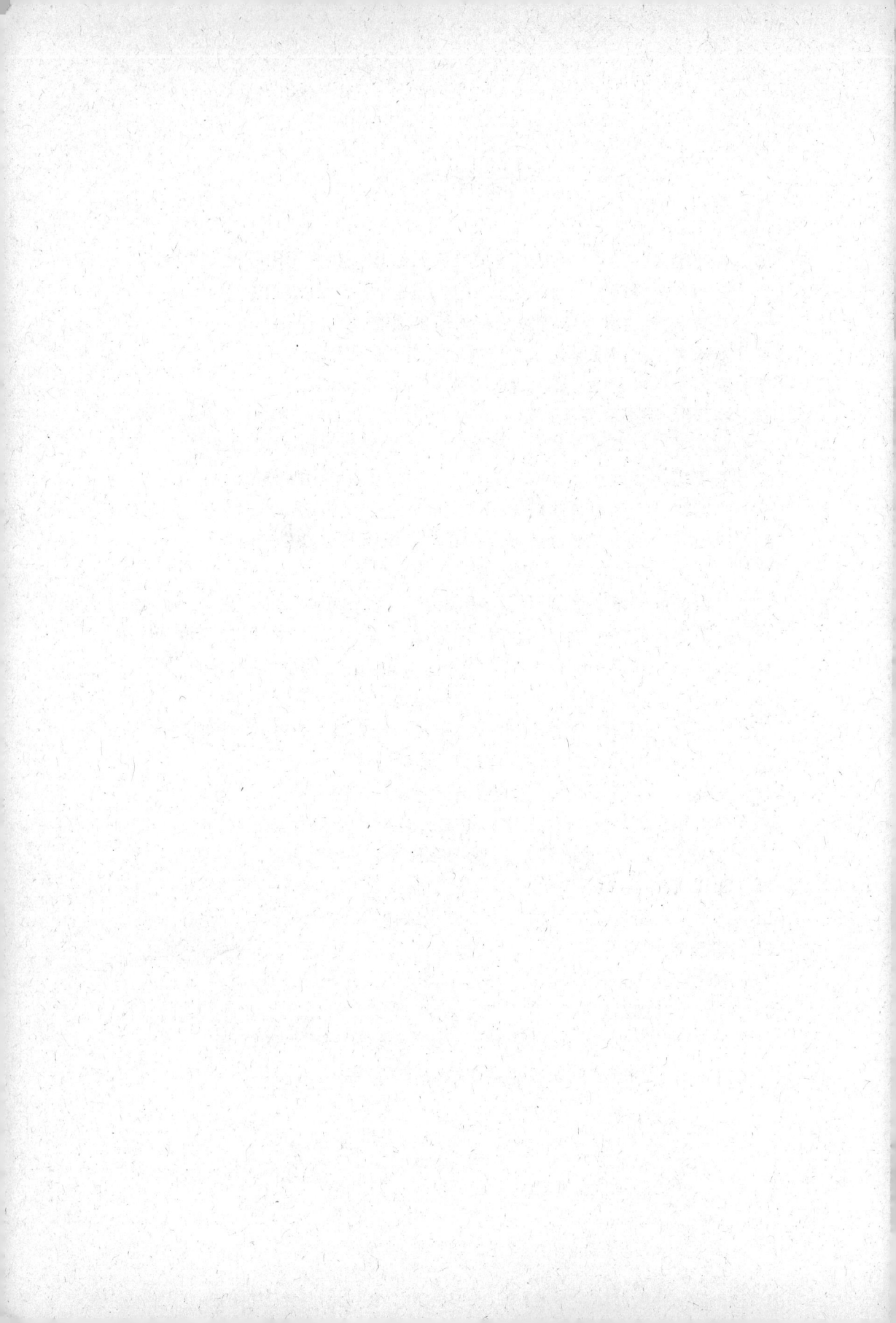